童蒙おしえ草　ひびのおしえ

現代語訳

福澤諭吉
岩崎 弘＝訳・解説

角川文庫
20074

童蒙おしえ草
ひびのおしえ
現代語訳

目次

◉童蒙おしえ草　巻の四

◉童蒙おしえ草　巻の五

まえがき

この本は、福澤諭吉（天保六年〈一八三五〉～明治三十四年〈一九〇一〉）の「徳育《とくいく》」を考える本となっています。

福澤諭吉が数多く書いた本の中で、子ども向けの本は十編ほどあります。『学問のすゝめ』『世界国尽《せかいくにづくし》』「ひゞのをしへ」『文字《もじ》之教《のおしえ》』『童蒙《どうもう》をしへ草《ぐさ》』などです。その中から、特に子どもたちの自立精神を育《はぐく》むことができるような『童蒙をしへ草』と「ひゞのをしへ」を選び、現代の言葉づかいに改めました。

『童蒙をしへ草』は、明治五年（一八七二）に著された本で、イソップ物語や西洋の処世論や道徳的な物語をあつめたイギリスの『モラル・クラス・ブック』（"The Moral Class-book", Chambers）という本を、『童蒙をしへ草』という題名にして日本に紹介したものです。当時、「修身《しゅうしん》」（今では「道徳」）の本として多くの小学校で読まれていました。

全部で二十九章一〇七のお話があり、子どもたちが毎日すこやかに生活するにあたって必要な基本的知識や、たくましく豊かな心の成長をうながす物語が満載されています。たとえば、「命の重さ」「家庭の大切さ」「人間関係の作り方」「生きる意味」「独立心の育て方」「危機管理の教育」「観察力」「判断力」「礼儀作法」「しつけ教育」「食生活のあり方」

「心身の健康」「満足な生き方」「金銭教育」「国際交流」などについて、イソップ物語や童話をとおして、子どもたちの心に語りかけるような内容になっています。

「ひゞのをしへ」は、福澤諭吉が三十八歳の時、息子の一太郎《いちたろう》（八歳）と捨次郎《すてじろう》（六歳）のために、しつけを中心として、子どもたちが家庭から学ぶべき約束事や常識を、毎日半紙に一枚ずつ、各々へ書き付けたものをまとめた小冊子です。子どもたちが心身ともに健やかに、のびのびと成長してほしいという願いが込められており、ここには、保護者の方が、子どもたちに読みくだいて教えていただきたい項目が多くあります。

おそらく福澤諭吉は、少年少女たちが諸学入門の初めに、まずこれらを読み、人間として大事な基本の態度や考え方、教育を身につけてから、学問をしたり、社会に出ることをすすめたのだと思います。この本を現代語に訳した理由は、福澤諭吉のこのような考え方に共感したからです。

教師や保護者の方など、子どもの教育に携わる方々が、教育の基本について子どもたちと一緒に考えたり、話し合ったり、ともに学んでいくことができる本となれば、こんなうれしいことはありません。

岩﨑　弘

この本を読む方へ

○底本には、岩波書店から刊行された『福澤諭吉全集』第三巻（昭和四十四年再版）所収の「童蒙をしへ草」と『福澤諭吉全集』第二十巻（昭和四十六年再版）所収の「ひゞのをしへ」を使用しています。なお、本書「ひびのおしえ」二編末尾の三話は、『福澤諭吉全集』第二十巻「後記」に「再版追記」として掲載されたものです。

○『童蒙おしえ草』の目次の題目は、底本の題目を小学生にも理解できるよう、左記「↓」の下のように、本書の内容にあわせて変更し、各章のテーマを［　］で付記しました。

例　動物を扱ふ心得の事 ↓ 生き物を大切に［命の大切さを学ぶ］
　貴き人に交り賤しき人に交る心得の事
　　↓ いろいろな人との交流［人間関係の大切さを学ぶ］

また、本文各章の（イ）（ロ）（ハ）（ニ）のお話にも、読者の理解を深めるため、そのお話で何が学べるかについて［　］でコメントをしました。

例　（イ）少年たちとかえる（寓言《ぐうげん》［たとえ話］）［相手の立場に立って考える］

同様に「ひびのおしえ」についても、底本に見出しは無いが、読者の理解を深めるため、各話のテーマを見出しとして付記しました。

例　十月十四日 ↓ 十月十四日　本を読む

○本文中の「解説」は、読者の方が内容をよりよく理解していただけるよう訳者がつけたもので、原文の表現や、福澤諭吉の教育思想などを紹介しています。また「解説」で引用している出典を注で明らかにしました。文献を左記「↓」の下のように省略しています。

『福澤諭吉全集』第三巻、一〇頁、岩波書店、昭和四十四年↓『全集』三、一〇頁

『福澤手帖』五五号、一〇頁、福澤諭吉協会↓『手帖』五五、一〇頁

＊『福澤手帖』は、福澤諭吉協会の会報誌。

『福翁自伝』富田正文校注、一〇頁、慶應通信株式会社、平成四年

↓『福翁自伝』慶應通信、一〇頁

○本書『童蒙おしえ草』に登場する主な国名、地名、人名については、巻末に「さくいん」を付しました。各々に解説を付記するとともに、原書『モラル・クラス・ブック』とその福澤訳が比較できるよう、英文と訳文とを併記しています。

童蒙おしえ草　巻の一

第一章　生き物を大切に

[命の大切さを学ぶ]

私たちの身近には、かえる、かたつむり、ハエ、いも虫などの生き物がいます。これらの虫たちには、何の罪もないのに、思いやりのない人は、見つけると、すぐ捕《つか》まえて苦しめたり、時には殺してしまうことがありますが、それはとてもいけないことです。どんな虫や、動物に対しても、やたらにこれを痛めつけるのはよいことではありません。虫や動物にも命があるのです。小さな動物を苦しめたりすると、だんだんとこれに慣れてしまって、やがて小さな動物に対してだけでなく、同じ人間に対しても心の優しさを失って、ついには、とても悪いことをするようになってしまうことがあるからなのです。ですから、もし、ふとしたできごころでこのような虫を苦しめたり、殺そうと思ったりしたならば、その時には、虫の立場に立って、虫の気持ちになって考えることが大切です。たとえば、自分の体よりもとても大きな怪物《かいぶつ》がいて、自分を苦しめたらどうだろう、その苦しみは、どれほどだろうと、虫の立場になって、虫の怖さや、痛さを考えてみることです。そのように自分の身に置きかえて虫や動物の苦痛を考えなければなりません。

牛、馬、犬、猫などを飼《か》う時には、飼う場所を決めて、食べ物を十分に与え、よく世話をすることです。

今は、農業も機械化《きかいか》されて、牛や馬が働いている姿は見かけませんが、牛や馬を飼う場合は、その動物が疲《つか》れてしまうほどの仕事をさせてはいけません。よく世話をすることが、飼い主の責任です。老いた馬や、よく働いて疲れた馬や、あるいは食べ物が少なくて走れない馬を、やたらにむちを打って働かないことを叱るのは、飼い主としてはずかしいことです。

人間の食べ物にする家畜《かちく》を殺すのはしかたがないことですが、これを殺すときにも、むやみに苦しめてはいけないのです。家畜を引き連れて市場に出して売ろうとする途中でも、手荒《てあら》く扱《あつか》ってはいけません。殺さなければならない時には、できるだけ素早くすることです。このような時にも動物に対して思いやりの心を持つならば、人として最も大切な慈愛《じあい》の精神を身につけることができるでしょう。

あらゆる動物に対して、優しい心を持つことが人としてとても大切なことです。

（イ）少年たちとかえる（寓言《ぐうげん》［たとえ話］）

［相手の立場に立って考える］

ある村の道端《みちばた》に、かえるのたくさんすんでいる小さな池がありました。ある日、池のほとりに大勢の子どもが遊びに来ました。石切《いしき》り遊びをするといって、池の中に小石を投げて、水面に輪が二つできた三つできたといって、夢中《むちゅう》になっています。そしてついに、数人の子どもが小石を同時に池に投げ入れたので、池にいたかえるは、とてもビックリして水の中にもぐりました。しかし、なかなか遊びは終わりません。かえるにとっては、少年たちのこの石切り遊びは、大変な迷惑となりました。かえるたちは、石が飛んでくるので、命が危ない、とみんな心配しましたが、その中に一匹の強いかえるがいました。そのかえるは、自分の身の危険も恐れないで、水面に頭を出して、大声で子どもたちに向かって言いました。

「なんと思いやりのない子どもたちだ、いたずらばかりして。

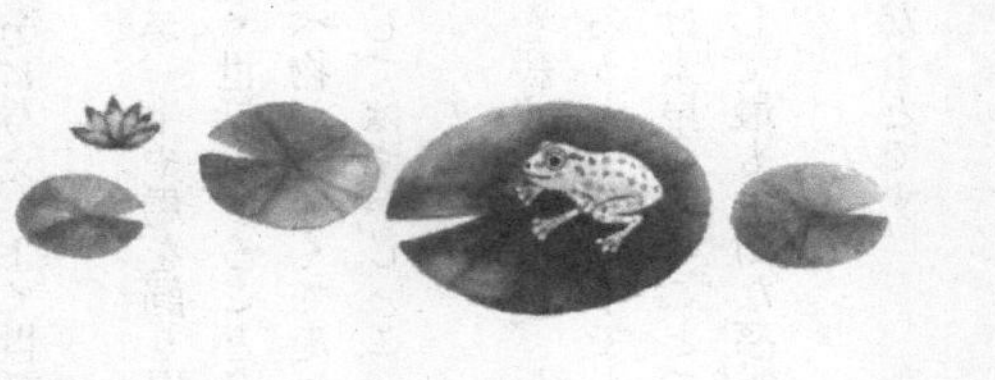

君たちには、おもしろい遊びでも、私たちかえるにとっては、命が危ないんだ。自分たちの遊びにだけ夢中にならないで、池の中にかえるがすんでいることも、よく考えなさい」と言いました。子どもたちはその声を聞いて、ビックリしてかえるたちに悪いことをしてしまったと思いました。そして、かえるに謝りました。

池の中には、多くの生き物がすんでいるのです。

（ロ）兄弟と小鳥の巣《す》

［子どもの時に善悪を学ぶ］

ジェームズとロバートは兄弟です。兄のジェームズは七歳で弟のロバートは五歳です。兄は心が優しい子です。弟も良い子ですが、小さいのでまだいろいろなことがよくわかりません。そのために、どうかすると思いやりに欠《か》けていて、いたずらをする時があります。ある日、兄弟が野原で遊んでいました。すると、鳥が飛んできて、近くの竹や柴《しば》の垣根《かきね》に入って行きました。二人はそこをのぞいて見ました。すると、垣根の奥《おく》に小鳥の巣を見つけました。巣にいた親鳥は、人が近づいて来たので驚《おどろ》いて飛び去ってしまいました。そこで二人がその巣の中をそっとのぞいて見ると、雛鳥《ひなどり》が三羽、肩を寄せ合って「ピーイ、ピーイ」と鳴いていました。とても可愛《かわい》いので弟のロバートはうれしくて、この雛鳥を手に取って、家に持ち帰ろうとしました。兄のジェームズは、これを見ていて言いました。

「ロバート、昔、お父さんが僕に、『鳥の巣は取ってはいけない』と教えてくれました。たとえ小鳥であっても、親鳥は雛鳥を愛しているのです。それは、僕たちのお父さんやお母さんが、僕たちを愛してくださるのと同じなのです。雛鳥にもお母さんとお父さんがいるのです。今、その雛鳥を取って、家に持ち帰ったとしたら、親鳥の悲しみはどんなだろう。それは、ちょうど、僕たちの家に悪者がきて、僕たち兄弟や幼い弟や妹までも、さらっていってしまうことと同じです。その時、僕たちのお父さんとお母さんはどんなに悲しむでしょうか。雛鳥は、親鳥がえさを運《はこ》んだり、体を温《あたた》めたりしながら育てるのですから、小鳥の雛を人間の子どもが育てることは、かんたんにはできません。今この小鳥の雛は、巣に返して自分で羽を広げて、えさを探せるようになるまで生長《せいちょう》させることが大切なのです」

と優しく話すと、弟のロバートも、今初めて小鳥の親子の気持ちがわかりました。小鳥にも優しくしなくてはいけないことを知りました。そして、お兄さんと弟は、静かに小鳥の巣から離《はな》れていきました。

ところでこの時、兄弟のお父さんが、用事で野原の向こう側を通りかかり、偶然《ぐうぜん》のことでしたが、このジェームズとロバートの今の話を聞いていたのです。そして、とても感激《かんげき》して二人のところに走って行って、二人を抱《だ》きかかえました。そして、兄の言った言葉をほめ、二人が小鳥の雛を取らなかったことをほめました。この時、お父さんの子どもたちへの信頼《しんらい》は、前よりももっと深くなりました。そして、お父さんは、静かに二人に話しました。

「雛鳥の悲しみと喜びとは、とても小さなことのようだけれど、勝手に雛鳥をうばおうとする悪い心は、決して小さなことではありません」

と教えたのです。このようないたずらをするのは、思いやりの心がない証拠ですから、この先ますます残酷な人間になってしまうことは明らかです。今この兄弟は、もう雛鳥と巣をうばうことが、悪いことであることがわかったわけですから、お父さんは、とても感激したのです。

（八）少年と顕微鏡《けんびきょう》

［具体的に教えることが大切］

少年がいました。ハエをなぶり殺しにして一人で喜んだり、あるいは、その羽根《はね》を抜《ぬ》き、その脚《あし》をむしって、自由に動けなくなったのを見て喜んだり、また、たくさんのハエを集めて押しつぶしたりしておもしろがっていました。その少年の先生がこれを心配して、止めようとしましたが言うことを聞かないのです。先生は、

「ハエでも、苦しみはあるんですよ。それから、ハエの命も、ハエの自由や楽しみも、人間と少しも違いはありません」

と、いろいろ説明しましたが、強情な少年ですから、なお言うことを聞かず、ハエの七転《しちてん》八倒《ばっとう》する様子を見ても、少しもその苦しみを思いやることはありません。

　ところで先生の持っている物に顕微鏡という物がありました。これは、小さい物を大きく見せる眼鏡《めがね》です。ある日、その少年を呼んで、美しく不思議《ふしぎ》な動物を見せようと言って顕微鏡をのぞかせました。

「よく気をつけて見なさい。この動物は、首から尾まで、黒いところは墨《すみ》のようで、白いところは銀のようです。その毛の光沢《こうたく》もまた不思議です。頭に二つの眼があって、眼の周囲には白銀の毛が生えています。胴《どう》は二つに分かれていて、そのつながるところは、お互いに重なって、全体に羽のような着物を着て、金の糸で飾《かざ》り、王様や大金持ちの人の衣装も、これほどのものはありません」

と言ったので、この少年もびっくりして、眺《なが》めていましたが、

「これは、何という生き物ですか。その名前を教えてください」

と言うので、先生は顕微鏡の中からこれを取りだして、その物を見せました。それは、思

いがけないことに一匹のハエだったのです。

（二）刑務《けいむ》所《しょ》のラ・テュードとねずみ

［人間と動物の心の交流を学ぶ］

昔、フランスの都パリに、バスティーユというお城がありました。ルイ十三世の時代一六一〇～四三年ごろには、刑務所のかわりに使っていました。国王の気にいらない人がいれば、すぐに捕らえてこの刑務所に押し込めてしまいます。そして、数年の間、鎖《くさり》でつながれて、一歩も外に出ることができません。親戚《しんせき》の人と面会もできません。その決まりはとても厳《きび》しいものでした。この刑務所に捕らえられている人の中に、ラ・テュードという人がいました。二十三歳の時に捕らえられて、三十五年間刑務所にいて、刑務所を出た時には、もう老人となっていました。

このラ・テュードが、この刑務所の狭《せま》い一部屋に押し込められていた時のことです。食べ物を持ってくる番人のほかには、誰も話をする相手がいないのです。寂《さび》しくて、寂しくて、悲しんでいました。友達もいなく一人でいることは、なんてつらいことなのだろうとラ・テュードは思いました。その苦しみは大変なことでした。

ラ・テュードの部屋には、壁《かべ》に一つの隙間《すきま》があって、そこからわずかに日の光が入るだけです。そのほかは四方が厚い壁で、外の景色を見ることはできません。その隙間も奥が深くて、部屋の中はとても暗いのです。

ある日、ラ・テュードが、この隙間から外をのぞいていると、隙間の外側に一匹のねずみが来ました。普通は、ねずみなどが近づいて来ると、だれでも嫌がりますが、今のラ・テュードは、たった一人で過ごしていたので、あまりの寂しさのために、生きているものであればどんな動物でも友達になりたいと思いました。それで、そばにあったパンの切《き》れ端《はし》を取って、静かにねずみに投げてやりました。すると、ねずみはすぐこれを食べ、もっと欲しそうでしたから、また、近いところへ一切れを投げてやり、食べ終わると、また、近くに投げて、だんだんにこちらに近づけてみました。パンをやっている間は、逃げることもありません。ようやくお腹が一杯になったのでしょう。残したパンを口にくわえて自分のすんでいる穴に帰りました。

翌日も、そのねずみが、また、ラ・テュードのところに来たので、パンを昨日のようにあげました。今日は、ごちそうしようと思い、牛肉も少しあげました。三日目にも、また出てきました。だんだんとなれてきて、ラ・テュードの手の平にのせた物を食べても、恐れることもありません。

五日目には、なついて、食べ物をくれる人のそばにすもうと思ったのでしょう。壁の隙間の内側に来て、穴を探してすむ場所を決めました。

その次の日はますます朝早くラ・テュードのそばにやって来て、一度食事を終えて、どこへともなく行きましたが、次の朝には、一匹の友達を連れて来ました。それは、めすのねずみでした。このめすねずみは、初めの頃、用心深くて、なかなか穴から出て来ませんでした。それで、ラ・テュードは、これをならそうとして、パンをあげたり、肉をあげたりしましたが、とにかくこれを食べません。しかし、めすねずみも、おすねずみがなれなれしく人に近づくのを見て、ようやくこれを見習って、時には穴から出てパンを食べ、また、走っては穴に帰り、だんだん遠慮《えんりょ》がなくなって、時には、おすねずみと食べ物を争うようになりました。そして、ときどきその争いに勝ち、おすねずみの食べ物をうばい取るほどになりました。

おすねずみは、ラ・テュードの手もとに来て、取られたことをうったえてそのうっぷんを晴らそうとするので、かわりの肉を与えると、とてもうれしそうにこれを受け取り、ラ・テュードの側に近寄って、猿《さる》が物を食べるように、前の足で肉を抱えて、悠々《ゆうゆう》と食べます。言葉は通じませんがその様子は、食べ物をめすねずみに見せびらかして、

「取れるものなら取ってみろ、主人のそばにいるのだから、安心、安心」

とでも言うようです。

このようにおすねずみは、ラ・テュードのそば近くの物を食べて、少しも遠慮する様子

はありません。めすねずみのほうは、まだよくなれていないので、人を恐れる様子です。しかし、自分だけお腹が空《す》いているのは、耐《た》えられなかったのでしょう。ある日、ラ・テュードがおすねずみにいつもの食べ物を与えるところに、急に飛びかかり、その食べ物にかみついて取ろうとしました。おすねずみもかんたんに渡さず、逃げようとすれば、めすねずみは力に任せてこれを引いて、上や下へと取り組んで、転びながら穴へ近づき、勝敗《しょうはい》も見えたようでしたが、めすねずみの強さはなみたいていでなく、ついにおすねずみをくわえて穴の中に入りました。ラ・テュードはこの争いを見物していて、一人おもしろがって、ひとときの間、自分が刑務所にいることを忘れてしまったということです。

　このようにして、日がたつにつれて、めすねずみも次第《しだい》になれて、ラ・テュードの手のひらにある物を、食べるほどになりました。ある日、こうして、夫婦のねずみが仲よくくらしているところに、また、一匹の別のねずみが来ました。このねずみは、初めて来た時から、よくなれていて、二度目に来た時は、古くからいた二匹と同じで、もうラ・テュードのところを自分のすむところと決めて、翌日は、また、新たに二匹のねずみを連れてきました。その後、十七日間になお五匹が増えて、とうとうねずみの数は十四となりました。ラ・テュードとみんなで十一、刑務所内《ない》は、たいそうにぎやかになりました。ラ・テュードは、この十四のねずみにそれぞれ名前をつけて、玉《たま》よ、三《みつ》よとその名前を呼ぶと、それぞれが自分の名前が分かるのです。そして、食事が終わると、いろいろの芸や踊《おど》りなどをして主人の側につきまとい、ちょうど仲のよい家族の孫や子どもたちがたわむれるようです。ラ・テュードは、とてもうれしくて、刑務所にいる苦労も忘れてしまい、思いやりのない社会に出るよりも、やさしいねずみに交わって過ごすことのほうが、自分の気持ちに合っていると思いました。二年ばかりの間は、このように楽しく暮らしていましたが、その後、また刑務所内で部屋を移すことがあって、ラ・テュードはしかたがなくこのねずみたちを残して、泣きながら別れを告げて出て行きました。

　この話を聞いて考えるのですが、人間は、友達のいないことほど苦しいことはありません。一人寂しく暮らす時は、友達を選ぶこともできません。いつもは、汚ないと言って嫌う動物であっても、時によっては、人間にかわる存在になることがあります。ですから、罪のない動物を乱暴《らんぼう》に扱ってはいけないのです。

〈解説〉第一章　生き物を大切に（原文「動物を扱ふ心得の事」）

牛、馬、犬、猫等の動物の飼い主に対する注意や、そのほか、主に子どもたちが日常出会う小動物に対する心構えを教えています。

『童蒙をしへ草』の原文では、「世の中にかへる、でゝむし、はい、いもむしなどいふ蟲あり。

罪もなきものなるに、心なき人は見付次第にこれを苦しめこれを殺すことあれども、以ての外の事なり[1]」とあり、生命の大事であることを教えています。

そして、さらに原文は、「小さき動物《イキモノ》をむごくするよりして、追々これに慣れ、我同類の人を扱ふにも慈悲の心を失ひ、遂には大悪無道の働を爲すに至るべし[2]」と続くのです。福澤は、この意味を、息子の一太郎（八歳）と、捨次郎（六歳）に「ひゞのをしへ」において、「人たる者は、むしをころし、けものをくるしめなど、すべてむごきことを、なす可らず。かゝるじひなきふるまひをするときは、つひにはわがどうるいの人をも、むごくするよふになるべし。つゝしまざるべからず[3]」と教えています。さらに、「ひゞのをしへ」二編にも同様の文[4]があります。つまり「ひゞのをしへ」のこの文は、『童蒙をしへ草』を元にしたものなのです[5]。

ところで、ここにいう「小さき動物をむごくする」というのは、たとえば、子どもが蠅、ゴキブリ等人間に害のある小動物を殺すことが、大きくなってやがて同類の人間をも酷く扱う、ということには、必ずしもならないかもしれません。しかし、生命の尊さを教えることの大切さは、疑う余地もありません。

この、子どもたちに生命の大切さを教えるには、同じ人間の生命はもちろん、動物、植物など生命あるものすべてにとって大切であることも、いうまでもありません。幼少年期にはまず、日常出会う小動物に対してどのような心構えをもつのかを教えることがとても大切であると思います。

（1）「童蒙をしへ草」巻一（『全集』三、一六一頁）

（2）同右

（3）「ひゞのをしへ」初編（『全集』二十、六八頁）

（4）「ひゞのをしへ」二編（『全集』二十、七四頁）
「ひとをころすべからず。けものをむごくとりあつかひ、むしけらをむゑきにころすべからず」とあります。

（5）桑原三郎著「童蒙教草の原本（下）」（『手帖』五五、一二頁）
「ひゞのをしへ　初編」十月十五日の文章と「童蒙をしへ草」第一章「動物を取り扱ふ心得の事」の訳。

第二章　家族を大切に

[家族のあり方が子どもを育《はぐく》む]

親戚《しんせき》や家族の人は、大切にしなければなりません。父母兄弟《ふぼきょうだい》は、親戚の中でも特別なものです。父母は、私たちが幼い時には、一所懸命《いっしょけんめい》働《はたら》いて、病気や危険から守り、食べ物の世話や、着物の世話などをして、あらゆることに注意して私たちを育てたのです。もし父母の愛がなければ、私たちは、生きていくことはできなかったことでしょう。

ですから、子どもは、父母の愛を忘れてはなりません。父母を大切にしなくてはなりません。父母のために力を尽《つ》くさなければなりません。父母が筋道《すじみち》にのっとって私たちに何か言いつけることがあれば、私たちはただそのことに従うだけでなく、

これを喜んで聞かなければなりません。

兄弟は、同じ家で料理した食事をし、同じ遊びをして、父母も一緒です。一つの家に育ってきたのですから、お互いに仲よくしなければなりません。もし兄弟の仲が悪く、けんかなどをすることがあれば、人はこれを嫌い、けんかする人を悪く思います。そして、「大切なことがわからない人」と言って、親しくする友達はいなくなるでしょう。反対に、兄弟が仲良くすれば、大人になってからも、お互いに幸福になることでしょう。ですから小さい時から気をくばって、何事によらずお互いに思いやりを持つことです。

（イ）親を背負《せお》うねずみ

［動物の親子関係から学ぶ］

人が嫌う動物でも、親孝行《おやこうこう》の教えとなることがあります。家や蔵《くら》や船などの中に、ねずみの数が少しずつ増えて、とても悪いことをすることがあります。このような時には、ねずみ捕《と》りを使うとか、あるいは毒《どく》を使ってねずみを殺し、その害をふせがなければなりません。ある時、アメリカのニューヨークから、ポルトガルのリスボンへ酒を積《つ》みに行く船がありました。その船の中で、急にねずみの数が増えて、船の食糧を食いあらし、道具に傷《きず》をつけ、大変こまりました。それで船の人は大変に怒り、機会があったらねずみ狩《が》りをしようと決めました。船も無事にリスボンの港に着いたので、船長の指示で、船の底で硫《い》黄《おう》を燃やしました。その煙《けむり》に耐《た》えられなくて、ねずみは方々の穴から逃げ出してきました。そこをみんな打ち殺しました。後に残った一匹のねずみは、その背中に大きなねずみを背負って甲板《かんぱん》の上に逃げ出しました。船員がこれを注意して見ると、背中にいるねずみは、毛が真っ白く、目も見えない年寄りねずみでした。この年寄りねずみは、若いねずみの親のようですから、船員たちも親孝行のねずみをかわいそうに思いました。このように、ねずみのような動物でも、その親を大切にする姿を見ては、これを殺すことはできません。二匹ともに命を助けてその場を逃がしてあげたといいます。

（ロ）親を大切にする若者（アナピアスとアンフィノムス）

［年老いた人を大切にする］

イタリアのシシリー島に住んでいた二人の若者、アナピアスとアンフィノムスのお話です。

火山には、その頂上《ちょうじょう》に火口《かこう》があります。噴火《ふんか》といってそこから煙《けむり》や炎《ほのお》を噴《ふ》き出し、時としては爆発《ばくはつ》し、大石や小石、あるいは土などの、とけた溶岩《ようがん》を噴き出して、土石流《どせきりゅう》といって近くの人々に恐ろしい被害《ひがい》をあたえます。イタリアのシシリー島に、エトナ山という山があります。ヨーロッパ第一の火山です。昔、この火山が噴火したことがありました。

その時は、空一面が急に曇《くも》って、山の頂《いただき》が爆発し、炎が噴き出して、土や石を飛ばして、火の粉《こ》は八方へ飛び散り、大空を覆《おお》いました。その時、火山の土砂が、雨が降《ふ》る時と同じように落ちて、人家は壊《こわ》れ、たくさんの人が亡くなりました。近くの村の人々は、この天《てん》災《さい》から逃れようとして、それぞれその家の宝物を持って、家から急いで避難《ひなん》しました。

その中に、アナピアスとアンフィノムスという二人の若者がいました。その二人の背負《せお》ってきたものというのは、他の人とは違っていました。金、銀、財宝などではなく、年老いた親を背負いながら、安全な場所に避難しました。あとから、その話を聞いた人々は、その親の命を助けた二人の若者の行いをほめました。そして、その親の命を大切に守るその心に感心しました。不思議《ふしぎ》なことに、この二人が家から安全な場所へ避難した道には、幸いにも火の粉が降ることはありませんでした。

やがて、火山の爆発がしずまった後、まわりの土地はみんな荒《あ》れ果《は》てて、植物も枯れてしまったというのに、二人の通った所だけが、天災を免《まぬか》れて、田畑は青々としていてもとのままでした。そこで、その時代の人は、純心で正直だったので、「その田畑が無事だったのは、二人の親を大切にする行いに、天が感動したからだ」と、信じこんだのでした。

そして人々は、この土地を「親孝行《おやこうこう》の畑」と名づけて、後の世までその二人のことを語り伝えたのです。

（八）アレキサンダー大王と母

[母と子の関係の一つとして考える]

アレキサンダー大王は、ギリシャ、ペルシャ、インドにおよぶ大帝国の創建者《そうけんしゃ》です。紀《き》元前《げんぜん》三五〇年ごろの、マセドニア国（マケドニア国）、ギリシャ北東部、エーゲ海に面する地方の大王アレクサンドロス三世のことです。

このお話は、父母が無理を言っても、子どもはこれを耐《た》え忍《しの》んで、親を大切にしなければならないというお話です。

昔、マケドニア国のアレキサンダー大王のお母さんのオリュンピアスは、口やかましくて、おだやかな人ではありませんでした。ですから、王様はお母さんのことでよく心を痛めていました。けれど、大王は、いつもお母さんに逆らうことなく手厚く世話をしていました。前に戦争で、アジア州を征伐《せいばつ》した時も、敵国からうばった品物をお母さんのもとへ送りました。その時の手紙に、大王は、

「私が国を留守する時の国の政治は、大臣のアンティパトロスに任せて、お母様は、あれこれと言わないで下さい」

と書き送りました。その時のお母さんからの返事は、厳《きび》しい内容で、とても大王の言うことに従う様子はありませんでした。それでも、大王はよくがまんして怒る様子もなく、次に出すお母さんへの手紙の中にも、荒々しい言葉は使いませんでした。その後、お母さんの思い上がりはますますひどくなり、国のために大変悪いことを起こそうとしました。その時、家来のアンティパトロスから、大王へ手紙が届きました。その内容は、お母さんのことについて、痛切に訴えるものでした。大王はその手紙を見て、大して驚《おどろ》く様子もなく、

「アンティパトロスは、まだ私の心がわかっていない。こんな手紙を何百通送って来ても、お母様の涙を見れば、こんな手紙は紙くず同様になってしまうのだから」

とだけ言いました。

（二）フレデリック大王とその家来

［人を大事にすることを学ぶ］

プロシアの大王フレデリックは、ある日、居間《いま》にいて、鈴を鳴らして家来を呼びました

が、誰も返事をしませんでした。そこでドアを開けて見ますと、一人の家来が、椅子《いす》に寄りかかって眠っていました。これを起こそうとして、そばに行ったところ、その家来の袂《たもと》から、手紙が少し見えました。いったい何だろうと、手紙の中を見ようと思い、そっと取り出して開けて見ると、故郷《こきょう》の老母《ろうぼ》から、その家来へ出した手紙でした。その内容は、

「多くもない給料から、自分に分けて送ってくれて、本当にありがとう。年寄りを助けるお前の優しい心づかいはとてもうれしいです。お前のために天のお恵みを祈ります」

と書いてありました。大王は、そのまま居間へ戻って、お金を一包み取り出すと、その手紙を巻いて、家来の袂へ入れてから居間へ戻りました。そして、今度は強く鈴を鳴らしました。家来は、驚いて目を覚まし、大王の前に来ました。大王が、

「お前は、よく眠っていたね」

と言いましたから、家来は、しきりにお詫《わ》びを言い、何げなく手を袂に入れると、これはどうしたことでしょう。たくさんのお金が入っていたのです。これを取り出して、顔色も悪くなり、泣きながら一言の声も出ません。フレデリック大王は、わざと知らないふりをして、

「どうしたのだ、痛いところでもあるのか？」

とたずねると、家来は足元に手をついて、

「誰かが、私を泥棒《どろぼう》にして、私を罪《つみ》に陥《おとしい》れようとしています。この袂の中のお金は、私の

知らないお金でございます」

と言いました。大王は、優しい顔で、

「心配しなくてよい。果報《かほう》は寝て待てと言うではないか。このお金は、お前のお母さんへ送ってやりなさい。お前とお前のお母さんのことは、これからも私が助けてあげるから」

と言いました。

（ホ）ポルトガルの兄と弟

[身近な人の信頼や愛情を大切に]

大昔、ポルトガルの国の勢いはとても盛《さか》んで、世界中のあちこちに植民地《しょくみんち》を持っていました。中でも東インドのゴアというところは、とても商売繁盛《しょうばいはんじょう》の場所でした。ある時、ポルトガルの都リスボンから、数隻の商船が出帆《しゅっぱん》して、ゴアの方へ向かいました。その中に、千二百人が乗った大きな船が一隻ありました。出帆したころには、順風でしたが、アフリカの南の喜望峰《きぼうほう》を回って北東に舵《かじ》を取り直して、インドの地方へ向かう海上で、岩礁《がんしょう》に乗り上げました。

そして、たちまち浸水してしまい今にも沈みそうなので、船長は手早くボートを下ろしました。そして、ありあわせの食料を積み込んで、乗っていた十九人とともにこのボートに飛び乗り、果てしないインド洋に乗り出しました。しかし、この小舟には磁石の用意がありませんから、どっちへ行ったらよいのか方角もわかりません。食料もわずかしかなく、その場しのぎの分だけです。飲み水の用意は初めから一滴もなく、生死の運は、雨まかせという具合です。ボートで、漂《ただよ》いながら、本船のほうを眺めると、後に残った千余人の行方も、白波に沈んだ船も見えません。何とも言えない気持ちでした。

二十人は、命がけで船を漕《こ》ぎ、その苦しみは、たとえることもできません。四日間あちらこちらと漂っていたけれど何も見えません。船長は、もともと体が弱くこの苦《く》難《なん》に耐《た》えられず、その日、ついに死んでしまいました。後に残る十九人には、特に指図をする人もいません。みんなそれぞれ自分の意見を言っていて、議論の終わることがありません。そこで、一同で相談をして、その内の一人を選んで船長とし、すべてこの人の命令に従うこと、と約束を決めました。このようにして、日数も過ぎて、食料は次第に少なくなってきたので、船長は言いました。

「残り少ない食料を日一日と食いつくして、みんな飢《う》え死にしてしまうより、せめて今から、この人数の半分でも命が助かる方法をとろう。みんな同じようにくじを引き、その順番に従って一から三、五から七と、三人ずつ省《はぶ》いて四番目に当たった人々を海に沈めて、食料の倹約《けんやく》をするのはどうだろう」

と相談したのでみんなこのことに同意しました。十九人の中には、僧が一人と大工が一人いました。僧は、この人々の最後を見送る人だから、沈めることはできません。大工は、舟の破損《はそん》を直す仕事だから、これも沈めることはできないということで、まず、この二人を除きました。また、船長も一人しかいない役ですから、前の二人と同じように、くじの仲間から除くべきだと言いますと、船長は簡単に聞きいれません。しばらく話し合いましたが、ついには多数の人に従って、くじからは外れることになりました。これでくじをする人は十六人となり、その内に死ななければならない人が、四人の割合となりました。

　そうして、約束のように十六人の者は、くじを引きました。これに当たった四人のうち、三人は覚悟《かくご》をして死んでいきました。四人めの人には、弟が一人同船していました。兄が海へすてられようとするのを見て、兄に抱きつき、

「兄には、妻子がいるほかに、また、三人の妹も世話をしている身の上です。私は、独身なので、たとえ今死んでも後に困る人はおりません。どうか兄の身がわりにしてください」

とのどをつまらせながら言いました。兄は、その思いやりに感じて泣きながら、

「身がわりになってくれるという親切は、ありがたいけれど、人を殺して自分が助かることはできない。まして親しい弟をどうして自分にかえることができるだろう」

と言いますと、弟も承知しません。兄弟がお互いに死を望み、きりがないので、船の人々

も二人の間に入って、仲裁しようとしましたが、力およばずそばから見ているだけでした。

しばらくして、兄は言いました。

「どうしても死ななければならない自分の運命なのだろうから、私が死んだ後、妻や子の養育は君にお願いする。また自分の持っている財産で、妹の世話をもしてほしい。それを全部君にまかせるから」

と弟に心を尽くして頼みましたけれど、弟はどうしても承知しません。もうしかたがないということで、残念なことだけれども、弟の言うままに、ついに弟を海に投げこみました。ところが、この弟は前々から水泳の名人だったので、たちまち船に泳ぎついて、その舵に取りついたのでした。しかし、激しい波でまた水に落ちたのですけれど、しばらく息を継ぎ、また、船に取りつきましたが、手がすべってまた海に沈みました。もうこれまでだろうと思いましたが、弟は力いっぱいの気力で、体を支えて顔だけは水の上に出しました。おぼれて今にも死にそうなその様子は、本当に見てはいられませんでした。人々はこの様子を見て、また、弟の心の優しさを思って心を痛めないではいられませんでした。船中の人が一度に声を上げ、

「たった一人のことだ、彼を助けよう」

と言いながら船を近づけ、引き上げて介抱《かいほう》しました。

その日も夜通し漕ぎ、翌日の朝のことです。はじめて陸地が見つかりました。そこは、

アフリカ州のモザンビークでした。船中みんなの喜びは、どれほどだったでしょうか。まず、この土地に上陸して、そこで後から出帆した船が寄るのを待ち合わせ、その後は困難もなくゴアに着いたといいます。

右の文は、リンスホーテンという人の書いたものからとりました。この人は、当時、モザンビークにいて、実際にこの漂流《ひょうりゅう》した人に面会して、その話を聞いた人でした。

〈解説〉第二章　家族を大切に（原文「親類に交る心得の事」）

親類の中で一番身近な家庭の父母や、兄弟の関係のことが中心となっています。『童蒙をしへ草』の原文に、「人の子たる者は父母の大恩を忘るべからず。父母を親まざるべからず。父母の爲めに力を盡さゞるべからず。父母、道を以て我に命ずることあれば、唯其命に従ふのみならず、これを聞いて悦ばざるべからず[1]」とあります。

この内容は、やはり福澤が息子たちに与えた「ひゞのをしへ」にある「ちゝはゝをうやまい、これをしたしみ、そのこゝろにしたがふべし[2]」とあるのと全く同じ意味です。この「ひゞのをしへ」の文も『童蒙をしへ草』がもとになっていると思います。福澤は、独立自尊の人造りが目標でしたが、子どもの独立自尊法は、「今日子供たる身の獨立自尊法は唯父母の教訓に従て進退す可きのみ」[3]と、父母の教えの大切さを強調されます。しかし、このことは、子どもを育てる側の親がいかに重要であるかということです。そして、このことは、「幼稚舎修身要領」[4]にも書かれています。親の子育ての正しい態度が必要で、その考えや躾《しつけ》は、親がその時代ごとに勉強し、子どもに伝えることなのでしょう。

また、兄弟の仲のことについても「ひゞのをしへ」の「兄弟ケンカかたく無用」の原型[5]となる文もあります。

さて、この章のお話は、全体的に親は、子どもに強い影響があるということです。親は、どのような子どもに育てるか、充分な配慮をし、子どももまたそれに応《こた》える人になるのでしょう。親子の関係というものは、それぞれの家庭によって事情が違います。しかし、親がわが子を思い、徐々に独立できるようにと願い世話をする時、子どももまた、親に対する感謝の気持ちが芽生えてくるでしょう。

親子の繋《つな》がりというものは、生涯円満でありたいものですが、しかし、親子の関係は、子どもの成長につれて、変化していくのは当然です。子どもが乳児期の親子関係、子どもが幼年期の親子関係、子どもが小学生期の親子関係など、青年期、成人してからの親子関係など、親は子どもの成長を願いながら自分もまた親として成長をしていくものでしょう。ここでは、子どもが学童期の親子関係について考えさせられます。

親は常に子どもの悩みや相談事を受けとめることができる存在であること、心配なことを一人でかかえず、いつも親に打ち明けるように、日頃から子どもたちと話し合うことが大切です。

（1）「童蒙をしへ草」巻一（『全集』三、一六六―一六七頁）
（2）「ひゞのをしへ」二編（『全集』二十、七四頁）
（3）「幼稚舎の掛軸にあり」（『全集』二十、四七二頁）
（4）「幼稚舎修身要領」（明治四十一年）
独立自尊の人たらんとするものは先ず左の条々を実行すべきなり、その六条に「父母を親しみ敬ひて其心に従ふべし」
「修身要領」（明治三十三年二月、『全集』二十一、三五四頁）
「子女も亦独立自尊の人なれども、其幼時に在ては父母これが教養の責に任ぜざる可らず。子女たるものは父母の訓誨に従て孜々勉励、成長の後独立自尊の男女として世に立つの素養を成す可きものなり」
（5）「童蒙をしへ草」巻一（『全集』三、一六七頁）
「兄弟は同じ竈の食を喰ひ、同じ遊に戯れて、父を共にし母を共にし、共に一家に生長したる者なれば、互に相親しむべし」

第三章　いろいろな人との交流

［人間関係の大切さを学ぶ］

世の中の仕事には、難《むずか》しい仕事と易《やさ》しい仕事があります。かんたんな仕事は、誰にでもできますが、難しい仕事をするには、才能もなければなりませんし、専門的な勉強をしなくてはなりません。その難しい仕事のできる人は、とても大切な人です。大学の先生とか、お医者さんなどは、普通の勉強をしてから、さらに専門の勉強をした人です。ですから多くの人に学問を教えたり、病院で人の命を守ったりする仕事なので、そういう意味でとても大切な職業です。

昔の町人と呼ばれる人は、小さなお店を出して、商売をしたのですが、学者やお医者さんに比べると、専門の知恵がなくと

もできたわけです。それから、日雇《ひやと》いの人は力仕事ですから、特に難しいこともなく働けました。町人や職人の中でもお金があって、大勢の人を使う立場の人は、多くの人々のために大きな仕事をするので、大切な人というわけです。田畑を多く持っていて、その土地代で生活している人がいました。この人を地主《じぬし》といいました。大商人と同じように多くの人の役に立っているので、大切な人といえます。それから、宗教のことで教えを説いている、つまり寺のお坊さんなどもいます。国会議員、裁判官、政府の役人などの職業も、国の仕事や皆の仕事をするために、大切な人なのです。

　このように様々な仕事の大切さから、特に昔は世の中に格式や位ができて身分制度があって、この人は、あの人よりも貴《とうと》いということがありました。そのため、世の中の人々には、自分より目上の人、目下の人、あるいは、自分と同等の人もいました。その場合、目下の人が目上の人を敬《うやま》うことは、当然のことでした。まして、その目上の人が、その財産があるためにだけでなく、その才能や人柄がほかの人より優れていたり、大事な仕事を務めるために貴いということでしたら、特に尊敬しなければなりません。

　しかし、この尊敬をするというのは、奴隷《どれい》が主人に仕えるようにしなさい、という意味ではありません。また、目上の人に諂《へつら》い阿《おもね》ることでもありません。どんな人でも、まず、自分の身のことをよく考え、これを大切にしなければなりません。自分を大切にしているならば、動物が主人にこびるようにするようなことをするでしょうか。そのような行いは絶対にしないように心がけなければなりません。

また、地位のある人は、部下の人などに対して、みだりにその尊敬を強要《きょうよう》せず、かえって部下の人に丁寧にすることです。地位のある人でもない人でも、一人の人間としては、皆平等です。それぞれ権利や義務があるのです。地位の高い人が「敬え」と言えば、低い人も、「敬え」と言う理屈《りくつ》もあるのです。自分の地位が高いといって、やたらに部下の人を見下すのは、その人が、その高い地位にいるほどの人ではない証拠で、自分で自分の恥《はじ》を示していることなのです。下の人が心の中で、何を考えているのかわかろうともしないでいると、きっと下の人は、不平、不満を抱いてその人を仇《かたき》や敵《てき》のように見るようになるものです。

昔、家来という仕事がありました。給料をもらって、定められた期間、主人のために働く人です。家来の役割は、主人を敬って働くことです。主人の役割は、その家来に親切にすることです。もったいぶって構《かま》え、横柄《おうへい》に命令するより、丁寧に接することです。そうすると、家来も主人を大切にして、よく働き、お金のために働くだけでなく、愛情を持って務めるようになるものです。昔、親切な主人のために、家来は、命をなげうつこともありました。そういう例は、少なくなかったのです。

文明開化の国では、家来を雇うのに大抵一年を期限とし、この期限が終われば雇人ではなくなり、その身分が自由であることは主人とおなじです。しかし、国によっては、「奴隷」という奉公人《ほうこうにん》を使うことがあります。奴隷とは、その体を主人に売り、主人の思うままに使われる人という意味です。奴隷の多くは、アフリカ州から連れて来た人で、主人の扱いはとても悪いのです。ちょうど牛や馬のように人を売買して、子どもを生めば、その子もまた奴隷として、主人の思うままに召使い、本人が自由になるためのお金を払うまでは、その体の自由を許しません。もともと人間には奴隷を使う権利はありませんが、もし自然の道理に反して奴隷を雇うようなことがあれば、なるたけ親切にして、せめてその身の不幸を軽くしてやることです。奴隷のほうでも恩《おん》ある主人のためには、親切にするものです。

（イ）君主アルフォンソ

［本当の偉さを考える］

アルフォンソは、一四〇〇年代にシチリア（シシリー）国とナポリ国の王となった人です。そのほかにも古い本を大切にしたり、そのため図書館を建てたり、芸術家や学者を大切にした人としても知られています。

君主アルフォンソは、その国の人々を何よりも大切にしました。そのため心が広くて優しいという評判のあった人です。

　ある時、シシリーの国が戦争をしていた時に、敵が河向こうにいて、味方の兵士が敵に妨げられて、アルフォンソは、河を渡って進むことができませんでした。そのために、朝から晩まで河の畔《ほとり》に陣地《じんち》を構えていて、兵士が進まず、食料が少なくなったことがありました。ある日、日暮れになって、一人の兵士が、パン一切れにチーズをつけ、それに大根を一切れそえて、アルフォンソのところへ持って行きました。食料が少なくなったその日の食事では、この食べ物は、とても結構《けっこう》なごちそうでしたが、しかし、アルフォンソは、これを辞退《じたい》して、

「味方の数万人の兵士が、朝から食べ物がなくても、私に劣らず元気に戦っている。それなのに、今、私一人がこのごちそうを食べるわけにはいかない」

と言ったそうです。パンを差し出した兵士は、この時、我ら兵士を思ってくれる君主の心に感動しました。

　また、ある日、アルフォンソが一人で馬に乗って、カンパニアというところを通りかかった時、小さな荷車を馬に引かせている人がいました。その馬が誤って、深い泥の中へ足を踏《ふ》み込《こ》んでしまいました。馬を引く人は、力を出して泥の中に入った荷車を引き出そうとしましたが、とてもできません。そこで通りがかりの人に、助けを求めようとしましたが、ふり向いてくれる人もいませんでした。それで困っている時、たまたま、そのそばに騎馬《きば》の人がいましたから、馬を引く人は、その人が国王であるとも知らないで、この人に

応援《おうえん》を求めました。そうすると、アルフォンソは、直ぐに馬から降りて、その馬を引く人を助けて、馬を泥の中から引き出してやりました。後で馬を引く人は、その人が国王であることを知り、大変に驚いて国王の前にひざまずいて、しきりにお詫《わ》びをしました。すると国王は、

「お前は、ただ人に応援を求めただけだ、罪を犯したのではないのだから、詫びをする必要は全くない」

と言ったのです。このことが世間に広がり、前から国王の敵だった人も、すすんで家来になったということです。

（ロ）主人の言葉

［言葉は人の態度に影響する］

アンソンという人が、東の国へ旅行して家に帰った時、その旅行に一緒に行った家来が、

「仕事をやめさせてください」

と言いました。主人は、なぜだろうと思いましたから、

「どうして急に辞《や》めるのか」

と尋《たず》ねますと、家来は、

「長い旅行中にいろいろなこともあり、また、危ないこともありました。その間の用事や苦労は、二人のことなのに、主人は、命令するだけで、優しい言葉は、ひと言もかけてくださいませんでした。今度、仕事をやめさせて欲しいとお願い出たのは、このことだけでほかには何もありません」

と、言ったのです。

（八）お手伝いのメアリ

［人格を認め合う三人の姿］

アイルランドの貴人に二人の娘がいました。姉をバトラーといい、妹をポンソンビといいました。姉妹がウェールズの国に来て、小さな家を建てて住み、本国から連れてきた、お手伝いのメアリと、三人で仲よく暮していました。このメアリは、幼い時から二人に仕えて、性質はまじめで、主人のために心を尽くして働いて一生を終わった人でした。姉妹もメアリに親しみ、そのつきあいの様子は、主人とお手伝いとは見えません。まるで仲の良い友達のようです。さて、三人の婦人がだんだん老人になった時、主人姉妹の考えで、三角三面の石碑《せきひ》を作りました。そして、スランゴスレンという町の教会の境内《けいだい》にこれを建て、三人とも死後はこの石碑の下に埋まり、その表面に名前を記すことに決めていました。

年が過ぎる間に、メアリがまず病死したので、約束のとおりこの石碑の下に葬《ほうむ》り、主人姉妹で碑の名前を作り、石碑の一面にこれを彫《ほ》りつけました。その後、数年の間に、姉妹ともに病死し、二人ともその石碑の下に葬られ、三人とも墓を同じにして、石碑の三面に三人の名前があります。三人の身分は初めから違います。一人はお手伝いで二人は主人です。けれどもメアリが親切にすれば、主人もまたメアリを大切にして、お互いに心を通わせて、死後に至っては、少しも身分の違いがありません。

イギリスの国王ジョージ三世の時代に、一人の娘がいました。お城に働いて、心が優しく君主を大切にしたので、その死後に国王の命令で、石碑が建てられました。この石碑には、国王の感謝の文が彫られているということです。

（二）プランクスの友情（ローマの古い大統領）

［人の心の通いあいを大切にする］

ローマの古い大統領《だいとうりょう》のお話です。

　大昔、ローマでオクタヴィウス、レピダス、アントニウスの三人が権力を握っていた時、それより前の大統領だったプランクスは、危険を避《さ》けてローマを逃げだしました。政府は、プランクスの従者《じゅうしゃ》を捕《と》らえて拷問《ごうもん》にかけ、プランクスの居所をたずねましたが、従者は、白状《はくじょう》しませんでした。主人を守りたかったからです。ある日、プランクスは、町の人々の、

「政府は、ますます怒って、従者をもっとひどい拷問にかけようとしている」

といううわさを聞きました。プランクスもこの真面目な家来を見殺しにしてまで、自分だけが助かろうとは思いません。自分から名乗り出て刑罰《けいばつ》を受けようとしました。そして、政府の役人のところに行きました。そうすると、政府の人も家来の命を助けようとして出《しゅっ》頭《とう》してきたプランクスの勇気に感心して、また、プランクスを助けようと、命をかけている従者の主人思いの心にうたれて、ついにプランクスの罪を許したそうです。その頃、世間の人は、

「この主君にしてこの従者あり、この従者あってこの主君あり」

と言ったということです。主人の心の優しさは、従者に伝わって、従者の心は、主人へと伝わるということです。

（ホ）主人を助けた従者

[主人と従者の結びつき]

ヨーロッパ州の東北、カルパティア山脈には狼《おおかみ》が多く、特に寒さの厳しい時は、その狼の気性が荒々しくなって、人を傷つけ殺すこともありました。一七七六年の冬に、ポドッキー伯爵《はくしゃく》という貴族が、夫人とともにオーストリアの都ウィーンから、クラクフへ行く時、ザトーの近くで狼の一群に出会いました。ポドッキー伯爵は、いつもなら二人の従者を連れて行きましたが、この日、そのうちの一人は、馬を用意するため先にザトーに行っていて、残った一人の従者だけが馬に乗って、主人夫婦の馬車に従っていました。狼の群れは、だんだん馬車に近寄ってきます。従者は、

「自分が乗っている馬を放って、狼がこの馬を食べている間に、この場所を駆《か》け抜《ぬ》けたらどうでしょう」

と言いました。主人もこれを許しましたので、従者は、主人の馬車の後方に飛び乗って自分の馬を放しました。すると数十の狼は、すぐにこの馬に飛びかかり、生き馬を食い裂《さ》き始めました。馬車の三人は、その間に馬にむち打ち、早くザトーに着くように走ろうとしましたが、馬は疲れていて走ることもできません。狼はすでに一頭の馬を食い、その味を

しめて、ますます荒立ち、今にも馬車に追いつこうとする勢いです。とうとう行き詰《づ》まって、従者がまた言いました。

「今ここを逃れるには、ただ一つの道しかありません。私が自ら身を投げて狼に当たりましょう。私の死後は、私の老父と妻子とを養ってください。私が狼に食われている間にお逃げください」

せっぱ詰まった言葉に、主人は返事の言葉も出ませんでしたが、しかし、今三人とも助かる道はありません。それならばこのほかには仕方がないということで、従者の考えに任せて、

「必ず君の家族を養う」

と誓いましたから、従者は、その言葉とともに馬車からとび降りました。

主人夫婦は、危険を逃げのびて、ザトーに着き、帰国の後は、従者との約束に従って、この思いやりのある従者の家族を、とても大事にしたといいます。

〈解説〉第三章　いろいろな人との交流〈原文「貴き人に交り賤しき人に交る心得の事」〉

職業の違う人や、家柄や地位の違う人との出会いの中で、社会的に独立した人間の交際の仕

方や、気持ちの持ち方が中心になっています。

『童蒙をしへ草』の原文に、「身分重き人は目下の者に對して妄に其尊恭を促すことなく、却てこれを丁寧に取扱ふべし。貴き人にても賤しき人にても、重きと輕きとの差別こそあれ、天地の間に生れし人として考ふれば同じ世界の兄弟にして、銘々身分のなき者はなし[1]」とあります。

福澤は、『学問のすゝめ』の中で、「天は人の上に人を造らず人の下に人を造らずと云へり[2]」と、人間の生きる権利は、自由平等であるべきだと教えています。そのほか、この章に述べられているのと同じ趣旨の文章が『学問のすゝめ』第一章にもあり、近代的な身分関係という考え方のもとに使われています[3]。つまり、人間は、職業や家柄によって、また生まれ育った環境によって確かに違いがありますが、この自由主義の世の中では、昔の身分制度のようなことはなく、一個の人間として、人権は社会的にも平等に認められています。

今では、このことは当たり前です。しかし、個人個人の有様は、その努力しだいで違った形になるのは当然です。ですが、人は品格をもって、お互いを尊重して、他人との繋《つな》がりを、人間同士マナーをもって、温めあっていくべきなのだということなのです。

この章でのお話は、職業や家柄を越えた個人の人格や人権の尊重が大切にされ、近代的な社会の個々の人間の自由な精神の持ち方が重要視されています。そして、互いに厚い信頼で結ばれた友情を感じるのです。一人一人が人格的に独立した人間として生きることが大切なのです。

（1）「童蒙をしへ草」巻一（『全集』三、一七三頁）

（2）「学問のすゝめ」初編（『全集』三、二九頁）

（3）「童蒙をしへ草」巻一（『全集』三、一七二頁）

「世の中の仕事に難きと易きとの差別あり。易き仕事を為すには格別の才智なくして叶ふ事なれども、難き仕事を為さんには、才智もなかるべからず、又其道の執行《シユギヤウ》をもせざるべからず。其難き仕事を為す者を名づけて身分重き人と云ひ、易き仕事を為す人を名づけて身分軽き人といふ」

「学問のすゝめ」初編（『全集』三、二九頁）

「世の中にむづかしき仕事もあり、やすき仕事もあり。其むづかしき仕事をする者を身分重き人と名づけ、やすき仕事をする者を身分軽き人と云ふ」

第四章　働くこと

［働くことは自分を世の中に生かすこと］

神は、地球を造り、人間が気持ちよく生きるために必要な物は、全てこの地球に生まれ出るようになさいました。けれども、人間が努力をしなければ、この物を見出すことはできません。また、人間が工夫しなければ、その物を役に立てることもできません。

米や麦を収穫《しゅうかく》するためには、種《たね》をまいて、これを刈《か》り取らなければなりません。金の器を作るには、その地金を山から掘《ほ》り出して、製造しなければなりません。反物《たんもの》を作るには、毛、麻、綿を紡いで、これを織《お》らなければなりません。これらの仕事をすることが、人々の生活を豊かにし、ひいてはその国を豊かに

するのです。体が弱く働けない人や、すでに財産を持っている人のほかは、生きるために、食べ物、衣服などの物が必要なら、世の中のために働き、一人前の仕事をしなければなりません。

世界の国々の中には、働かないで日を過ごし、野に生えている草や木の実を拾い、山に住む鳥や獣《けもの》を捕《と》って、その肉を食べている国民もいます。こういう国民を未開《みかい》の人々というのです。アメリカの原住民やアフリカの南方やオーストラリア州の原住民たちがこういう人々です。こうした人々の生活は、とても貧しくて、普段も衣類や食料が不足し、飢餓《きが》の時の用意もなく、時々飢えて、死亡する者もいます。このような未開な国は、人口がとても少ないのです。一平方キロメートルに一人です。

一方、仕事をよくする国民は、その生活も向上します。牛や羊を飼《か》い、田畑を耕し家を建てて、船を造って外国の産物を輸入《ゆにゅう》し、日常生活は大変便利で、生涯楽しいことも多いのですが、未開の人々はこういう便利な生活を知らないのです。このことを一言で言えば、

「人の幸いと不幸は、その仕事をすると、しないとのちがいにあるのです」

ドイツ、スイス、フランス、オランダ、イギリス等の人は、世界中で最も仕事をよくする国民です。ですから、その生活の様子も、また、世界一なのです。この国々では、一平方キロメートルの土地に、人口が百人から三百人います。このことで考えれば、国民は、仕事をすれば人口も増えて幸福になり、仕事をしなければ、人口は減少して不幸となるの

です。

このようなことは、ただ単に国々の大勢の人々についてだけではなく、一人の身の上についても同じことです。この世の中に生まれて、何の仕事もしないで、人や社会のために良いことをすることを知らない人は、自ら不幸を招いて、貧乏になる人と言えるでしょう。職業のある人はみんな、その仕事に精《せい》を出して人や社会のために役立つか、あるいは怠《なま》けてしまうか、その人のやり方によって、自分の将来が決まってしまうのです。そもそも天は、最初から誰にでも幸福を与えるものではありません。ただ、自分から働いて幸福をつかむように造り、そして、人が働いて幸福を得ても得なくとも、その働くこと（自体）が、自分のためになり、自分を喜ばすような工夫をしたのです。

たとえば、人は身体と精神を使わなければ、身体を達者《たつしゃ》にすることはできません。働くことが人のためによいのです。また、身体と精神を使わなければ、人には楽しみがありません。働くことが人に喜びを与えるのです。しかし、一方から言えば、度をこえて働いたり、勉強するのは、かえってよくありません。働き過ぎると、身体の力を使い過ぎて、病気になります。それは、身体を怠けさせたのよりも、かえって大きな不幸になることがあります。

世の中でよくいわれていることに、次のようなことがあります。

「七日に一日の休みを取って、毎日十時間働けばちょうど、人の身体によいのです」

（イ）考えた遺言《ゆいごん》（寓言《ぐうげん》）

〔働くことは宝物を得ること〕

あるお百姓《ひやくしよう》が病気にかかって、全快《ぜんかい》するかどうかもわからない容体になりました。そこで死後のことを心配して、「農業は、私が生涯勤めた仕事だから、子どもたちにもこの農業を継《つ》がせよう」と思いました。そこで、よく考えて兄弟の子どもを呼び遺言しました。

「二人へ遺産として与えられる物は、田畑とぶどう畑である。これを兄弟二人のものとしなさい。ただこの田畑は、決して他人の手に渡さないように、そのわけは、田畑のほかに私は、別の宝物を用意しているかも知れない。もしかすると地面の下三〇センチメートルより深くないところへその宝物を、埋《う》めておいたかも知れない」

子どもたちは、この遺言を聞いて、「父が宝物と言ったのは、前からたくわえたお金を畑に埋めたのに違いないだろう」と、思いました。父親が亡くなってから、兄弟力を合わせて、その田地もぶどうの畑もすみずみまで土を掘《ほ》り返しましたが、一銭《いつせん》のお金も掘り出すことはできません。一時は大いに気を落としましたが、このように地面を掘り起こしたので、その年の作物は、特別によく実りました。秋の収穫の時になってみますと、本当に宝物を掘り出したのと同じになったのです。

（ロ）ケレシンの魔法《まほう》

[幸と不幸はその人の働きにある]

昔の博物《はくぶつ》学者プリニの本に、イタリアのある村にケレシンというお百姓がいたとあります。このお百姓が耕《たがや》す田畑は、作物がいつもよく実りました。遠くから見ても、隣の畑より格段に立派なのがよくわかります。同じ村のお百姓は、このことを不思議に思い口々に言いました。

「我々の畑はこんなに不作《ふさく》なのに、ケレシンの作物は、とてもよく実るのはどういうわけだろう。きっと彼が魔法を使うためである。このままにしておくわけにはいかない」

そこで、ケレシンをつかまえて裁判所《さいばんしょ》へつれて行きました。裁判所の役人はケレシンに向かって、魔法を使った罪を問いただし、作物がよく実るわけを話すように言いました。

ケレシンは困って、筋骨《きんこつ》たくましい娘一人と、農業に使う鋤一揃《すきひとそろ》いと、牛一頭とを役人の前に差し出して言いました。

「この娘は、畑の草を取り、私たちは、作物に肥料《ひりょう》をやり、親子力を合わせて働きます。

ごらんのとおりこの農具の具合もよく、牛もよく肥《こ》えていることは、近くの村に比べるものがないくらいです。私たちが農業にかける魔法というのは、ただこれだけです。だから村の人々も、私たちのように、このよく働くという魔法を使えば、私の畑のように作物のよく実ることは間違いないでしょう」

と言ったので、裁判所の役人も、この答えにとても感心して、

「実によくわかる説明である」

とほめました。そして、農業によく働いたということで、褒美《ほうび》を与えて帰したそうです。つまり、訴《うった》えた人々は、あまり田畑の手入れや仕事をしないで、作物の収穫ばかりを願っていたのです。

（八）よく働く大工

［考えの通りになった大工］

英国のクィーンズ・カウンティーにクラークという人がいました。大工の仕事をしています。ある時、その町の裁判所で働いていました。そして、役人の椅子《いす》を作るとき、特別に骨を折って、その板を丁寧に削《けず》りました。仲間の者は、これを見て「無駄《むだ》な手間を費や

す」と言って大いに嘲《あざけ》りました。しかし、クラークは、笑って言いました。

「この板をよく削るのは、人のためではありません。自分のためにするのです。私は、いつかこの椅子に座る身分にならなければ死ねないのです」

と、言いました。果《はた》して、その後に、その言葉のようになりました。クラークの性質は、よく働き、恥《はじ》を知り、人がらは威厳があって親切でしたから、そのすることは、一つとして間違えることはありません。次第に独立した生活をするようになり、財産が豊かになるにしたがって、人物もそれにともなって立派となり、ついにその土地の裁判官《さいばんかん》に選ばれて、以前自分で作った椅子に腰掛《こしか》けたといいます。

（二）ベンジャミン・フランクリン

〔福澤諭吉の生き方と似ているフランクリン〕

一七〇〇年代のアメリカの政治家、出版業者、科学者、著述《ちょじゅつ》家であり、またアメリカ独《どく》立《りつ》宣言《せんげん》起草《きそう》委員《いいん》の一人で、パリ条約のアメリカ全権《ぜんけん》として、アメリカ合衆国の独立をイギリスに承認させたベンジャミン・フランクリン（筆名リチャード・サンダース）は、北アメリカ州ボストン市のろうそく屋の子として生まれました。家は貧しくて、フランクリンは印刷所に働きに行きました。フランクリンは、読書好きな子どもでした。働いてお金が入ると、本を買い夢中で読みました。そればかりでなく印刷所の仕事も一所懸命《いっしょけんめい》しました。ふだんの生活は、無駄遣《むだづか》いをしないで倹約《けんやく》を守り、無駄に毎日を過ごすことはありません。

十七歳の時には、フィラデルフィアに行きました。そこでキーマーという人と印刷の仕事を始めました。フランクリンは、もとから才能のある人で、文章を書いたり、そのための勉強も非常によくしましたから、年が若いというのに人を驚《おどろ》かすほどの名文を作ることがありました。ある時、フィラデルフィアの市長は、フランクリンの書いた手紙を見て、その文章に感心してしまいました。そして、わざわざフランクリンに会いにそのホテルまで迎えに行って、自分の家に招待したことがあったといいます。

その後、フランクリンは、イギリスのロンドンに行って、いろいろな印刷所を見学して、その職業について勉強をしました。同じ印刷所で働く人たちは、時々お金を出して、お酒を飲みましたが、フランクリンは、一口もお酒を飲みません。そのため気分はいつも爽《さわ》やかで、体も丈夫で、貯金も増えていきました。二十歳の時、ロンドンからフィラデルフィアへ帰り、もう一度キーマーと一緒に印刷所の仕事を始めました。ますます仕事に励んで、毎日ほかの様々な仕事にも気を配りながら、印刷のための活字を組む仕事も怠りません。どんなものでも間違いなく仕事ができるので、注文する人が多く、仕事は繁盛《はんじょう》しました。

それから、フランクリンは、新聞紙の発行を始めました。その文章が上手なため、読者も多く、発行部数も増え、たくさんの収入になりました。けれども、フランクリンはお金が儲《もう》かったからといって、派手な生活をするわけではありません。粗末な服を着て倹約《けんやく》を守り、外見を気にすることはありません。時には、新聞紙に使う紙の俵《たわら》を車に積んで、市内を運んでいる姿を見た人もいます。新聞の出版も繁盛してからは、文房具の商売も始めました。それから、やる気のある人と会社を作って、たくさんの書籍《しょせき》を集め、「貧しきリチャードの暦《こよみ》（雑誌）」という本を毎年一冊ずつ出版しました。この本は、多くの人の心得となることを記した名文でしたから、世の中のために大変役立ちました。

　フランクリンは、このように仕事に励んで数年の間、片時も暇がなかったけれど、人が忘れてはならない道徳の勉強も怠りませんでした。三十歳になり、人々の人望を得て、会議所の書記官に任命され、翌年は、また出世して郵便局の副局長となりました。才能や人徳があり、そのうえ、なお世の人のために尽くすことを、自分の勤めと考えていました。それから、窮理学《きゅうりがく》（物事の道理・法則をきわめること。ここでは、物理学のこと）を愛好する人々で仲間を作り、学生を教える大学校を開いたり、火災保険のことを工夫したりするなど、およそフィラデルフィア市の仕事で、フランクリンの関係しないことはないほどであったといいます。

　その後、科学を勉強して、一七五二年に凧《たこ》を上げて、雷雲から「電気」の火花を引き、稲光りと「電気」とは同じであることを発見しました。このことがあってから、フランクリンの名前は、「フィラデルフィアの印刷屋」として世界中に知れわたり、ヨーロッパ州でも、その名を知らない人はいないほどになりました。

その後、フランクリンが、かなりの年齢になった頃、北アメリカのいろいろな州は、本国のイギリスと仲が悪くなり、数年の間の戦争の末、ついにイギリスから独立しました。この騒動の時にも、フランクリンは、アメリカの指導者として働き、功績も多大なものでした。

フランクリンがアメリカ新政府の大使となってフランスへ行き、フランス国王に謁見《えっけん》し、援兵を願い出た時も、その交渉の立派なことはいうまでもありません。落ち着きがあり、手際もよく、広く物事を知っていて、その説明は流れるようでした。学者としての才能もあり、国を治める徳義も備わり、その名前を聞いて、その姿を見て、感心しない人はいません。当時、フランスの人は、フランクリンのことを、

「真人（徳のある人）新世界（アメリカをいう）から来てその霊を現す（素晴らしい能力を示した）」

と言いました。古い本に、

「事を勤める者は、王の前に立つべし」

とあります。フランクリンなどのことをいうのでしょう。大昔、東の方の国々では、王の前に立つことはこのうえない名誉でした。今、フランクリンの経歴を見ると、その身はろ

うそく屋の家で生まれましたが、あらゆることに励んだために、一生の間に家を豊かにし、名誉を轟《とどろ》かせ、千万人の上に抜きんでたのは、いわゆる王の前に立つ名誉を持っている人というのでしょう。

古今の英雄で、世の中のために尽くした人がいる時、人々は、どのようにして成功したのか、その方法を知ろうとするのが普通です。今、フランクリンの成功したわけを知りたいと思う人がいるなら、フランクリンの書き遺《のこ》した文章を記してこの答えとしましょう。

「富を得る道の易《やす》く平《たいら》かなるは、市に行く道のようであります。ただ二言で言い尽くせます。労働と倹約とです。時を無駄にしてはいけません。お金を無駄に使ってもいけません。この二つのことをうまく実行するのです。労働と倹約とを捨てれば、成功することは何もありません。労働と倹約とを守れば成功しないことはありません。少年たちよ、すでに働いてなおかつ倹約できているなら、このほかに富を助成するものは、几帳面《きちょうめん》と正直の二箇条です。勉強は、ちょうど幸福を生む母のようです。

天は、万物を人に与えないで人の働きに与えるものです。今日という、その日のうちに働くのです。明日どんなことがあるかはわかりません。自分がもし人の家来であって、自分の主人から、怠《なま》け者といって叱られたら、誰でも恥ずかしいでしょう。今、お前は、人の家来ではなくて、自分自身の主人なのです。自分が怠けたら自分で自分を叱り、自分で自分を恥ずかしく思わなければなりません」

（ホ）貧しいリチャードの諺《ことわざ》

［リチャードはフランクリンのペンネーム、その格言の数々］

ベンジャミン・フランクリンは、北アメリカ州ボストン市のろうそく屋の子として生まれました。家は貧しくて、フランクリンは印刷所に働きに行きました。フランクリンは、読書好きな子どもでした。働いてお金が入ると、本を買い、夢中で読みました。それから、その印刷所の仕事も一所懸命しました。ふだんの生活は無《む》駄《だ》遣《づか》いをしないで倹約を守り、無駄に毎日を過ごすことはありません。

生涯にわたって、自分の身でできる限りのことを、自分で努力して、道を切り開いて行った人です。自分の才能や物の見方を生かして、可能性に向けて生きた人といえます。

次に登場するリチャードは、フランクリンの筆名《ひつめい》（ペンネーム）です。

政府が国中の人に命令をだして、人々が毎日働く時間を十に分けて、そのうちの一つ分だけの時間を、税として政府のために働かせることがあれば、必ずこれを厳しい政府だというでしょう。けれども、人の不精《ぶしょう》がもたらすつけは、政府の税よりもなお高くつくものです。不精のはなはだしい人は、病気になって命をも短くすることがあります。リチャー

ドの諺に、

○「不精は、錆《さび》のようである、錆びて腐るのは、すれて減るよりも早い」

○「朝夕に使う鍵《かぎ》は、光っている」

○「生きている時こそ人の命である。命が惜《お》しければ時を無駄にしてはいけない」

また、人が睡眠に時を費やすことにも、度をこすことがあります。リチャードの諺に左のようなものがあります。忘れてはいけません。

○「朝寝する狐《きつね》は、鳥にありつかず」

○「眠たくば、飽《あ》くまで眠れ、棺《かん》の中」

○「光陰《こういん》（時間、月日のこと）は、思っているように、このうえない宝なのだろうか。もし、そうであるなら、これを費やすのは、このうえないおごりである」

○「光陰は、一度去るともう返らない」

○「十分だと思った時間も、実際にその仕事を始めると、必ず足りないものだ。だから、早く起きて仕事を始めなさい。よくその目標を立てて仕事を行いなさい。一心不乱《いっしんふらん》に仕事を行えば、必ずうまく行き、まごつくことがない。努力すれば何事も容易であり、努力しなければ何事も難しい」

○「朝寝をして、一日中、仕事の後を追いかけ、夜道を走っても追いつきはしない」

○「貧乏の走るのはいつも速く、怠《なま》け者の歩みは貧乏の走るのに追いつくことはない」

○「仕事を追って、仕事に追われるな」

○「早く寝て、早く起きれば知恵をまし、身は健やかに、家は繁盛《はんじょう》」

よい運を願い、よい運を待つという、そういう考え方を理解することは難しいものです。何もしないで運を待つより、自分が努力してよい運をつくるほうがずっとよいのです。リチャードの諺に、

○「我が身をもって我が身のために働くのに、誰に向かって何を願うというのだ」

○「いたずらに運のよくなる時を待って暮らしていると、飢《う》えの境が身にせまって来た」

苦労がなければ、楽も得られません。自分を助ける者は、ただ左右の手だけです。それから、人は、必ずしも土地を持つ必要はありません。土地があっても税金はとても高いものです。リチャードの諺に、

○「身に職業のある人は、土地を持っているのと同じです。商売の道に明るい人は、名誉と利益の泉を得る人といえる」

そうだからといって、職業の覚えがあっても働かないで、商売の道を知っていてもこれを行わなければ、その土地も、その名誉と利益の貯《たくわ》えも、自分の税金を払うだけで足りなくなります（自分の税金とは、不精のつけをいいます）。人は、よく働けば、飢えと寒さに迫られる心配はありません。

○「飢えは、よく稼《かせ》ぐ家の門から様子をうかがうけれど、敷居《しきい》を越《こ》えてなかには入ってこ

られない」

家に宝物がなくても、他人の遺産《いさん》を受けなくとも、どうして心配することがあるでしょう。

○「勉強は、ちょうど幸せを生む母のようだ。天は、万物を人に与えないで、人の働きに与える」

○「人の寝るその間に深く耕して、多く作り多く収穫しなさい」

○「今日というその今日のうちに働いて、今日の仕事を明日に延ばすな」

○「手袋をはめて道具を扱うな、袋の猫は鼠をとれない」

あるいは、仕事が多くて力に余ることもあるでしょう。けれども一心不乱にこれを務めれば、その結果はとても大きなものです。リチャードの諺に、

○「水滴《すいてき》も絶《た》えなければ、石に穴をあける」

ある人が、

「君の説のとおりならば、人は、ちょっとした遊ぶ暇も得られないのでは？」

と質問しました。これにリチャードの言葉をもって答えると、左のとおりです。

○「君がもし、遊ぶ暇を得ようとするなら、月日を有効に使うようにしなくてはいけません」

○「未来の一分も確かではないのに、どうして、一時間を無駄に過ごせるだろう」

（ヘ）暇《ひま》にしていられない

［何かに集中して生きること］

フランスのバスティーユという牢獄《ろうごく》に、七年の間、押し込められた人がいました。朝晩することがないので、退屈《たいくつ》のあまりに、持っている五、六本の針を部屋の中にまき散らし、また、これを拾って様々に並べ、またかき集めては、また散らしたりして、七年の月日を送りました。そして、後に牢獄を出た時、そのことを友達に話して、彼が言うのには、七年の間この用事がなければ、必ず正気を失っていたはずであろうと。

（ト）暇《ひま》すぎた人の話

［体と精神を使うことは人間の楽しみ］

スペインの将軍でスピノラという人が、ヴァレという人にたずねました。

「君の弟は、どうして死んでしまったのか？」

すると、

「彼は、する仕事がなく、暇すぎてついに命を失ってしまった」

との答えでした。スピノラは、ため息をついて、

「なるほど、閑暇《かんか》無為《むい》の力は、鬼武者《おにむしゃ》を殺すのに十分だ」

と言ったそうです。それは、仕事がないということは、生きることができないという意味です。

〈解説〉第四章　働くこと（原文「働く事」）

民がよく働く国は、文明が進み豊かになります。一人一人の人間も、仕事をして自分の生計を立てて独立して一人前になると、その仕事は自分のためだけでなく、世の中のため、人のためにも役立つことになるのです。

この章で注目したいのは、ベンジャミン・フランクリンの生き方です。その遺文に「少年の男子、既に働て且倹約ならば、此外に富を助成《たすけな》すものは綿密と正直の二箇條なり。勉強は恰も幸福を生む母の如し。天は萬物を人に與へずして働に與ふるものなり」[1]とあり、『学問のすゝめ』にも、これととてもよく似た文があります。

「天は富貴を人に與えずしてこれを其人の働に與ふるものなりと。されば、前にも云へる通り、人は生まれながらにして貴賤貧富の別なし。唯學問を勤て物事をよく知る者は貴人となり富人となり、無學なる者は貧人となり下人となるなり」[2]というのがあります。

　この文章は明らかに『童蒙をしへ草』から受け継がれた考え方だと思います。つまり「万物」は「富貴」と変っていますが、あとは同じです。「勉強」は「学問」であり、「幸福」は「貴人」「富人」であります。

『学問のすゝめ』は、この章の「働くこと」の変形だと考えられます。働くことが、その人に働いた分だけのあらゆる物を与えるのです。学問を務めて物事をよく知る人は貴人となり、富人となるのです。つまり、働くことから学ぶことへ置きかえられているのです。そして、働くことや学ぶことについて言えば、ただ働くのではなく主体的に働き学ぶことが大切なのです[3]。

　それから、フランクリンの功績と[4]、福澤の功績がとても似ています。福澤も、子どもの頃、よく読書し、青年になってからは緒方洪庵《おがたこうあん》の適々斎《てきてきさい》塾で勉強し、やがて慶應義塾を開設、時事新報社（新聞の発行）、多くの本の出版などし、生き方もよく似ているのです。

　さて、子どもに働くことを教えることは、難しいことだと思います。よく家庭で使われる言葉に「子どもは勉強することが仕事」だなどと、いわゆる仕事の意味をはきちがえて伝えていますが、どうもこれはいただけないように思います。家や社会のために活動をして無報酬でも役に立つことを学ぶべきでしょう。すると、家の何かを手伝うことで、家庭の一員として役割意識を持つことができるのです。道路のゴミを集めたり、バスの中で席を譲ったりすることなどで、社会の一員としての自分が実感できるのです。

(1)「童蒙をしへ草」巻一（『全集』三、一八三頁）
(2)「学問のすゝめ」初編（『全集』三、三〇頁）
桑原三郎著「童蒙教草の原本（上）」（『手帖』五四、二一頁）
(3)「童蒙をしへ草」巻一（『全集』三、一八三頁）
「今汝は人の家來にあらずして自身の主人なり、自からその懈るを咎て自からこれに赤面せざるべからず」
(4)「童蒙をしへ草」巻一（『全集』三、一八一―一八二頁）
「フランクリンは、北アメリカ州ボストン市のろうそく屋に生まれ、読書が好きで印刷所で働き勉強して、新聞の発行、本の出版、大学校の開設、等」以上要約。

第五章　自分のことは自分でする

［独立心を育てること］

人は、自分の生活を立て、それから世の中のためになるにはどうしたらよいか、それぞれの人が考えなければなりません。これは、天から人間に与えられた役割なのです。自分の衣食を人に頼るのは、天から与えられた人としての本来のあり方ではありません。ですから、この衣食を手に入れるためには、自らその身体を動かして働かなければなりません。働けば、確かに自分の生活を立て、その喜びを受けることができるはずです。人に頼る生活は、とても不安なものです。

ですから、子どもたちは、幼い時から心がけて、なるべく他人の世話にならないで、自分の用を済ませるようにしなければなりません。まず、自分で衣服を着ること、自分で食べ物を食べること、お母さんの手を借りたり、お手伝いさんの世話にならないようにすることです。

そして、読み書き計算を練習して、だんだん物事を広く見聞して、やがて社会人となって、自分で自分の身を養う気持ちを持たなければなりません。学問をする年齢というものがありますから、その時を違えないようにし、芸術や職業、または、商業の道を勉強し、やがて社会へ出た時のための用意をしておかなければなりません。

子どものうちから、よく身体を動かし、自分の力を頼りに生活をすることを大切にしなければなりません。

人間はそれぞれ働く手を持ち、考える心を備えているというのに、隣《となり》の人が働いているのを見ながら、怠《なま》けていたり、わずかの働きで手に入れられる楽しみを、自分から求めようとしないで、他人の憐《あわれ》みを受けるのは、恥《はじ》ということです。

（イ）ヘラクレス神

［全身全霊を使って自分を生かす］

心の狭い御者《ぎょしゃ》（馬車に乗って馬を操縦する者）がいました。車に荷物をのせてせまい道を走っていましたが、その車輪が泥の中に落ちて、馬の力では、この車を引き出すことはできませんでした。御者は途方にくれて、大声で力の神に祈り、

「ヘラクレス、私を助けてください」

と呼びかけました。すると不思議なことに、一つの黒雲が天から降りて、神の姿が現れました。そして、

「見苦しい奴だ、どうしてひれふしているのだ。早く起きて馬にムチを打って、自分の肩を車輪に入れて押せ。そうすることが、お前を助ける神の力だ」

と命じました。

（ロ）麦畑のひばり（寓言《ぐうげん》）

［人に依頼することと自分から行うこと］

四月のよい天気の日に、麦畑の中の巣で、雛《ひな》を育てているひばりがいました。えさを探しに出かける時は、雛に、

「留守中よく気をつけなさい」

と言いました。夕方、巣に帰ってきた親鳥に、雛が、

「今日は、畑の主人が来て、その隣の人にこの麦を刈り取って

ほしい、と頼んでいました」

と言いました。親鳥は、まだ恐れることはないと、驚くようすもなく、次の日もまた、えさを探しに出かけました。夕方、雛が、

「今日も畑の主人が来て、親しい人へ麦刈りを頼んでいました」

と話しました。親鳥は、それでもなお驚かないで、

「隣の人へ頼んでも、親しい人に頼んでも心配はいらない、安心しなさい」

と言って次の日も、えさを探しに出かけて、夕方に帰ってきました。雛が、

「今日は、主人の親子がここに来て、『明日の朝から、親子二人でこの麦を刈り取ろう』と、話していました」

と言いました。親鳥は初めて驚き、それでは、私たちも覚悟する時が来た。隣の人や親しい人に頼むときは、恐れることはないけれど、自分から自分の仕事をするというのでは、きっとその言葉に間違いはないだろうと、ひばりの親子はその日に麦畑を立ちのいたということです。

（八）貴族ロバート・アイネスの独立

[自分の力を頼りに生きること]

一七二二年に、スコットランドの北のほうに、昔から名家といわれている貴族で、アイネスという人がいました。十九歳の時、不幸に遭《あ》い貧乏になって、貴族の家を守ることができなくなりました。

その頃のならわしに従えば、貴族の人が困った時は、親類や友だちの世話になるか、政府の補助《ほじょ》を受けるはずなのですが、アイネスはそれをよいこととは思わずに、何とかして、自分で独立した生活をすることに決めました。けれども、貴族の家に生まれた人ですから、仕事をした覚えもないので仕方がなく、自分のできることを考えて、兵士の仕事ならば、できるのではないかと思い、騎兵隊《きへいたい》に入って、普通の兵士となりました。

ある日、アイネスは、騎兵隊の番兵となって、門の立ち番を務めていました。そこへ、ある偉《えら》い人が、騎兵隊の隊長に用事があって、門を入って来ましたが、あいにく隊長のところには、来客があったので、門のそばに控えて待っていました。その間に、立ち番の兵と、四方《よも》山話《やまばなし》をしたついでに、生まれた国や姓名を聞くと、間違いなく、貴族アイネスであることがわかりました。やがてその偉い人は、案内されて隊長に面会して言いました。

「君の威厳《いげん》は大きなものだ、格式《かくしき》のある貴族を門番に使うとは、諸国の王様でもできないことです」

と言って、その理由を話すと、隊長はとても驚《おどろ》き、さっそくその門番を呼んで尋《たず》ねました。すると、確かに貴族のアイネスでした。「社会的にも重い身分であるのに、このように兵士の勤めをしているのは、なぜ？」と尋ねました。すると、アイネスは、礼儀を正して、

「確かに私のもとの身分は貴族でしたが、不幸にして、まったく蓄《たくわ》えもなくなりました。親類や友達もたくさんいます。しかし、私の困窮《こんきゅう》を救う力がない人だったり、あるいは、その力はあるけれども、その気持ちのない人だったりです。ですから、そのような人に頼って暮らしていくよりは、自分の身分など忘れて、たとえどんな仕事でも、人として、恥ずかしくない務めをすることが本当だと思い、兵士の務めをしました」

と言いました。

隊長は、一方では驚き、かつまた一方では感心しました。その独立の気性に感心し、これは大変な人物であると思いました。そして、とりあえず、その日の当番を免除し、ごちそうを用意して、一緒に会食をしました。そして、しばらくすると、隊長は、押し入れの中から衣装《いしょう》を出して、「どれでも気に入った品物を選びなさい」ともてなしましたが、アイネスはこれを辞退《じたい》して言いました。

「兵士の仕事に出る前に着ていた古着があります。このような美しい服は、まず不要でご

ざいます」

と言って感謝するだけでした。

その後、隊長は、ますますアイネスに心をかけて、騎兵隊の長に任命しました。隊長には、一人の女の子がいて、学校に寄宿していましたが、ある日、隊長は、アイネスを連れてこの学校に行きました。この時、アイネスも初めて隊長の娘に会いました。

二人は、月日を重ねるに従って、だんだんと親しくなったようなので、隊長は考えました。「娘にはそれなりの財産もあって、貴族の人のところへ、お嫁に行くのも問題はなく、また、アイネスは、給料をもらっているので、二人とも夫婦となって生活をするのに十分だ。だから……」とその考えを二人に告げると、二人は、ともに喜びました。そして結婚し、仲のよい夫婦一家となりました。

その後、二人の間に女の子一人が生まれ、その娘は成長の後にブォーブス長官（卿《きょう》）の妻となり、たくさんの子どもが生まれて、その子どもも高い地位についたということです。

（二）「行け」と「来い」との違い

［人に依頼する人と自ら実行する人］

イギリスのサリー州というところに一人のお百姓がいました。持っている田畑を耕して、毎年二百ポンドの利益がありますが、家の借金がだんだんに増えて返す方法が見つかりません。

ついに、その田畑の半分を売り払い、半分は二十一年の期限で貧しいお百姓に貸しました。このようにして過ごす間に、早くもその期限が終わりとなる時がきました。土地を借りているお百姓が、例年の土地代を持って来て、

「ついでにこの田畑も永久に売り払ったらいかがですか」

と話しました。地主はこれを不思議に思って、

「お前が土地を欲しいと言うのか？」

と聞きましたら、

「そのとおりです。お差し支えがなければ、私が買いたいと思います」

と言いました。地主は、大変驚いて、

「私はこの田畑の二倍を持っていて、私の土地だから土地代も払う必要もないのに、家の暮らしはよくならない。だのにお前は、その半分だけを借りて土地代を払い、わずか二十年ばかりの間に、早くもその田畑を買うほどの金持ちになったのは、実に不思議なことである」

と言いました。お百姓は笑顔で、

「その違いは二つの言葉の違いからくるのです。それは、あなたは『行け』とおっしゃるが、私は『来い』と言うだけです」

と言いました。地主は、その意味がわかりませんから、

「それは、どのような訳だ？」

ともう一度聞きました。すると、お百姓は、

「あなたは、毎朝、日が高くなるまで眠るか、ないしは、夜は楽しみに耽《ふけ》って、自分のことをするのに他人を使い、ただ『行け、行け』と言います。私は、早く起きて自分で自分のことをして、人よりも先だって、人にこっちへ『来い、来い』と言うのです」

と答えました。

〈解説〉第五章　自分のことは自分でする
（原文「自から其身を動かし自から其身を頼み一身の獨〔立〕を謀る事」）

小さい頃から独立する気持ちを育てることの重要性が書かれています。

この章の『童蒙をしへ草』の原文に、「少年の者は、稚き時より心掛て、成る丈け他人の世話にならずして自分の用を達すべし。先づ自分にて衣服を着おぼえ、自分にて食物を食ひおぼ

え、母の手を借らず、又下女下男の世話になるべからず[1]」とあります。福澤は、「ひゞのをしへ」で、「じぶんにてできることは、じぶんにてするがよし。これを西洋のことばにて、インヂペンデントといふ。インヂペンデントとは、獨立《どくりつ》ともうすことなり。どくりつとは、ひとりだちして、他人《たにん》の世話《せわ》にならぬことなり[2]」と教えています。

この文のもとも『童蒙をしへ草[3]』にあります。子どもの頃からできるだけ自分の力を頼りに生活し、物事を広く見聞し、やがて一人前となり独立し、世の中のためになること、ここに独立自尊の基本の精神があると思います。そして、深い知識と教養に裏づけされた、人間性豊かな自律心のある精神の持ち主へと繋《つな》がると思います。逆に「獨立の氣力なき者は、必ず人に依頼す[4]」、このようなことでは、将来が覚束ないのです。子どもの独立自尊法は、自分にできることは自分ですることから始めることで、自己のある人（その人らしい人）へと成長するのでしょう。

しかし、育てるうえで「自分のことは自分でしなさい」と、ただ言うだけでは物事は進みません。まず、どうしたらそのことができるのか、そのやり方の指導が必要だと思います。

「独立自尊」で生きるということは、難しいことです。しかし、その道に近づく努力は、小学生のときからでもできることがあります。それは、前にも書きましたが、「自分にできることは、自分で行う」ということです。

どんな些細《ささい》なことでも自分でできることはしていくと、人に依頼しなくなるのです。自分で考え判断し、実行する。そうすると、やがて心も独立することになるでしょう。自分らしさとか、自分の生き方が生れてくる。しかし、その場合一人勝手に独立するのではなく、まわりの国や人の生き方とか、迷惑等も考え、社会人としてお互いの独立を認め合う理解のある生き方が同時に必要となるでしょう。

（1）「童蒙をしへ草」巻一（『全集』三、一八六頁）
（2）「ひゞのをしへ」初編（『全集』二十、六八頁）
（3）桑原三郎著「童蒙教草の原本（下）」（『手帖』五五、一二頁）
（4）「学問のすゝめ」初編（『全集』三、四五頁）

第六章　あわてないこと

〔危険な時に、落ち着いて判断する〕

危ないことに近よってはいけません。自分から危ないことに近づく人は、愚《おろ》かな人です。それでも、もし危ないことに出遭《あ》ってしまった時には、気をたしかにして、落ち着いて冷静になることです。

どんなに用心しても、一生の間、危ないことに出遭わない、と言いきることはできません。着物に火がつくこともあるし、家から火を出すこともあります。水に落ちて溺《おぼ》れる人もいます。馬車に乗っていて怪我《けが》をする人もいます。場合によっては命を失うこともあります。しかし、危ないことに出遭っても、心を落ち着かせて覚悟をすれば、大怪我を逃れて命をも救うことが

できるのです。

危ないことが起こった時に、その人の気持ちによっては、逃れられる方法もあるのに、一時の驚《おどろ》きに気持ちが動揺《どうよう》して、何もできないために、その災害は、ますます大きくなって、怪我をしたり、命を失う人も少なくありません。危険に出遭うことがあれば、その際に心を取り乱さず、静かに身構《みがま》えて、きわどいところを逃れるのです。これを人の胆力《たんりょく》といいます。大事にしなければならないことなのです。

たとえば衣服に火がついて燃えだしたなら、その人は、走って人の助けを求めてはいけません。走ればその火はますます燃えて、火傷《やけど》をしてしまいます。早く横に倒れて転がるのがよいのです。そうすると、火の勢いを防ぐことができるのです。あるいは近くに毛布などがあれば、これを身にまとってすぐに火を消すことができます。

火事で燃えている家は、煙《けむり》が満ちていますから、中を通るには、通ってはいけません。息が止まって倒れてしまう危険があります。煙の中を通行する時には、手足で這《は》うことです。吸ってよい空気は、低いところにあるからです。

水に落ちても泳ぐことのできない人は、なるべく静かにして、体を動かさず、息を吸って肺をふくらまして、ただ口ばかりを水の上に出そうとすることです。このようにすれば、人の身体は水より少し軽いので、必ず上に浮くものなのです。もし、このようにしないで、一時の驚きに心を乱し、やたらにじたばたすると、必ず水底に沈んで命を失います。

馬車に乗って、その馬が荒れて、跳《は》ね出すことがあったら、慌てて馬車から飛び下りてはいけません。静かに落ち着いて、どうしたらいいか考えているうちには、だいたい馬は自分から止まるものです。そうすれば怪我もありません。その時の様子により、どうしても、馬車を出ないではいられないことがあれば、馬車の後ろの方へ、静かに飛《と》ぶことです。そのわけは、馬車に乗って走る時は、馬車の中の人にも、自《おのずか》ら前に進む勢いがつくのですから、馬車から飛んで足が地に着くまでも、その勢いは、変わることがなく、自分の体が前に倒れるのを止めることができません。車の後ろの方へ飛び降りると、前に進もうとする勢いに逆らって、地面に倒れることもなくてすませられます。

（イ）考えの違う二人の婦人

［慌《あわ》てた人と落ち着いた人］

ある家の婦人が二階に寝ていました。火事の騒《さわ》ぎに目を覚ましてみると、早くも煙《けむり》は、その部屋に入ってきました。階段の上の三階に寝ている子どもを、窓から救い出さなければいけないのに、慌てたので取るものも取りあえず、自分の子どものことを忘れて階段を下りて、一人道路に駆《か》けだして、その家を振《ふ》り返って見ると、すでに火と煙に取り囲まれて、近づくことはできません。子どもを思って心配しても、もうどうすることもできなかったといいます。

また、もう一人の婦人がいました。火事の騒ぎに驚《おどろ》いて見れば、炎は、すでに階段の下に来ています。主人があわてて戸を開けようとするのに、この婦人はこれを押し止めました。彼女は、戸を開ければ入り込む煙に耐えられないと思い、もの静かに工夫をこらして、次の部屋に寝ている子どもとお手伝いさんを起こし、夜具と毛布をからげて、二階の窓から、まずお手伝いさんをつり下ろし、次に子どもを一人ずつ下ろして、下からお手伝いさんに受け取らせ、その後に主人と婦人も窓から下り、家族全員、無事にその場を逃げることができました。その後、間もなくその家は焼け落ちたのです。

（ロ）娘の機《き》転《てん》

［慌てずによく考えた人］

人の体の血管は、動脈《どうみやく》と静脈《じようみやく》の二つに分けられます。動脈は、心臓から出る血を送り出します。そして、小枝のように分れて体のすみずみまで行き渡り、静脈の小枝の端につながってその血を移し、また、もとの心臓へ血を送り返すしくみになっています。ですから、動脈は血の行く路《みち》、静脈は血の帰り路で、心臓は血の溜《た》まるところとも言えます。誤って動脈を切ると、水道の管を切ったのと同じです。たくさん血が吹き出し、これを止めることは、とても難しいのです。その切り口と、心臓との間に通う血の道をふさぐよりほかに方法がありません。

　あるお百姓が鎌《かま》を持って、畑の麦を刈っていました。そして、誤って動脈を切ってしまいました。出血がひどいので、あたりの人はこれを見て、どうしたらよいかわからず、老《ろう》若男女《にゃくなんにょ》、うろうろするばかりでした。どうしたらいいかとぼうぜんとして立っている人もいます。このまま放っておくと、血も出尽《でつ》くして、怪我《けが》人はたちまち死んでしまいます。その時、機転の利《き》いた娘が一人いました。自分の靴下止《くつしたど》めの紐《ひも》をといて、傷口の上のほうを固く縛って出血を止めておき、その間に医者の手当てをして命が助かったといいます。

［安全行動をとる心構え］

（八）火　薬

　一七〇〇年代のことです。イギリス王ジョージ二世の頃に、エジンバラというところに、デュアーという商人が住んでいました。お茶、砂糖、そのほか種などを商っていました。

その家の地下に倉庫を造り、たくさんの商売の品物を蓄えていました。ある日、お手伝いさんを呼んで、

「倉庫に入って石けんを出して来なさい」

と言いつけました。お手伝いさんは、地下の倉庫は暗いので、手籠《てかご》を左手に持って、右手にろうそくを燈《とも》し、階段を下りていきました。地下には、ろうそく立てがないものですから、石けんを籠に移す時、ろうそくの置場所に困ってあたりを見ると、口が開いている黒い種と思われる物があるので、その中にろうそくをさして、手明かり台としました。用事が終わって倉庫の階段を上る時、両手がふさがっているので、ろうそくをそのままにして倉庫から出てきました。主人は、これを見て、「ろうそくは、どこへ置いてきたのか？」

と尋《たず》ねると、お手伝いさんは、何気《なにげ》なく、

「石けんのかたわらにある黒い種物の中に立ててきました」

と言うので、主人は驚《おどろ》きました。その黒い種は火薬です。一点の火の粉が落ちれば、爆発《ばくはつ》してこの家を焼き払って、家中の人は、一瞬《いっしゅん》にして煙《けむり》となってしまいます。火の粉が落ちなくとも、あと少しの時間でろうそくの火は、火薬に燃え移ることになるでしょう。外に逃げれば家を焼き、家財を失うことは、間違いないでしょう。倉庫に入ってろうそくを消そうとすれば、命を失うかもしれません。とにかく考えている暇もなく、決断の早い主人の胆力《たんりょく》で、倉庫の階段を下りて見ると、ろうそくの火は、輝いて今にも火薬に燃えつきそ

うです。けれど主人は、さらに慌てる気配もなく、よく考えて今急に人が近寄れば、その時風が起きて、火の粉を落とすかもしれないと、急ぐ心を押さえて、静かに火薬の袋のそばに近づきました。そして、身をかがめて両手を差し出して、水をすくうように手をくぼめて、ろうそくの火の下からすくい取り、一点の火の粉をも落とさないで、爆発を防ぐことができました。

このデュアーが袋の口を結ばず、火薬を外に出して置いたのは、大変不始末ですが、もともと気力の確かな人ですから、このような危険を救い、その後、商売も次第に繁盛《はんじょう》して、土地を多く買い入れて、今日までその家の子孫は代々続いています。

〈解説〉第六章　あわてないこと（原文「狼狽《うろたへ》ざる事」）

危険に出遭って心を乱さないことの大切さが書かれています。

この章の『童蒙をしへ草』の原文に、「都て危難に出逢ふことあらば、其騒に心を取失はずして静に身構を爲し、きはどき處を遁るべし。これを人の膽力といふ。尊むべき徳なり[1]」とあります。危険なことに自ら近づく人はいませんが、しかし、どんなに注意しても危険に出遭わないということはありません。火事のとき衣服に火がついた時、煙の中を通行する時などどうすればよいのでしょうか。

福澤は「木登りが不得手で、泳ぐ事が皆無出来なかった[2]」のですが、『童蒙をしへ草』の中の「水に落て泳の術を知らざる者は、成丈け静にして身を動かすことなく、息を吸ふて肺の臓をふくらし、唯口ばかりを水の上に出さんとする心持になるべし[3]」ということを、読んで確かめた時には、よほどうれしかったのではないでしょうか。危険に出遭って一時の驚きに心を乱し、じたばたすると、かえってよくないのです。

(1)「童蒙をしへ草」巻一（『全集』三、一九〇頁）

(2)『福翁自伝』慶應通信、六頁

(3)「童蒙をしへ草」巻一（『全集』三、一九一頁）

童蒙おしえ草　巻の二

第七章　自分で考え自分で判断し実行すること

［見て考え判断し実行する］

毎日の暮しの中で、いろいろなことを見て、観察して覚えていると、何かの時に自分を助ける手立てができるものです。人として知らなければならないことを、すべてみな学校で学ぼうとしたり、あるいは、本を読んでこれを知ろうとしても、とてもできません。

そのほかに、ふだんからまわりの人々のことをよく知り、世界の様子などをよく知り、国の違いによって、人々の衣類や食べ物や住んでいる家の様子など、つまり風俗《ふうぞく》の違いを考えたり、いろいろな物事を見分けて、自分のためになり、また世の中のためにもなることを考えるには、毎日いつも自分の目で物を見て、自分の心に感じることに気をつけて、考えをめぐらし深めなければなりません。

たとえば、人の心は、だいたいこのような時には、このように思うものだと、人の気持ちを理解してこれを知っていれば、自分がこのように言って、このように行えば、ほかの人はそのことを見聞して、どのように思うか、あらかじめ先を見定めることができます。このことを人の機《き》転《てん》といいます。機転の利《き》かない人は、決して仲間と交わることはできません。あるいは、たとえ交わっても人並の礼儀を尽《つ》くすことができないのです。人に機転があれば、大切な場合に出会った時、大成功をとげることもあるのです。

　ふだんよく物事に気がつく習慣があれば、危ない場合に臨《のぞ》んで大いに効果があるのです。たとえば、漁師や渡し船の船頭《せんどう》など、ふだんから近くの山の形を覚え、朝夕に海の様子や、雲や霞《かすみ》の様子を観察しておいて、台風の時に、前もって災難《さいなん》を逃れる人は少なくありません。また、人の生涯の間には、いろいろの難題《なんだい》に出会って、その取り扱いに困ることがありますが、ふだんから数多くのこまごました事柄に触れて、覚えていることが多ければ、その例をもって当面の難題をも、首尾《しゅび》よく取り扱うことができるのです。

　このようにふだんよく気をつけている人は、イエスかノーの決断に迫られた時にも、平気で慌てないだけでなく、とっさの状況に応じて行動が工夫できるのです。もし、そのことが上手《うま》くいかない時は、次の策を工夫し、千変万化《せんぺんばんか》、対策に困り果てることがなく、いわゆる、臨機《りんき》応変《おうへん》の見事な人と言えるでしょう。臨機応変の才能は、人々の生まれつきによって優劣の違いはありますが、心を用いて努力すれば次第に上達するものなのです。

（イ）動くものは月か雲か

［知的興味を満足させる］

ピーター・ガッサンディは、フランスの大学者です。物理学者、数学者、哲学者として知られ、故郷《こきょう》のプロヴァンスのエクスで学び、同地で神学および哲学を教え（一六一三―二三年）、のちパリのコレージュ・ロアイヤルの数学教授になった人です。

ピーター・ガッサンディは、四歳の時からよく本を読みました。そして、だんだん大きくなるにつれて、山に登ったり、野原に出かけたりして、太陽や月や星を眺めるのが大好きになりました。七歳になると、ますます天文学や宇宙のことが好きになり、夜中に急に起きて星や月を眺めることがたびたびあったといいます。

ある夜、同じ年頃の二、三人の子どもと遊んでいました。すると、ちょうど満月が昼間のようにあたりを照らして、浮雲《うきぐも》が風に吹かれて月の辺りを飛んでいました。それは雲の間を月が

動くようでもあり、また、月の前を雲が動いているようでもありました。子どもたちはこれを眺めて、

「動いているのは、月だろうか？　雲だろうか？」

とみな口々に言い合いました。すると誰かが、

「動いているのは、月だ、雲は静かにしていて動いていない」

と言いました。しかし、ガッサンディは同意せず、

「月も動かないことはないけれど、その動き方は、ほんの少しで目に見えるほどではありません。月が動くように見えるのは、雲が動くことによって、月が動くように見えるのですよ」

と言いましたが、他の子どもは、そのことを聞きいれず、なお、それぞれの考えを言い張りました。ガッサンディは考えて、

「それではここへ来てごらん」

と大木の下へ連れて行き、その枝の間から月と雲をのぞかせました。すると、月は同じ枝の間に止まって動きません。動いているのは雲でした。頑固《がんこ》な子どもたちは、この様子をみて考えを変えて、「ガッサンディの言うことが本当だ」と考えるようになりました。いつも気にしない空の雲と月のことでも不思議なことがあり、このようにいつも気をつけることが大切なのです。

（ロ）先住民の機転《きてん》

［勘や推理の素晴らしさ］

北アメリカの先住民が、ある日、山から小屋に帰って来てみると、柱に掛《か》けて干しておいた肉が留守中に盗《ぬす》まれていました。先住民は、その場所の様子をよく調べて、盗人《ぬすっと》探しに出かけました。森の中をあちこちと探し回っている時、木こりに会って、

「今このあたりに背の低い年寄りの白人が、短い鉄砲を持って、尾の短い小犬を連れて通りませんでしたか？」

と聞きますと、その通りの人を見かけたという答えです。先住民は喜んで、

「その人こそ、私の蓄《たくわ》えておいた肉を取った盗人です。まだ遠くへは、行っていないでしょう」

と言いますから、木こりはこれを怪《あや》しみ、

「盗人を見てもいないのに、その人の様子をこれほどくわしく知っているのはどうしてなのだ？」

と尋《たず》ねました。先住民は、

「私は、立って肉を掛けておきましたが、盗人はその下に石を積《つ》んで踏《ふ》み台を作っています。その人が背の低いことは、このことからわかります。また、森の落ち葉の中を見ると、その足跡のはばも狭く、老人のしるしです。そして、足の先を外の方に踏み出しているのは、白人のしるしです。先住民であれば、足を真っ直ぐに踏むはずです。また、鉄砲を立て掛けた木の皮に筒口の跡があり、その筒が短いことは間違いありません。犬の小さいことも、足跡を見てわかります。その尾の短いことは、小屋のほこりに尾の形のついているのを見てわかります。この犬はきっと主人が盗みをする間、尻をつけていたのでしょう」と言ったのです。

（八）ねずみと卵

［知恵は動物にも働いている］

一つ前のお話では、アメリカの先住民でも、よく物事に気をつけていることで、人のお手本にもなるお話をしましたが、このねずみのお話は、人の教えとはなりませんが、臨機《りんき》応変《おうへん》ということがよくわかります。

ねずみは卵が好きですから、時々、鳥小屋を荒らすことがあります。それで、鳥小屋の卵がなくなることがあります。ねずみの姿を思い浮べてみても、卵を持つ手はありません。といって、これを口にくわえるわけにもいかないはずですから、卵がなくなってもねずみのせいと思う人はいないでしょう。このために、ねずみは盗賊《とうぞく》の悪名《あくみょう》を逃れていますが、実は、卵を盗み取っているのに違いありません。

イギリスのファイフ州というところに、一人のお百姓がいました。たびたびねずみに卵をとられているので、ある日、その様子を見ようとして、静かに鳥小屋の片すみに隠れて待っていました。間もなく数匹のねずみが出て来ました。その中の一匹が卵のそばに横になり、体を屈《かが》めて腹のところに卵を入れて、自分の尾を口にくわえてしっかりと抱き込みました。そこを外のねずみ、二、三匹が卵を抱えているねずみの首筋をくわえて、鳥小屋から引き出したところを見たといいます。

（二）遭難《そうなん》した水夫

［普段の観察や知識が役立つ］

浜芹《はまぜり》は海辺に生える草ですが、海水の寄せるところには生えないものです。ある人が、このことを知っていて、危ない場合に身を守ったことがありました。

それは、一八二一年十一月のことでした。フランスの船が一隻《いっせき》、ビーチ岬《みさき》というところで、大風のために難船してしまいました。乗組員たちは、ことごとく海に溺《おぼ》れてしまい、そのうち四人が、近くの小さな岩に泳ぎ着きましたが、ちょうどその時は真っ暗な夜で、方角もわかりません。そのうえ、その岩は、隣の岩が崩《くず》れて海に落ちたものと見えて、水面に出ている部分も少ないので、四人はとても恐くて、今にも大波に巻き込まれはしないかと、生きた気がしませんでした。

一人の水夫がその岩に生えている草を見ると、それは浜芹でした。水夫は、この草は潮《しお》を被《かぶ》らない浜地に生えるものと知っていたので、喜んでそのことをほかの三人へ伝えました。一同は安心して、翌朝になるのを待っていました。すると思っていたとおり、陸地の近くだったので助けられたということです。

（ホ）画家の助手の投げた皿

[基本と応用と咄嗟《とっさ》の判断]

ジェームズ・ソーンヒルは、イギリスの名高い画家です。セント・ポール寺院という大きな寺院の円天井《まるてんじょう》の壁に絵を描く時に、高いところへ足場をかけて、毎日筆を揮《ふる》っていました。

ある日、その絵を眺めながら、いろいろと工夫をめぐらせていて、知らないうちに少しずつうしろに下がり、あと一歩で足場の端から落ちそうになりました。その時そばにいた助手が、飛びかかってとめる暇もありません。そこで助手は、手に持っていた絵の具の皿を大事な絵に投げつけました。すると下へ落ちそうになっていたソーンヒルは、大いに怒り、慌てて大事な絵の方へ進みました。「これは何事だ、ふとどき者!」と、助手の罪を責めようとしました。しかし、あとで助手にその皿を投げた理由を聞いて、驚《おどろ》きました。そして、

「何とお礼を言ってよいか分からない」

と深くその助手の機転《きてん》に感謝したということです。

この時の様子を考えると、ソーンヒルが片足を足場から踏みはずして下に落ちそうな時、「危ない」などと声をかけたら、かえって足の踏《ふ》み場を失って、数メートル下の敷石《しきいし》に身体を打ちつけて、死んでしまったことでしょう。ですから、この時にソーンヒルの命を救うためには、本人に「あとがない」などと知らせずに、自分から足場の中の方へ戻らせるようにする方法だけだったのです。ですから、主人の千辛万苦《せんしんばんく》した絵を勝手に汚したのも、その時の最善の決断だったのです。瞬《またた》く間に、この善し悪しを判断して、それを実行し、機会を失わないことは、度胸のある人でないとできないことです。これが、臨機《りんき》応変《おうへん》とい

うことなのです。

（ヘ）フランス人を捕《と》らえた少年

［海上の地理をよく知っていたこと］

一八一一年の十月の英仏戦争の時に、フランスの巡視船《じゅんしせん》が、ノーサンバーランドの海岸で、キャロンというイギリスの小船を乗っ取りました。そして、その乗組員を生捕《いけど》りにしてフランス船に移しました。ただ、イギリス人の老人一人と十三歳の子ども一人は、もとの船に残しておき、フランスの水夫六人が乗り込み、老人と子どもに、

「イギリスの港にこの船をつけなさい」

と命じました。その船は乗組員八人となり、フランス船に別れた後、フォース湾で台風に遭《あ》いました。六人のフランス人はもちろん、イギリス人の老人も、このあたりの海の様子がわかりません。しかも、真っ暗な夜で船の中の油もなくなり、磁石を見て方角を定めることもできません。船の中の人々は、力を落として、仕方がなくただ風に吹かれて海を漂《ただよ》っていました。しかし、子どもはこのあたりを二、三度航海したことがあり、海岸の様子や、島や山の形なども覚えていたので、島のかがり火を見てフォース湾であることを知り

ました。そして、自分で舵《かじ》を取って、セント・マーガレッツ・ホープというところに乗り入れて、イギリスの軍艦《ぐんかん》に近づいて大声で、

「フランス人を生捕りました」

と叫びました。その声を聞いて軍艦から兵士が出て来て、その六人のフランス人を捕らえて、小船は再びイギリス人の手に戻ったということです。

〈解説〉第七章　自分で考え自分で判断し実行すること

（原文「物事に心を留め機に臨み變に應ずる事」）

機転や臨機応変にすることの大切さが書かれています。

この章の『童蒙をしへ草』の原文に、「人として機轉きかざれば、苟《かりそめ》にも同類の人に交るを得ず。或は假令ひこれに交るも、人並の禮儀を盡すを知らず、且又大切なる場合に差掛り、人の機轉に由て大功を成すことあり」[1]とあります。機転や臨機応変の才能は、人々の生まれ付きによって、優れている人、劣っている人がありますが、気をつけていれば次第にその才能は身につくというのです。

この才能は、学校での勉強とか、書物で読むとかという種類のものではなく、ある場合には、

人の性質を知るとか、世の中の様子をよく知ることとか、国による文化の違いなど、ありとあらゆるものを、自分で感じて考えをめぐらす、そういう気のつき方が大切で、「日々夜々我目の前に見へ我心に感ずるものに氣を付けて、思慮を運らさゞるべからず[2]」なのです。日常の社会環境の中で直感や感性を通じ体験的に身につけることだと思います。

人間の生き方には、信念とか信条とか哲学とかいろいろと支えになるものがあります。その生き方をよりよく生かすために、人間が社会的に生きている以上、人との交際や対応において頭の回転や気の利かせ方によっては、ずいぶん解決の方向が違ってくるものです。現実を臨機応変に生きることと同時に、信念をもって生きることも非常に大切になってくるでしょう。

（1）「童蒙をしへ草」巻二（『全集』三、一九五頁）

（2）同右

第八章　威張《いば》ったり、うぬぼれたりしないこと

［気品のある人柄］

どんな人でも、自分を褒《ほ》め自分のことをおおげさに言い、うぬぼれている時は、必ず人に笑われるものです。ですから人は、威張ったりしないで、その言葉や態度まで、謙《へりくだ》るように心がけなければなりません。

たとえ人に褒められても、自分では、謙退《けんたい》（人を敬ってひかえめにすること）の気持ちを忘れてはなりません。謙退は、自分の徳（身についた品性）となるだけでなく、謙退の心をもって行動すれば、徳義（道徳上の義務）も身についてくるのです。いかなる美徳（ほめるべき徳）を備えていても、うぬぼれの気配が現れる時は、かえって人の侮《あなど》りを受けるのです。

まして、内面に知徳が備わっていないのに、自負心から外面だけ飾りたてるような人は、いうまでもありません。人の笑種《わらいだね》になるだけです。このような虚飾を好む人々は、たちま

ちその実際を見すかされて、本当の無智無徳《むちむとく》と思われるよりも、軽べつをされるのです。また、人はみな、自分の意見は正しいものと思い、他人の考えを軽んじる癖《くせ》があります。これを慎《つつし》まなければいけません。

自分の立場から考えてしまうと、他人の考えは不都合と思うでしょう。あるいはまた、自分にとって正しいと思う考えも、他人の目には正しくないと見えることもあるでしょう。世の中にいるのは自分一人と思ってはいけません。自分は世界中、数千百万人の中の一人なのです。自分の意見は正しい、と思うならば、他人もまた自分の意見を正しいと思っているのです。ですから、人が常に心がけなければならない大事なことは、自分の考えも、あるいは正しくないのかも知れないと、反省しながら行動することなのです。

（イ）仮着《かりぎ》をしたカラス

〔身の程を知ること〕

自分のことを知らない、思い上がったカラスがいました。自分が孔雀《くじゃく》のように美しくないのは、ただ衣装《いしょう》がないためだと思いました。美しい衣装さえあれば孔雀の仲間になれるだろうと、とても思い上がった考えを抱きました。それで、孔雀の羽根をたくさん集めて

自分の身のまわりを飾りました。やっと仮着ができたので、お友達のカラスとお別れをして、

「自分は、もうカラスではない」

と言い、孔雀の仲間に入りました。

けれども、自分に実力のないものは、外面だけを飾りたててはいけません。仮着の衣装が美しいといっても、もとはカラスですから、羽を動かす姿もどこか不自然なので、その偽《いつわ》りはすぐに孔雀たちにわかってしまいました。孔雀たちはとても怒って、その羽根をみんなはぎとり、もとの黒いカラスにして、追い払ってしまいました。

カラスはがっかりして、仕方がなく、前のカラスの仲間に帰ろうとしましたが、カラスの仲間からもあちこちでいじめられて、カラスの仲間にも入れてもらえません。それで孔雀の仲間にも入れず、カラスの仲間にも入れず、自分の身の置き場所を失ってしまったといいます。

（ロ）アイザック・ニュートンの人柄《ひとがら》

［優れた学者であるが人をあなどらない］

ニュートンは、イギリスの物理学者、天文学者、数学者として名高い人です。グランサム付近の農家に生まれ、キングス・スクールを経てから数学者バロー教授に師事《しじ》し、のちにケンブリッジ大学の教授となりました。万有引力《ばんゆういんりょく》の法則を発見した人として有名です。昔から、学者とか大先生といわれる人は、普通の人よりも礼儀があって、人のことを大切にする人が多いのです。イギリスの物理学者ニュートンは、大先生といわれた人です。また、謙退辞譲《けんたいじじょう》（威張《いば》らずに謙《へりくだ》ること）の立派な人物です。

幼い時に、学校でいろいろな工作を作り、それを見た人は、みなびっくりしました。ニュートンはいつも、鋸《のこぎり》や斧《おの》や金槌《かなづち》など、いろいろな道具を持っていて、これを使うのがとても上手でした。

家の近所に麦の粉を作り出す風車がありました。ニュートンは毎日これを見ていて、その仕組みをよく調べて、その動き方もよく覚えて家に帰りました。そして、持っている工作道具で、風車の模型《もけい》を作りました。その形は本物のとおりで、最高によくできていました。この模型ができてから、これを屋根の上に置いて、風を受けて車を回したり、また、ねずみを使って車を回すことも考えました。車の輪の内側を箱のようにして、上のほうへ麦や米などを置いて、ねずみをこの箱の中に入れれば、ねずみはその麦を食べようとして上に登ります。そうすると、その重さによって輪を回すことができるのです。

また、ある時は、友達から古い箱をもらい、この箱で水時計を作りました。その仕組みは水を滴《したた》らせて時間を計るものです。箱の上の方に文字盤《もじばん》をつけて、これに時の数を記して、木の切れはしで時計の針を作ります。そして、水の滴《しずく》で横の針を回すようにしたのです。この時計を自分の部屋に置いて、毎朝怠《おこた》らずに水を入れました。すると、時刻を誤ることもなく、家の人もニュートンの時計を見て時刻を知ることができるほど、正確だったと言います。ニュートンの部屋には、この時計だけではなく、四方の壁に鳥、獣、人、船、または、数学の図などが記されてあり、みな木炭で綿密《めんみつ》に書かれてありました。

ニュートンは、だんだん年をとって、大学に入って学問をして、空気、水、汐《しお》の満《み》ち干《ひ》、太陽、月、星のことについてよく勉強しました。ある日、一人で庭に出て腰掛けていたところに、たまたま、りんごが木から落ちるところを見て不思議に思いました。「このりんごの実が落ちるのはなぜなのか？　実の中に落ちる力があるのか？　あるいは、地球に力があってこのりんごを地球の方へ引きつけるのか？」と深く考えました。そして、ついに大発見をしました。それは、りんごを地面の方へ引くものは、地球の力だということです。この引力は、天と地の間に定まった法則で、全ての物を空中に飛び去らせることなく、地球の表面に留《とど》まらせる働きなのです。物にそれぞれ重さがあるのも引力の働きなのです。ある人はこれを重力とも呼びます。また、天地の間の物は、互いに引き合う力があって、その力の強さと弱さは、物の形の大きなものと小さなもの、その距離の遠さや近さによって、違いがあるのです。

　ですから、月は大きいけれど、地球に比べれば小さいので、地球の引力に引かれます。惑星は、月より大きいけれど、太陽の引力に引かれます。また、これらの天体（太陽、月、星）は、そのいるところを決めて空をまわり、互いに近づくことがなく、互いに遠ざかることのないのも、引力の働きなのです。実に古《こ》来《らい》未《み》曾《ぞう》有（今までにない）の大発見なのです。これを知っている人でニュートンを尊敬しない人はいません。

　それから、太陽の輝く光線は、色がないように見えますが、実は七色の集まったものであることも、ニュートンの発見なのです。このほかまだ世に知られていない物事を発見して、人々を驚《おどろ》かせたこともたくさんあります。

　ニュートンの人柄は温和で、短気ではありません。その心はおだやかで、いつも変わることがありません。

　ある時、小犬を飼《か》い、ダイヤモンと名前をつけてかわいがりました。たまたまニュートンに急な用事があり、部屋の中に、本を取り散らかしたまま外出しました。帰ってみると留守中にダイヤモンは、主人の机の上に飛び乗ってろうそく立てを倒し、その書物を残らず焼いてしまいました。長年苦労した功績《こうせき》も一時に灰となってしまいました。しかし、ニュートンは怒る気配もなく、その犬を打つこともなく言いました。

「ああ、ダイヤモン、お前は、悪いことをしたけれど、何が悪いのか、そのわけもわからないんだね」

と言いました。

ニュートンは、博《ひろ》く物を知り多くのことを学んだ人ですが、その学才を誇《ほこ》らず常に人に謙って親切にし、たとえ卑しい身分の人でも粗末に扱いませんでした。その時代において、世界中の人でニュートンの右に出る人はありませんでしたが、ニュートンは、亡くなる直前にこう言いました。

「後生《こうせい》恐るべし。私が今日まで学び得てきたことなど、のちの世の人々の学問の進み具合に比べれば、まったく大したものではありません」

「学を好みて食を忘れる」とは、ニュートンのような人のことなのです。一室にこもって深く物事を考える時は、食事の支度ができていてもなかなか席に着かず、ある時は、三時間も食事に遅れることがあったと言います。ニュートンは、一七二七年に病気で亡くなりました。八十五歳でした。

〈解説〉第八章　威張ったり、うぬぼれたりしないこと（原文「謙退する事」）

人に対して、謙譲の精神を忘れない事の重要性が書かれています。

福澤の『自伝』に「自負高慢が嫌い[1]」というのがありますが、これは、この章の『童蒙をしへ草』の原文の一部に、「何人にても、自分を譽め、自分の事を大造に云ひ、自負高慢するときは、必ず世の人に笑はるゝものなり。故に人たるものは自から低き者と思ひ、其言語容貌までも謙《へりくだ》るやうに心掛くべし[2]」とあるのと同じ意味です。この文と先生の考えが自然に重なっていると思います。

福澤とニュートンの少年時代には、いくつかの共通点が見られます。ニュートンは、「幼年のとき學問所にて様々の細工物を作り、見る人これに驚かざる者なし。ニウトンは常に鋸、斧、金槌等、色々の道具を所持して、これを用ること甚だ巧なり[3]」とありますが、福澤も『自伝』の中に「旧藩士族の子どもにくらべてみると手先の器用なやつで、物の工夫をすることが得意でした。（…）少年の頃から読書のほかは（…）手先の細工事が面白くて、ややもすれば、かんなだののみだの買集めて何か作ってみよう[4]」と書かれています。このことが一つです。手先の仕事や創意工作が大変好きな子どもがよくいますが、何か作ることによって様々な能力が育《はぐく》まれることは間違いありません。小さい頃、様々な体験をしたり、何かを作ったりということは、特に大切な教育です。

もう一つの共通点は、後に万有引力を発見し、イギリスの大物理学者となったニュートンの人柄は、その学才に誇らず、常に人を敬い親切であったということです。[5] 福澤もまた、博《ひろ》く深く物を知り、「からいばり……これが私の性質においてできない」[6] と、身分制度が嫌で、自由で平等を訴えた人でした。偉大な人には、その偉さだけを誇らない、尊い人柄があるように思います。

子どもの頃は、何でも自分が一番になりたいもので、そういう点で他に譲らない自分の意識は、時には相手と競争することになったり、時間に挑戦したりして限界に挑むことにつながります。それでよいと思います。しかし、大きくなって真理を深く探すほどの人は、自然や世の中に対して畏《い》敬《けい》の念をもっているようです。

(1)『福翁自伝』慶應通信、一七三頁
(2)『童蒙をしへ草』巻二（『全集』三、二〇〇頁）
(3)『童蒙をしへ草』巻二（『全集』三、二〇一頁）
(4)『福翁自伝』慶應通信、一一～一二頁
(5)『童蒙をしへ草』巻二（『全集』三、二〇三頁）
(6)『福翁自伝』慶應通信、二七五頁

第九章　礼儀のこと

［人に対する優しさを考える］

人々の心は、みな同じではないのですから、自分が思っていることをそのまま他人に話し、少しも遠慮《えんりょ》しないなら、たちまちけんかになってしまうでしょう。ですから、人に交わるには、自分を顧《かえり》みて我が心を押さえて、こんなことをしたら相手が不愉快に思うのではないかと、よく前後を考えて失礼のないようにしなければなりません。

人のつき合いには、言葉遣いやふるまい方に決まりごとがあって、お互いに礼儀を重んじ、親切を尽くすようにしなければなりません。たとえば、手紙を人に出す時には、先方の人がまったくの他人でも、これに対して自分の姓名を記す場合には、

「あなたの卑《いや》しい家来の某《なにがし》」と書くのが決まりです。また、先方の人をそれほどまで敬うことがなくとも懇意《こんい》の人であれば、宛名を書く時に、「貴い君」と記さなければなりません（ちょうど日本の手紙の宛書きに「様」の字を使うのと同じです）。このように表面上だけ人を崇《あが》めて自分を謙《へりくだ》ることは、不正直なようですけれど、乱暴な振る舞いを押さえるためには、どうしてもこのようにしなければなりません。もし、そうしないで、手紙に粗暴な様子を、丸出しに記すことがあれば、先方の人はきっと気持ちよくは思いません。

男女が会話をする時も、お互いに粗暴《そぼう》な言葉を使わず、男子は椅子《いす》を取って婦人に勧め、その後で椅子に着くのを礼儀とします（婦人を重んじるのは、弱者を助ける意味です）。座席が決まったあとは、お互いに待って、人より先に話さないことです。あるいは、このような儀式《ぎしき》を好まない人も多いかもしれませんが、これをしない時は必ず失礼になるので、常にこの礼儀を心がけなければなりません。このように礼儀を行うことは、面倒《めんどう》かもしれませんが、わずかばかりの自分のわがままを押さえるだけで、他人を怒らせないですむのです。それは良いことではないでしょうか。礼儀の根本は仁《じん》（思いやりの心、いつくしみ）です。人を愛する仁の心があるならば、その人に対して礼儀を尽くさなければいけません。よけいな言葉や印象で相手を怒らせてはなりません。

「居《きょ》は気を移す」とは、古今の金言《きんげん》です。心がなければなりません。自分のいるところによって気分も変わるものです。喧嘩《けんか》口論《こうろん》、物騒がしい中に居る時は、気分も自《おのず》ら騒がしく荒々しくなるものです。礼儀正しく言葉遣いのよい中にいる時は、気分も和《やわ》らいで礼儀正しくなるものです。礼儀正しい仲間に会えば、自分の荒々しさを押さえることができて、ついには、それが習慣となり、自分の気質となって自然に礼儀正しくなるのです。

礼儀の徳もほかの徳のように、ほどほどということがなければなりません。礼を尽くすことで、人に取り入るようにしたり、ご機嫌をとったりするのは、見苦しく、礼儀を知らない粗暴《そぼう》な人と同じです。ですから、礼を尽くし過ぎてご機嫌とりになったり、また礼を知らずに粗暴にならないように、その間をとって人としての品格を失わないことを本当の礼儀というのです。

（イ）一杯の水

［行いに表われた優しさ］

身分が高い人でも、身分の低い人が礼儀正しければ、感心するものです。たとえ、みすぼらしく見える人であっても、礼儀を尽くせばよい評判を得られるのです。人が大切にするものは、型どおりの贈《おく》り物でもなければ、型どおりの挨拶《あいさつ》でもありません。ただ礼儀を尽くそうという気持ちと、その行いに表われた優しさなのです。ですから、偉い人が素晴らしい贈り物を人に贈っても、かえって人の心をつかめないことがあります。一方、みすぼらしく見える人が、好意を尽くして些細《ささい》な物を贈ったり、あるいは、物を贈らないけれども、その優しい行いによって、大評判を得ることがあります。たとえば、イギリスの皇帝チャールズ一世は、人に物を与えて惜しむことがなかったけれども、礼儀の作法を知らず、人々を喜ばせることができなかったといいます。

また、昔、ペルシア（イラン）の国で、あるお百姓が、国王アルタクセルクセスが通行されているのを見て、何か物をさし上げたく思いましたが、何もありませんから、そばの小川に走って行って、両手に水をすくい、

「これをお飲みください」

と国王に言いました。王もこの奇妙《きみよう》な贈り物を見ておかしく思いましたが、その気持ちに感じて、厚く礼を述べられました。そのようですから、お百姓の姿はみすぼらしいけれど、その心の美しさは素晴らしいものといえましょう。

（ロ）イギリス人の親切

〔心に感じる親切〕

昔、外国を旅行することは、イギリス人でさえも、今日のように多くはなく、ほかの国でもイギリス人だといえば、めずらしがって、じろじろ見ていました。一七〇〇年代の中頃のことです。

あるイギリス人がイタリアに旅行して、首都トリノに着き、所々を見物している時に、兵隊の行進に会いました。立ち止まってこれを眺めていた時に、兵隊の中に若い士官が一人いました。路《みち》の傍《そば》で旅人が見物しているのを見て、格好《かっこう》よく見せようとして、道路の溝《みぞ》へ足を踏みはずして、その時、帽子《ぼうし》を落としてしまいました。群衆の見物人は、これをみて大いに笑いました。旅人もさぞおかしく思うだろうと、イギリス人の方を見る人もいましたが、思わぬことにこのイギリス人は顔色を変えないで、帽子の転がる所へ急いで行き、これを拾って、物静かに礼儀正しく、若い士官へ渡しました。士官はその行動に驚《おどろ》いて、顔を赤くしてこれを受け取り、走って本隊の行列に加わりました。旅人もその場を過ぎ去りました。このことで二人は、一言の言葉もかわしませんでしたが、イギリス人の心の優しい親切から生まれたことですから、これに感じない人がいるでしょうか。士官は隊に帰って、このことを隊長に告げました。そして、言葉を尽くして旅人の行いを誉めたたえると、隊長もこのことを大事なことと思い、長官に言いました。

そのようなこととは知らず、イギリス人がその夕方ホテルに帰ってみると、陸軍の副長官が本部からの使者として来て待っていました。出迎えて饗応《きょうおう》しようとしていたのです。

イギリス人には思ってもみないことでしたが、その好意を受け入れて、本部に案内されて厚いもてなしを受けました。それから、このイギリス人の評判は、市中に広がり、都の偉い人たちの家々に招待されました。出発の時は、方々へ紹介状をもらい、イタリア国中を楽しく旅行したといいます。

このイギリス人は、特別に身分の高い人でもありません。ただその行いの親切なことから、当時、評判のイタリアの国中を旅行した時に、身分の高い人でも受けないようなもてなしを受けたのです。これが、礼儀の徳ということなのです。

（ハ）フランス国王ルイ十四世の礼儀

［相手の心を傷つけないこと］

フランス国王ルイ十四世（一六四三―一七一五年）は、素晴らしい国王とは言えないけれども、優しく情け深いために、とても礼儀を大切にする人でした。ある日、別邸で家来の人々を集めて宴会《えんかい》をしていました。いろいろの話をしている時、主席の大臣のアルマニャックが用事があり、宴会の途中で席を立ちました。そのあとで、ルイ十四世が会の席上の人へ話されるのには、

「ただ今、私が話した物語は、おもしろくなくみんな退屈しただろう」

とのお考えに、会場の人は言葉を揃《そろ》えて、

「王様のおっしゃるように、最初のお話とは、途中から少し話の調子が違って参りました」

と言いました。すると王は、

「そうであろう、この物語は、今、会の席を立ったアルマニャックの父の身分に差し支えがあることに気がつかないで、ふと話し出したけれども、よく話の前後を考えると、一時の話で、国にとって重要な人物の心を傷つけるよりも、むしろその話をやめようと思い、わざとおもしろくないように話したのです」

と言いました。

　これは、ただその場の楽しみに国王が話し出されたことですが、王が途中から話をおもしろくなくしたことはけして滑稽《こっけい》な話ではありません。人の礼儀に適《かな》っていることと言えるでしょう。

　ルイ十四世は、人を馬鹿《ばか》にしたことがなく、このことは王家の親族の人へも、

「王家の者が、高に身分におごってみだりに人を罵《ののし》り、人を馬鹿にすることがあれば、その害は雷電のようであり、また、毒矢《どくや》のようだろう」

と言い伝えました。

それから、国王の奥様のことですが、奥様には、前から憎んでいる人がいました。ある日、奥様は、その人が隣の部屋にいるのを知らないで、頻《しき》りに謗《そし》り、

「こんな悪い男は見たこともない」

などと、大声で言いました。

その声は、隣の部屋までも聞こえるほどでした。それで、国王はその様子を見て、声を怒らせ、目をつり上げて、

「私は、この男を世界中で第一流の人物だと思う。この人は才能のある家来で、国家を守る最高の軍人ともいうべき人である。みだりに悪口を言う、あなたの罪は許すことができない。すぐ当人へ面会して、軽率だったことをお詫《わ》びしなさい」

と言いました。

〈解説〉第九章　礼儀のこと（原文「禮儀の事」）

相手の人や周囲に対する心の使い方の大切さが書かれています。

この章の『童蒙をしへ草』の原文に、「人々の心同じからざれば、我思ふまゝのことを丸出《まるだし》に他人へ告て少しも遠慮することなくば、忽ち喧嘩争論になるべきは疑もあらず。故に人に交

るには、自から顧て我心を取押へ、斯の如くせば他人の氣に逆ふことあるべしと、よく前後を考て失禮の擧動を爲すべからず[1]」とあります。

人の心は同じではありません。顔や姿は違いを認めやすいのですが、見えない心の違いは相手を理解していないと喧嘩《けんか》やトラブルのもとになります。「ひゞのをしへ」に、「人の心の異《こと》なるは其《その》おもての如《ごと》しとて、（…）氣短《きみじか》き人もあり、氣長《きなが》き人もあり、しづかなるもあり、さわがしきもあるゆへ、人のふるまいを見《み》て、あながち、わが心にかなはざるとて、短氣《たんき》をおこし、いかりのけしきをあらはすべからず。なるたけかんべんしがまんして、たがひにまじはるべきなり[2]」とあります。これも『童蒙をしへ草』をもとにして書かれたものだと思います。そのほか、手紙の敬称、言葉遣い、婦人や友人に対しての態度など、心の使い方のことが書かれています。しかし、礼儀が大切だといっても、諂《へつら》い諛《おもね》ることがなく、人としての品格を失わない心の表し方が大切なことがわかります。

子どもたちに礼儀を教える中で大切なことは、一つは挨拶《あいさつ》であり、言葉遣いであります。もう一つは恥かしくしないということでしょう。「礼儀が大切だ」といって「礼も過ぎれば無礼になる」ということもあり、相手に不快感をあたえず、心が伴う礼儀が大事なのです。

それからもう一つは、「居は気を移す」と言って昔からの大切な教えです。自分の周りの環境によって、自然と感化されるものなのです。つまり自分のいるところによって気分も変わるものなのです。

喧嘩や言い争いなどの騒がしい中にいる時は、気分も荒々しくなるものです。その反対に礼儀正しく言葉遣いのやわらかな仲間や人達といる時には、自《おのずか》らその影響を受けて、その人としての成長ができるのです。ですから、友達は大切です。気風とか校風というものも真にそういうものだと思います。

（1）「童蒙をしへ草」巻二（『全集』三、二〇三頁）

（2）「ひゞのをしへ」初編（『全集』二十、六八―六九頁）

桑原三郎著「童蒙教草の原本（上）」（『手帖』五五、一三―一四頁）

第十章　飲食のこと

［食べ物についての基本を考える］

人は、老人も若い人も健康に注意して力を強くするために、必要な食べ物を採《と》らなければなりません。食べ物の量は、人によって違います。健康な人、虚弱《きょじゃく》な人、それぞれ必要とする量があります。もし、この量を過ぎて多く食べた時は、身体に良くありません。また、魚類、肉類、そのほかこった料理をあまり食べ過ぎてもいけません。いつもこのようなおいしい料理を食べて、食べ過ぎると、必ず病気を引き起こし、ついには一生病気になってしまうことがあります。

必要な量より多く食べる人を大食《たいしょく》の人と言い、おいしい料理を好む人を美食《びしょく》の人といいます。どんな人でも大食を貪《むさぼ》り美食に耽《ふけ》って、用心することがなければ、心正しい世の中の人はこれを見て軽べつせずにはいられません。食べ物は身体に気持ちがよいものですから、ほどほどによくこれを食べ、楽しんでこれを味わうのは当然なことですが、ただ、食べ物のことにのみ心を用いて、朝夕その料理を心配し、食べ物を人間第一の楽しみとするのは、人間としてふさわしいことではありません。世の中には、慎《つつし》まなければいけないことも多いのですが、食べ物を貪ることほど卑しいことはありません。その目ざすところがいかにも下品で、趣《おもむき》がないので、これに耽る者は必ず人の軽べつを受けるのです。

　大食、美食はよくないことですが、これよりもっとよくないことがあります。「酒を飲むこと」です。いつの時代にか、誰かが酒を造ることを発明して、ワイン、ブランデー、ウィスキー、ジン（以上三種は蒸溜《じょうりゅう》酒の類《たぐい》）、ビール（麦酒）等の種類があります。多く飲めば身体に悪いことは、言うまでもありません。たとえ適度に飲んでも多少の害はあります。すべて酒の中には、「アルコール」があります。このアルコールは、人を酔《よ》わせて人の精神を乱します。一時、その人を狂人のようにさせる強いものです。人々の中には、酒に酔って悪い事をする人が少なくありません。ひどく酔って人を傷つけたり、人を殺したりすることもあります。あるいは、わずかばかりの酒を飲んでも、その言葉や対応がいつもと違い、酔いがさめてから後悔《こうかい》することもあります。ですから、少年は慎んで酒を飲まないことです。

　一杯は二杯となり、二杯三杯と、ついには悪い習慣となって、自分からやめることができなくなります。酒を飲んで飽《あ》くことを知らない人を大酒飲みとか大馬《おおば》鹿《か》者《もの》といってよいでしょう。このような人は、酔っている時に悪いことをしなくとも、その気分は確かではありません。いくら働こうとしても、酔った人の働きよりは、酒を飲まない人の確かな仕事のほうがよほど信頼できますから、世間の人もこのような酒飲みを頼みにして、仕事を任せようと思う人はいません。それで、酒を飲むことで人に見放されて職業を失い、その時には、もう貧乏になってしまっています。そのうえに酒を買うのにお金を使い、その貧乏にまた貧乏を重ね、家族の人は、憐《あわれ》なことになってしまいます。そして、誰一人としてその主人を親しみ敬《うやま》う人もなく、その家族の苦しみは言うまでもありません。ついには、貧乏と病気で本人の命をも短くすることになるのです。

（イ）二匹の蜜蜂《みつばち》

［二匹の蜂の考え方の違い］

うららかな春の朝、桃は紅、すももは白く、庭に植えた草花も今を盛りと咲き栄えています。ここに二匹の蜜蜂がいました。

蜜を求めて飛びまわり、花から花に移っておいしい蜜を吸うのです。それは、とても楽しいことでしたが、その一匹には知恵があって、飲食をほどほどにするということを知っていて、花の蜜をなめる間にもその蜜ろうを取って股《また》につけ、巣を作る用意をしているのに、もう一匹のほうは何も考えず、ただ一時の欲にひかれてあくまで蜜をなめるだけです。

やがて桃の木のあたりに来ると、その枝に広口のビンを掛けたのがありました。その中を見るとたくさんの蜜が入っていました（このビンは、蜜蜂を捕《と》るために設けたものでしょう）。一匹の蜂は大食《たいしょく》ですから、これ幸いと蜜をなめようとし、友達の注意も聞かずに、頭からビンの中に入り、後先もかえりみないで一人で食を貪《むさぼ》りました。一匹は用心深く、試みに一口なめましたが、この先どんな災難《さいなん》に出遭うかわからないと思って、すぐにそこを去り、先ほどの花から花をまわり、食を味わいました。

夕方になったので、ビンのそばに来て友達を呼び、家に帰ろうと言いましたが、答える声はありません。ビンの中には、友達の蜂がいました。一日中身体を動かさずビンの中の蜜を飽《あ》きるまでなめて、お腹が一杯となりもはや一口も喉《のど》を通りません。だからといって、そこを去ることもできず、その足も弱り羽根も動かず、全身の気力も衰《おとろ》えて、進むも退くも自由にできません。苦しい声を出して、

「快楽《かいらく》は身体に快いけれども、これに耽《ふけ》る時は、やっぱり身の滅亡《めつぼう》となるものだ」

こう言い終わって、命を落としました。

（ロ）ルーイス・コーナロの発心《ほっしん》

[健康を取り戻したこと]

ルーイス・コーナロは、ベニス国の貴族です。その時代は、世の中の風俗が乱れていました。友達もみな行いが悪く、コーナロも悪い友達と交わって、飲食に耽《ふけ》り養生《ようじょう》をしません。始終腹痛や熱病、痛風《つうふう》などの病にかかり、一日として快適な日はありませんでした。年が四十歳になり、ある医者に意見をされて、初めて行いを改めました。すると、わずか一年ばかりで持病《じびょう》も全快し、昔のコーナロとは別人のようでした。毎日の食べ物は、十二オンス（一オンスは、二八・三五グラム）とし、飲み物は薄《うす》い葡萄酒《ぶどうしゅ》十四オンスとしました。一日の食べ物十二オンスは少ないようですが、コーナロは、これによってまれな長寿を得ることができました。

七十歳の時、高いところから落ちて、片腕と片足とに怪我《けが》をしたことがありました。たいていこの年齢で大怪我をすれば、治療《ちりょう》は難《むずか》しく、あるいは、命も危ういはずですが、コーナロは違いました。前々から身体が丈夫でしたから、この怪我もすぐに治り、もとのようになりました。

八十三歳になってもよく登山をし、乗馬をし、あるいは物語を書いて楽しみとしました。気力が盛《さか》んであることがわかります。その容貌《ようぼう》はいつも楽しそうで、亡くなる時まで子どもたちと遊び戯《たわむ》れて、少しも心配はありません。九十八歳の時に病にかかり、何の苦痛もなく往生《おうじょう》したといいます。

（八）ジャック・スィムキンの禁酒

[悪い習慣を改めたこと]

ジャック・スィムキンは、イギリスのポーツマスという町の造船所の職人です。前々から大酒を好む男ですから、その家が貧乏なのも当然の報《むく》いです。自分はもちろん、妻子まで粗《そ》衣《い》粗食《そしょく》にもありつけず、その家はじめじめした裏通りにあって、生活の道具も満足にありません。

ある夜、スィムキンは、酒飲みの仲間と、ほろ酔《よ》い気分で市内をよろよろ歩いて、ふと、よその家に入りました。たまたまこの日、この家では、禁酒《きんしゅ》の会合がありました。その席には気品のある温和な、いかにも立派に見える人物が一人いました。正座をして、大酒を飲むことの害を人に語っていました。そして、酒を飲まない人の幸せなことを話していました。スィムキンも酔ってはいましたが、この話を聞いてとても感心しました。そして、話の終わるのを待って、禁酒会に頼んで自分の名前を書いて会員にしてもらい、その禁酒会の仲間に加わりました。

　こうして、スィムキンは禁酒しました。その後、スィムキンの友達は、頻《しきり》に彼をバカにして笑いましたが、もともとは正直な人ですから、一度約束したことは守り、酒屋《さかや》のほうへ足も向けませんでした。毎日働いていただいてくるお金は生活のために使い、妻や子も今は、食べ物に心配がなく、暑さ寒さの心配もなく、生活の道具も次第に増えて、子どもは学校に入り文字を習うほどになりました。

　働いているうちに、少しずつお金の余裕もできたので、これを銀行に預《あず》けて、病気の時の蓄《たくわ》えとしました。また、おいおい歳をとるに従って、働くこともできなくなった時のために、このお金で老後を過ごそうと思いました。

　古い酒飲みの友達は、スィムキンの生活が良くなっていくのを見て、本来ならば感心すべきはずなのに、かえってこれをからかい、いろいろと非難しました。しかしそれは、おかしなことです。その人たちは、自分は破《やぶ》れた衣服を着ながら、人が美しい服を着るために働くことを笑っています。自分の口では、冷たい芋《いも》を食べながら、人のおいしい食事を笑うのは、筋《すじ》の通らないことです。

　ある日、スィムキンは、友達の悪口をやり込めて、大勝利を得たことがありました。仲

間の若者の一人がスィムキンに道で会った時、

「スィムキン、お前は酒はやめたけれども、気分がいいことはないだろう。可愛想《かわいそう》に、お前の顔はだんだん黄色になってきたぞ」

スィムキンは、その時、ちょうど銀行に預金をしに行く途中でしたから、お財布から黄金十枚ばかりを出してこれを見せ、

「君たちのいうとおりだ。ほら、私の財布までも黄金になってきているんだ」

と言いましたから、さすがの友達も恥《は》ずかしく思って、これから後は、スィムキンの悪口をいう者はなくなったといいます。

（二）美味《びみ》は粗食《そしよく》にあり　［健康な人がおいしいと思う本当の味］

おいしいものを食べる贅沢《ぜいたく》というものは、もともと口とお腹との楽しみです。それなのに贅沢に慣れている者は、かえってこの楽しみにあうことができません。それは、自分の口や腹がすでに美味に慣れていて、粗食によって健康な人がおいしいと思う、本当の味を知らないからです。

大昔、ペルシア（イラン）の君アルタクセルクセスは、戦いに敗れ食料も尽き果てて、やっとのことで干した無花果《いちじく》の実と大麦のパンを食べて、思わず、「世の中にこのようなおいしいものがあるのに、私は今日までその味を知らなかった」と言ったのです。

〈解説〉第十章　飲食のこと（原文「飲食を程能する事」）

人間の生き方と食べ物の考え方が書かれています。

この章の『童蒙をしへ草』の原文に、「食物を以て人間第一の樂とするは、人たる者に不似合なる擧動といふべし。世の中に賤しむべき惡事多しと雖ども、食を貪る程賤しきものはあらず。其目途《めど》とする所、如何にも卑陋《ひろう》にして、絶て風韻の趣あらざれば、これに耽る者は必ず人の輕蔑を受けざるを得ず[1]」とあります。

人間の生き方と食べ物との関係はどう考えるのか、「ひゞのをしへ」には、人間は、「そも〱、ものをたべてねておきることは、うまにてもぶたにても、できることなり。にんげんのみぶんとして、うまやぶたなどと、おなじことにて、あひすむべきや。あさましきしだいなり。さればいまひとゝなりて、このようにうまれたれば、とりけものにできぬ、むづかしきことをなして、ちくるいとにんげんとの、くべつをつけざるべからず[2]」とあります。また、人間は、欲に迷わず、文字を読み書き、世界中のありさまを知り、昔からの世の移り変りを知り、人間が仲良くして、恥かしいことをしないこと[3]だといいます。

　福澤は、緒方洪庵の適々斎塾で「寝食を忘れて勉強し」また、幼少の頃からの習慣で間食や、晩食の後の夜は、どのような好物も口に入れることができなかったそうです[4]。身の健康は、確かに食物にあります。しかし、人の身体によって銘々分量も違います。大食の人もいるし、小食、美食の人もいます。そして、酒を飲む人は、特に気をつけないといけないことにも言及しています。大人も心得ることが大切だと思います。

　最近は給食において好き嫌いが多く、偏食が目立ちます。特に家庭生活の習慣がその子の食文化を決めてしまうほどです。小学生には、食べ物を大切にすることや食べ方、好き嫌いをしないことなどが大事になります。

(1)「童蒙をしへ草」巻二（『全集』三、二〇八頁）
(2)「ひゞのをしへ」初編（『全集』二十、七〇頁）
(3) 同右
(4)『福翁自伝』慶應通信、二九二頁

第十一章　健康なこと

「体の機能がそれぞれ決められた働きをすること」

身体が健康だということは、その機能がそれぞれ決められた働きをすることをいいます。たとえば胃腸は自然の力で食べ物を消化し、心臓と血管は血の廻《めぐ》りをよくします。肺《はい》は血の中に空気を送り、脳は知識の役割を受け持ち、皮膚《ひふ》は身体の中の老廃物を蒸発するなどがこれです。これを健康な状態といいます。

これらのどこかに、一つも異常がなければ、身体はいつも快適で何の苦しみもなく、普通に仕事をすることができます。これが人間の一番の幸福です。もし、どこか異常があるならば、不幸なことです。ですから注意をして、自分の身体の機能を守っていると、自然に体調が悪くなることもなくなり、その身体

を健康にすることができます。しかし、自分から注意をしないで、自ら不幸を招く人は、これはどうにもなりません。

たとえば食べ過ぎ、あるいは、よくない食べ物を食べると、必ず胃腸の病気を起こすでしょう。神経を使いすぎ心配することが多ければ、必ず脳の病気となり、心臓をこわします。身体の温まっている時、急に寒い風に当たると、たちまち皮膚の気孔《きこう》（皮膚には、目に見えない小さな穴があり、これを気孔といいます。汗なども気孔より出ます）をふさいで蒸発をやめてしまいます。このように用心がよくなかったり、あるいは、不意《ふい》の怪我《けが》で身体の機能を損なったりして正しい働きをしないことがあります。これを病気といいます。

重い病気に罹《かか》って、死亡する人も少なくありません。ですから、健康を保つためには、法則に従わなければなりません。これを養生《ようじょう》の法《ほう》といいます。授かった身体の健康を保ち、その養生をするために養生の法を学び、それを行うことは、人としての大切な務めです。

祖先の病気が子孫へ伝わることを、遺《い》伝病《でんびょう》と言います。それから、一人の病毒《びょうどく》を大勢の人へ伝染《でんせん》させることを伝染病と言います。伝染病は、空気（風）によって広まることがありますし、その病人から直接毒が移ることもあります。ですから、この遺伝病や伝染病に罹った人は、自分から病気を起こした本人ではありませんが、その病気のもとには、必ずこの病気になった人がいるのです。遺伝病は、本人の父母か、あるいはその祖先の間違いで、この病気を子孫に伝えたものですから、その罪は祖先たちにあります。

伝染病は、湿気の多い土地か、大都会の狭《せま》く汚い町に起こります。衣食住に不自由して、悪いものを食べたり、家を汚して、身を不潔にしている人から、そのもとが起きるのです。

このように考えると、人は、自分のためにすることはもちろんですが、また、友達のためにも、身体の健康を保たなければいけません。これは人間の務めです。生まれつき健康な身体を問題なく保つためには、つぎのことを守らなければなりません。

○住居の土地は、高くて乾いたところを選ぶ。
○家は、清潔にして昼夜とも風通しをよくする。
○たびたび身体を洗う。
○毎日の食べ物は、水分の外に二十四オンス（一オンスは、二八・三五グラム）より少なくないように、また、この二十四オンスのうち、少なくとも三、四オンスは、魚類、肉類を加える。
○食べ物は、いつも同じ品物を使わず、一度の食事にあまり多くの品を食べない。
○お酒を飲みすぎない。
○毎日二時間ほど、またはそれ以上家の外に出て空気に当たる。
○体と心のために毎日の仕事をする。仕事をする時間は、一日に八時間か、十時間とする。働いた後は、おもしろく心を楽しませる。

○ぬれた衣服は、身につけない。
○寒い風の吹き通す家にはいない。
○一昼一夜、二十四時間のうち、六時間ないし八時間睡眠をとる。
○深く心配しないようにする。不幸なことに出遭っても、気持ちを張って耐える。

人々がみなよくこの規則を守れば、世界中のほとんどの病気がなくなって、人間はもっと幸福になるでしょう。

〔住居の環境と病気〕

(イ)湿気《しっけ》深い家

イギリスに、養生《ようじょう》の法をよく知っている婦人がいました。ある日、妹の家にお見舞いに行きました。この妹も心は悪くない婦人ですが、あまりよく物事を知りません。養生の法も知りません。その住居は沼の近くにあって湿気がひどく、長雨などの時には台所の床まで浸水《しんすい》するほどです。姉は久しぶりに妹に会い、

「家族の様子はいかがですか」

と尋《たず》ねますと、妹は言いました。

「わが家は近頃病人が多く、この土地に越《こ》してきて以来、薬の絶えたことがありません。主人は痛風《つうふう》で手足も不自由で、私たちは始終風邪をひきやすく、子どもたちは毎冬咳《せき》に苦しむだけでなく、去年の十月には、姉上の知っているとおり、家中みんな熱病に罹《かか》って、男の子二人と召使一人を失いました。どうしてこのような不幸が続くのか、わからないのです」

と言いますから、姉は眉《まゆ》をひそめて、

「それは、あなたの用心が悪いからです。家中の病気は汚い沼の近くに住んでいるために起きることで、この土地に住んでいる間は、病気の絶えることはないでしょう」

と言いました。妹は、姉の言うことの意味がわからず、

「もし、姉上の言うとおりなら、明日にでも家を移すことは簡単ですが、災《わざわ》いの神は、私たちが行くところに、つきまとうに違いないでしょう。たとえそれを振りきっても、きっとまた災難《さいなん》に遭《あ》うかもしれません」

と言いました。姉は、

「疑ってはいけません。もともと人は、どこにいてどのような災難に遭うかはわかりませんが、目の前に災難がくる恐れのある時は、これを、避《さ》けなければなりません。これは人の務めです。この避けることができる災いを避ければ、必ずしも再び災いを受けるもので

はありません。天は、世界万物を支配するための法則を設けました。人の養生にも天然の法則があるのです。今、あなたがここに住んでいるのは、天の法則を破《やぶ》ることをしているわけですから、家中の病気もその罪の報《むく》いなのです」

と言いますと、妹もやっと姉の言葉を理解して、速《すみ》やかに移転しました。その後、主人の痛風も全快《ぜんかい》し、数年の間は、家中に病気の話はなかったといいます。

（ロ）胃の病気を治す名高い医師

［歩く、働く、飲食を少なくする健康法］

イギリスのある湯治場《とうじば》に、消化不良《しょうかふりょう》の胃の病気を治療する、名高い医師がいました。けれどもこの医師は、よく効く薬を使って、珍しい治療をするのではありません。病人と聞けば、飲食を控《ひか》えさせて、家の外で少しずつ身体の運動をさせるだけです。ある時、よく太った中年の男が、この医師のところに来て、身体の苦痛を訴《うった》え、治療をお願いしました。医師は、その容体《ようだい》を見るとすぐに原因がわかりました。この病人はお金持ちで、外出する時は、いつでも馬車に乗り、まったく身体を動かすことがなく、好き勝手に飲食し、贅沢《ぜいたく》で高慢《こうまん》になっている者だと考え、病人に向かって、

「馬車に乗って野原に出ましょう」

と言いました。病人も賛成しましたので馬車を用意をして、医師自ら手綱《たづな》を取って町中を出て、だいたい町から五マイル（一マイルは、一六〇九・三メートル）ばかりのところに来ますと、あやまって笞《むち》を落としてしまいました。医師は馬車をとめて、病人に、

「あの笞を拾ってください」

と頼みました。病人が何気なく車から降りて、笞を拾おうとすると、突然医師は馬の向きを変えて、今来たほうへ駆け出して、笑いながら病人を振り返り、

「歩いて一人で帰りなさい。昼の食事は、おいしいはずです」

と言いながら、馬を走らせて家に帰りました。この日から病人は、次第に全快に向かったということです。

　また、イギリスのロンドンにも有名な医師がいました。風変わりな人で、世間の人は奇人と呼びました。ある日、食べ過ぎの病人が、この医師の家に来て、治療をお願いしましたが、医師は脈もとらず、何も指図しないで、

「病気なら、毎日少しだけ儲《もう》かる仕事をして、少しだけ物を飲み食いすることです」

と言いました。

　この言葉は、不思議なようだけれども、本当に大切なことであって、人の守るべき教えなのです。

（八）若い男の風邪《かぜ》

[不養生《ふようじょう》のつけはあとから]

若い男が初めて商売を始め、ある夜、芝居から帰る途中に風邪をひきました。その翌日は一日中寝ていて、少しの薬でも飲めば治るはずのところを、商売が忙しく、一日も休まず、翌日も店に出て、その夕方には昨日よりも気分が悪くなりました。しかし、前から元気のいい若者ですから、病気を恐れず、その翌日も店に出ました。喉《のど》はだんだん炎症《えんしょう》を起こし痛くなりましたが、特に心配しないで、その日も暮れて夜になり、馬車に乗って方々へ行き、仕事を済ませました。それから、症状《しょうじょう》はだんだん悪くなり、声も嗄《か》れて苦しくなりましたが、なお商売に忙しくしていると、ある医師がこの店に来て、たまたまこの男の様子を見て、

「これは大変な容体《ようだい》です。このままにしておくと、命も危ない。少しでも早く家に帰って治療しなさい」

と言うと、この男もしぶしぶ家に帰って様々に手当をしました。しかし、もう手遅れで、気管から肺《はい》へ通る管まで膿《うみ》になって、養生の甲斐《かい》もなく二十日ばかりの内《うち》に命を落としま

した。親類や友達が寄り集まって嘆《なげ》き悲しみましたが、もうどうすることもできませんでした。

この男は、愛すべき人柄で、将来は、成功の見込みのある人でしたが、ただ不養生だったために、不幸にして若死をしてしまいました。恐ろしいことではありませんか。

〈解説〉第十一章　健康なこと（原文「養生の事」）

日常の身体の健康法について書かれています。

『童蒙をしへ草』の原文の一部に「人の身を達者に保たんとするには定りたる法則に従はざる可からず。これを養生の法といふ。天より授かりたる身の力を保ち身の養生を爲さんが爲に、其道を學び其事を行ふは、人たる者に大切なる職分なり[1]」とあります。

福澤は、自伝の中で「子供の養育法は、着物よりも食物の方に心を用い、（…）そのしつけ方は、温和と活発とを旨とした」「その教育法は、（…）まず獣身を成してのちに人心を養うというのが私の主義である[2]」とし、身体の健康は、人間第一の幸福であると書かれています。それには、どのような養生が必要なのか、ここでは、住居の土地は、高くして乾きたる処を選ぶこと、家は清潔にして、昼夜とも空気の通ひをよくすること、食べ物に気をつけること、体を清潔にすること、家の外の空気にあたること、毎日仕事をすること、心を楽しませること[3]、などが大事であるとあります。

（1）「童蒙をしへ草」巻二（『全集』三、二一二—二一三頁）
（2）『福翁自伝』慶應通信、二六五—二六八頁
（3）「童蒙をしへ草」巻二（『全集』三、二一三頁）

第十二章　自ら満足すること

［その人の資質に適《かな》った生き方］

自ら満足し、充分だと思うことについて、正しい満足と、正しくない満足の二通りがあります。誰でも自分の今の生活に不満なことがあります。たとえば衣食や、そのほかの品物に不自由するのは、いやなことです。けれども人には、それぞれ知恵と身体の働きがあって、自分の知恵と身体でこのいやなことを改めて、よりよくすることは、当然のことです。このような場合に、自分は満足だ、などと言って、その不自由な生活のままで何事もしないのは、正しくない満足なのです。

また、人間は時に災難《さいなん》にあうことがあります。たとえば、湿気の多い家に住んで病気になるとか、また、破れた衣服を着て寒い思いをするなどです。この場合、簡単に繕《つくろ》える衣服をも繕わないで満足しているのは、正しくない満足です。天地の始まりから世界中の人々が、そのあるがままを受け入れて自分は満足だと思い、不自由なことに対し努力や工夫をしないで、がまんして日を送っていたならば、今に至るまでこの地球は未開のままだったでしょう。

本当の満足というのは、自分の才能とその身分に相応《ふさわ》しいことに満足して、努力しても、どうしようもないことや突然の災難は、仕方のないこととして受け入れて、いつでもすべきことをすることをいうのです。これが正しい満足です。この満足は人の美徳で、善人が常に心がけているものですから、世の中の人でこれを誉めない人はいません。

また、自分の能力に見合った成功をつかんで、なおも満足することを知らない人がいます。これを名づけて名利《みょうり》（名誉と利益）を貪《むさぼ》る人といいます。世の中に名利を貪る人がいるのも、また普通のことです。しかし、世のためになることをしていないので、その当人はいつも満足することがなく、本当の幸福を味わうことができません。この人に一を与えると、二を欲求し、成功してもさらにその上の成功を望んで、死に至るまで飽《あ》くことを知らないのです。

大昔、アレキサンダー大王は、諸国を征伐《せいばつ》して取り上げ、もはや取り上げる国もないと言って、涙を流して溜息《ためいき》をついたといわれますが、これも満足を知らないことの不幸なのです。

身分が高く、家がお金持ちは、これを失う心配があるので、安心する暇がありません。これに引き換え、衣食住の物を自分に相応しく求め、自ら満足する人は、心はいつも安らかで、悩みや苦しみがありません。

このことをもって考えれば、努力すれば簡単にできることをしないでいるのはよくありませんが、その良し悪しをあわせて考えると、まず自分のちょうどよいところを決めて、そこで満足することが大切なのです。

（イ）黄金の卵を生むガチョウ（寓言《ぐうげん》）

［満足を知らない人］

ある人の家に、毎日黄金の卵を生むガチョウがいました。主人はこの幸福で満足しなければならないはずなのに、さらに欲をだして、毎日一つずつの卵を取るより、ガチョウのお腹をさいて無《む》尽蔵《じんぞう》（いくら取っても尽《つ》きないこと）を開こうと思い、これを殺してしまいました。お腹には一つの卵もなく、大いに失望《しつぼう》し、後悔《こうかい》したそうです。

（ロ）イギリスの宰相《さいしょう》ダンダス

〔偉くなった人の不満足〕

ヘンリー・ダンダスは、イギリス王ジョージ三世の時代に宰相となり、国の政治を一手に握り、その権力は、とても大きなものでした。国中の人は、この宰相の力によって幸福を得た人が多かったのですが、宰相自身は、そうではありませんでした。

一七九五年十二月の晦日《みそか》、シンクレアという人が宰相を訪問して、いろいろな話をし、深夜になりました。翌早朝またその家に来て主人の部屋に入って見ると、宰相は、今度喜《き》望峰《ぼうほう》を攻《せ》め取ってイギリスの領土とし、インドを守ることについて長文の文章を読んでいました。その日は正月元旦《がんたん》でしたので、シンクレアは挨拶《あいさつ》をして新年のお祝いを述べました。

「今年もまたあなたの幸福を祈ります」

宰相はしばらく言葉もなく、心苦しい様子で、

「今年は、どうか去年よりも幸福になりたいものです。去年一年間は、一日もこころよい日にあわなかった」

と言いました。これは、宰相の心からの打明話《うちあけばなし》です。まわりから見て、その身分を考える

と、一生の間仕事も思いのままにできて、出世して偉くなった人だと思えますが、その人の身にはなおこの不足があります。それで、やたらに名誉と利益を求める者には、イギリスの宰相ダンダスのようだと、シンクレアはいつも人に言ったそうです。

［自分に合った満足］

（ハ）御殿《ごてん》のねずみと田舎《いなか》のねずみ

ある日、御殿に住んでいるねずみが、その友達の田舎のねずみを訪ねました。田舎のねずみは、小屋にある豚の塩漬《しおづ》けなどを出して、ごちそうは粗末でしたが客の扱いは親切でした。食事が終わって四方山話《よもやまばなし》がおもしろく、御殿のねずみは一晩泊まりました。

翌朝、お別れして帰る時、田舎のねずみに自分の住んでいる御殿は広く、万事豊かなことを得意気に言い、ぜひとも来て見てほしいと誘いました。田舎のねずみもその親切を無視することはできず、「それでは」と言って二匹のねずみは、一緒に御殿へ行きました。行く途中夕暮れになって、御殿に着いた時はすでに暗くなっていました。けれどもごちそうの残り物はたくさんあって、牛乳も玉子焼きもあり、お菓子もたくさんありました。チーズは、パルメザンの名産です。二匹はこれらのごちそうを味わい、特別のシャンパンに髭《ひげ》をつけて飲み、楽しんでいると、急に犬が吠《ほ》えたのに驚き、楽しさも消えて酒の酔《よ》いもさめようとしたその時に、今度は壁の方から猫の声が聞こえました。これは大変と二匹のねずみは生きた心地もしませんでした。しばらくしてこの騒ぎも治まり、まず安心という間もなく、今度は勝手（台所）のほうから召使たちが、夜の宴会《えんかい》のあと片づけで部屋ごとに掃除《そうじ》をして、ゴミの一つも残さず、あとには何もなくなりました。田舎のねずみは溜息《ためいき》をついて、ようやく声を出して、御殿のねずみに言いました。

「君の家は、きれいだし、ごちそうは素晴らしいけれどもこのような恐ろしさには、私はとても耐えられません。田舎の小屋の粗食を食べて、安心して月日を送るほうが、私には気楽です。心配ばかりしていて、何がよいというのでしょう。恐がってばかりいて、何が贅沢《ぜいたく》だといえるのでしょう。もうお暇《いとま》いたします」

そう言って早々に田舎へ帰って行ったそうです。

（二）貧院《ひんいん》の婦人

［日々の行いで品格が決まる］

ある貧院にベットという婦人がいました。その人が心安らかに自ら満足している様子は、実に人の手本ともなるほどです。そもそもベットの過去を尋《たず》ねると、小さい時から父母と別れて、叔母《おば》の家に世話になり、不自由なく育てられた人です。その家はそれほど貧しい暮らしではありませんが、節約して生活し、贅沢《ぜいたく》な生活の話は聞きません。叔父《おじ》は、子どもを愛し、いつもその子どもたちに、進んでいろいろな話をしますが、他人の身の上のこと、よその家庭のこと、人の衣服のこと、他人のする仕事のことなどを噂《うわさ》することを固く禁止しました。そして、いつも人に言うのです。

「他人の噂話は、子どもの心を散々《さんざん》に打ち砕《くだ》くものです。もし、これを禁止しないで、朝夕人の噂だけを聞き、人の噂だけを話す時は、いつとはなくこれに慣れて、よくない考えをするようになるでしょう」

と。

　ベットは叔父の教育をうけて、年頃になり、ある人の家に嫁《とつ》ぎましたが、不幸にして十五年の間に叔父、叔母を失い、また、その主人も亡くなりました。頼り少ない身の上となりましたが、自ら働いて生計を立て、世間の人に対しても恥じることのない、立派な生活をしていました。十年ばかりの間は、気持ちよく月日を送っていましたが、ある夜、隣の家から出火して、たちまちベットの家に移り、急なことなので取るものも取りあえず、窓から飛び出して逃げました。そしてその時、手足をくじいて、医師の治療を受けて右の腕を切断し、右の足も不自由な身となりました。

ベットは、この災難《さいなん》に遭《あ》ってから、友達の親切に任せて一時は、その世話になりましたが、つくづく考えるのには、「個人的に人の助けを求める人は、世の中に少なくありません。それなら、このように友達の世話になって暮らすより、国の貧院に入って、世の中の救いを求めることが本当でしょう」と独立《どくりつ》の決心をして貧院に入りました。

普通の人なら、貧院などに入ることは外聞が悪いと思うはずなのに、ベットにとっては、そうではありません。人の身の卑《いや》しいことと、卑しくないことは、その人の日々の行いの善し悪しによるものと、心に信じているので、貧院などの名には驚《おどろ》きもしないし、また、これを恥《はじ》とも思いません。院に入ってからは、ただ神の恵みを感謝し、祈りを捧《ささ》げていました。不自由に耐えていつも心を楽しませ、若い人々を教え、老人を憐《あわれ》み、友達には朝夕心得となることを話して、みなとても悦《よろこ》びました。この貧院へ見学に来る人も、ベットのこの様子を見て、その気持ちの卑しくないのを知り、自分一人の決心で、わざわざ貧院に入ったという心の持ち方に、感心しない人はいなかったといいます。

（ホ）かえるの仲間に王様を（寓言《ぐうげん》）

［自主自由の精神のむずかしさ］

かえるの仲間が共和政治《きょうわせいじ》の法を立てましたが、誰も満足することを知りません。早くも心変わりして、自主自由の風を嫌い、何とかしてその政治を変えようと思い、雷の神の木星に、われわれかえるの仲間に王様に相応《ふさわ》しい者をくださいと祈りました。

木星も兼ねてから優しい神様なので、なるたけかえるのために害の少ないように、一片の木切れを天から送り、これをお前たちの王様に定めなさいと命じました。かえるたちは大いに悦《よろこ》び、この木切れを王様の位に祭り、しきりにこれを敬《うやま》い尊びましたが、しばらくしてこれに慣れ、王様の心の温和なことをよいことにして、もう敬う心もなく次第に馴《な》れ馴れしく近づき、ついにはこれを侮《あざけ》り、

「このような者は、わが仲間の王様にしておくことはできない」

と言って、さらにまた木星に、

「別にもっと王に相応しい者をください」

とお願いしますと、木星も今度は怒り、

「それならば」

と言って五位鷺《ごいさぎ》を遣《つか》わしました。

五位鷺は、たくさんのかえるに命令して、位についたその日から、かえるを捕《と》らえてこれを食い、大いにかえるの国中を悩ませました。かえるの苦しみは以前より百倍となり、これは思いのほかのことだと言って、また木星にお願いして、

「この王様をも取り代えてください」

と泣いてお願いしました。木星は、もうこの願いを聞き入れず、

「お前たちが訴えるところの問題は、そもそもお前たちのものわかりが悪いために自ら招《まね》いた不幸だから、我慢《がまん》して耐えるよりほかに方法はない」

と言いました。

〈解説〉　第十二章　自ら満足すること（原文「自から満足する事」）

人間の本当の満足というものはどういうことなのかを知ることが、この章の目的です。『童蒙をしへ草』の原文の一部に、「自から満足して足れるを知るといふ事に付き、正しき満足と正しからざる満足と二様の區別あり」[1] というのがあります。人間の満足には、その人によって違いがあります。正しくない満足には二つあって一つは、「其不自由に安んじ何事をも爲さゞるは、正しからざる満足と云ふべし」[2] という、現状にあまんじて努力のない生き方、二つめは、「己が力を以て達すべき幸福を得て尚も満足するを知らざる者あり。これを名けて名利を貪る人といふ」[3] という、いつも心は不満足で真の幸福を知らない人です。

それでは正しい満足とは何かというと、「眞實の満足とは、人々の才智と其身分とに相應す

べき有様に安んじ、我力を盡して如何ともすべからざる惡事災難をば甘んじて身に引受け、常に心に慊《こゝろ》よき者を云ふ。卽ち是れ正しき満足なり(4)」という、自分にふさわしいところで満足して、努力をおこたらない人なのです。

子どもは、狭い社会の中で自ら満足することは、それほど難しいことではありません。どの家の子どももその家族の教えに満足するからです。たとえ隣の家と教えが違っていても、子どもは、自分の家の父母を信じるからです。その教えに従って満足して暮らします。大きくなれば他の家やいろいろと比較もできます。しかし、やたらに人の生活ややり方をうらやむことは避けたいものです。

自分自身を知って努力して自分らしく生きる、そこに大事なことがあるのです。

(1)「童蒙をしへ草」巻二（『全集』三、二一七頁）
(2) 同右
(3) 同右
(4) 同右

第十三章　お金を無駄《むだ》に使わない

[お金のねうちを考える]

人は衣食住のために働くことはもちろんですが、ただ働くだけでは、まだ人としてするべきことをしたとは言えません。すでに働いて、衣食住の品物があるならば、お金を使う時に心得《こころえ》違いをしてはなりません。たくさん働いても、無駄にお金を使うことが多いならば、何もしないで怠けているよりはよいというだけで、ほかによいことはありません。

普通に働くことをしないで、もちろん収入も少なく、お金を使うのもいい加減な人がいます。このような人はたちまちその財産をなくし、憐《あわ》れな暮らしになることでしょう。自分の身代《しんだい》（財産）を大切にする人は、働いたお金を大事に使います。全部使ってしまうのはいけません。年をとると身体も衰え、仕事をすることもできなくなるからです。

そのほか、病気や思いがけない災難もあるかも知れません。その時に、お金が不自由にならないように、多少の貯《たくわ》えをしておくことです。働いて得るお金は少なくても、少なければ少ないなりに少しずつ貯えることです。

たとえ自分が豊かでも、お金を使うにはその使い方を考えなければなりません。愚かな遊びにお金を使い、悪い楽しみにお金を使うのは、お金を海へ捨てるよりも無駄なことなのです。せっかくそれまで努力したことが、自分のためにもならず、世の中のためにもならず、水の泡と同じように消えるだけです。また、食べ物、道具なども、自分に不用だといってこれを捨てたり、壊したりしてはいけません。何でも余るものがあれば、無駄にせず、困っている人に与えることが大事なことなのです。必ず心得違いのないように。

（イ）ありときりぎりす（寓言《ぐうげん》）

[虫たちの生き方の中に大切なことが]

秋が過ぎて冬がきました。ありの仲間は忙《いそが》しく雨や露《つゆ》にさらされた穀物を、住居のそばに取り入れて、小山のように積んで

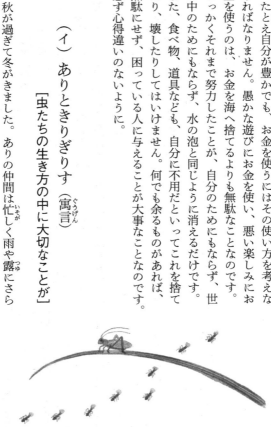

貯《たくわ》え、寒さの用意が大事と力を合わせて働いておりました。そこへ夏の終わりに生き残った一匹のきりぎりすが、飢えと寒さに耐えられず、死にそうな様子でやって来て、見苦しいことに腰をかがめて、

「君たちの家に貯えてある小麦でも大麦でも、たった一粒でもいいから恵んでこの苦しみを救ってください」

と頼みました。すると一匹のありが言いました。

「僕らは、夏の間辛抱して食料を貯えたのに、君は何もないのかい。長い夏の間中、いったい何をして過ごしていたんだ」

と聞きました。きりぎりすも恥ずかしくなって、

「そのことですが、夏の間はただ楽しく月日を送り、朝には露を飲み、夕には月に歌い、花に戯《たわむ》れ、草に舞い、冬が来るとは夢にも考えませんでした」

と答えましたから、ありは、

「君の言葉を聞いて、僕らには何も言うことはない。誰でも、夏の間に歌ったり楽しくしている者は、冬になって、飢えて死ぬはずです」

と言いました。

［公と私のお金の使い方］

（ロ）英雄《えいゆう》の倹約《けんやく》

身分の高い英雄豪傑《ごうけつ》の君主でも、倹約する人として名高い人物もいます。大昔アレキサンダー大王は、普通の服を着て、その様子は身分の低い家来と違いませんでした。また、ローマ共和国の大統領カトーは、上着一枚を仕立てるのに百ペンスより多く使ったことがありません。日頃、人に、

「いらないものを買えば、その値はどんなに安くても高くつくものだ」

と言いました。

また、ローマの皇帝アウグストゥスは、その時代の世界中を支配した王ですが、その着ている衣服は、皇后と姫君とで縫《ぬ》ったものでした。その夜具や布団なども普通の人が使う品と同じです。また、ドイツの国王ルドルフは、いつも普通の服を着て、みすぼらしいほどの様子でした。

ある時、パンを焼く店に立ち寄って、火に当たると、店の女は、国王を知りませんから、卑しい男だろうと思って、火のところから追い払ったことがあったそうです。

また、ルドルフの子孫シャルル五世も、ドイツの国王でスペイン王の位をも兼《か》ねた、名

高い君王ですが、いつも普通の服を着ていました。また、フランスの王ルイ十一世も、シャルル五世と同じように衣服に贅沢《ぜいたく》をしたことがありませんでした。その家計簿《かけいぼ》を見ると、古い下着の袖《そで》を取り替えるため二シリングで木綿の布を買い、三シリング半で長靴《ながぐつ》にぬる油を買ったというのがあります。

これらは、いずれも世に名高い国王の話ですが、自分のためにお金を使うことには、このように倹約していたのですが、国のためにとあれば、幾《いく》千万の大金を使う勇気のある英雄でもありました。

（八）質素《しっそ》で倹約《けんやく》な家庭（ハンエルの文）

［物を再利用する倹約］

子どもは、どんな物でもよく始末をしなければいけないが、ただ自分のことだけを思っていると、自分勝手になるので、人のためを考えて物を始末すべきです。自分の所持品《しょじひん》を友達へ分けてあげることは、よいことですが、いらないから壊《こわ》すのは、とてもよくないことです。

私は、前に、ある人の家に行ったとき、その家風は、本当に倹約を心掛けているのですが、それでいて卑《いや》しいことは、少しもありません。本当の倹約を守るために、物が少なくても、心は他人がたくさんの物を持っていて喜ぶのと同じ気持ちなのです。その家風の一、二箇条《かじょう》を挙《あ》げると、家の主人が紙包みを持ち帰ると、長男は自分からその包みの紐《ひも》を解《と》いて紙を開き、焼いたり破いたりしないで、貯《たくわ》えておいて、弟が独楽《こま》を回すといって紐のいる時に、この紐を出してやるというぐあいです。弟たちが独楽遊びにあきて、紐の始末もしないで取り散らかしておけば、兄は、また、自分でこれを片づけて、もとのところに納めておくのです。

（二）ハーフ・ア・クラウンのお金の値うち

［価値のあるお金の使い方］

イギリス人のバレンタインは、十三歳のとき寄宿《きしゅく》学校に入りました。性質は温《おとな》しい子どもですが、学校の友達を見ると、いずれもみんな、自分より多くお金を使い、不自由ない様子なので、これをうらやましく思い、父親のもとに手紙を送りました。はっきりいくらのお金が必要だとはいいませんでしたが、友達がたいてい一週間にハーフ・ア・クラウン（半クラウン＝二シリング六ペンス）のお金を小遣いに使っていると書いて、遠回しにお金が足りないことを訴《うった》えたのです。

父親は考えがあって、その子に金を送りたくなかったのです。だからといって、あまり厳しく叱ってこれを拒むのも、かえってよくないと思い、返事を書いて出しました。その返事は、

「一週間にハーフ・ア・クラウンのお金を学生に与えて、余計なことに使うよりも、ほかのことにこのお金を使えばとても役立つだろう」

という考えを知らせる内容です。

「じゃが芋のよくできる土地では、二ブッショルの値段はハーフ・ア・クラウンです。八十ポンド入の袋であれば二つ合わせて百六十ポンドになる。

これを洗ったり、棄《す》てたとしても、大体二ポンド半で一人一日の食べ物に十分です。この割合で考えれば、ハーフ・ア・クラウンのお金で一週間に九人を養えることになります。といって、芋ばかりを食べていると栄養が足りないから、これにわずかな塩をつけ、あるいはバターをとった牛乳の残り汁をそえてふだんの食事に用いることは、田舎では珍しいことではなく、このような人は、幾千万人もいるでしょう。わが家の近所の小屋に住んでいる人へ、一週間に一度六ペニーのパンを一個ずつ与えれば、ありがたくこれを受け、その子どもたちのためには大そうなごちそうだ、といってこれを喜ぶでしょう。だから、今、ハーフ・ア・クラウンのお金があれば、一週間ごとに五軒の家へ幸福を与えることができ

る。田舎で大勢の家族の住む小屋は、一年の家賃が普通四十シリングより多くありません。だから一週間にハーフ・ア・クラウンずつのお金があれば、一年間に三軒の家賃を払ったうえに、家を修復しても、なお余りがあるでしょう。

田舎の小さな村の女教師の塾《じゅく》で学問をするには、その費用は一週間に二ペニーより多くはありません。だから今、ハーフ・ア・クラウンのお金があれば、一週間に十五人の子どもに学問をさせ、あるいは、十五人の女の子に縫《ぬ》い物の稽古《けいこ》をさせることができます。これは田舎だけに限らない。都会でも三ヵ月の間に一クラウンの金を払えば、読み書きソロバンの教えを受けて、世間並の人物にはなれるでしょう。だから一週間にハーフ・ア・クラウンのお金があれば、三ヵ月間、六人の子どもを教えて、そのうえに本をも揃《そろ》えてあげられます。これは、一週間にハーフ・ア・クラウンのお金をもって、他人のために大きく役立つやり方です。

今、また、このお金を自分のために使う方法を教えましょう。

私が知っているとおり、お前は幼少の時から動物や植物の彩色絵を喜《よろこ》びました。これは、『博物学』といって、天然の物を調べる学問のためには、必要なものです。この絵入りの本は、毎月出版されているので、一週間にハーフ・ア・クラウンの金があれば、最もよいものを買うことができるのです。

また、一週の間にハーフ・ア・クラウンずつのお金を、ロンドンの書店に入れておけば、一年間あれば、様々な良い本を買って、五年間かかっても読みきれない冊数になるだろう。私はハーフ・ア・クラウンのお金を惜《お》しんでお前に与えないのではなく、前に書いたとおり、ハーフ・ア・クラウンのお金があれば、お前のためにも、また、他人のためにも、たくさんよいことをすることができるものなのです。だから、今、お前が同じ学校の友だちの真似《まね》をして、お菓子を食べたり、おもちゃを買ったりするために、このお金を使うことを、私は好まないのです」

〈解説〉　第十三章　お金を無駄に使わない（原文「倹約の事」）

働いて独立した生活を営むこと、その場合に大切なことは倹約の心だとあります。『童蒙をしへ草』の原文には、「人は衣食住の物を得るが爲に働くは勿論なれども、唯働くのみにてはいまだ人間の事を終れりとせず[1]」とあり、そして、さらに「假令ひ我身は富むと雖ども、金を費すには其費すべき事柄の良否に心を用ひざるべからず。愚なる遊に金を用ひ、あしき慰に錢を費すは、徒に金錢を海へ棄るよりも尚ほおとる擧動にて、其以前に力を盡したる骨折は、我身にも用を爲さず、世界の爲にも益を爲さず、空しく水の泡に等しきのみ[2]」とあります。

価値あるお金の使い方ができて真の倹約となります。愚かな遊びの浪費を避け、老後の蓄え、困った人への援助等、それぞれの工夫があります。

さて、子どもたちにも倹約を教えることができます。今は、紙コップ、紙皿、牛乳等もビンではなく紙になっており、使い捨ての時代といわれています。つまり物が豊富な時代なのです。その心の使い方には、倹約とは、ほど遠いものがあります。

時代によって物が不足することもあるのです。そればかりではなく現に今も日本のどこかに、あるいは、世界の、どこかに困っている国民もたくさんいることを考えると真の倹約についてぜひ考えてみなければならないのです。

（1）「童蒙をしへ草」巻二（『全集』三、二二二頁）
（2）同右

童蒙おしえ草　巻の三

第十四章　思いやりのある心

[独立できるように援助する]

自分が必要とする物や、自分がほしい物を手に入れるために、働くことは、自然なことです。しかし、世界の人々の暮らしは、お互いに結びついていますから、人の幸せのことも考えて、それぞれの仕事をして、お互いに必要な品物を手に入れて、それぞれ助け合うことが大切です。

人々がお互いに相手の人の幸せを願う気持ちがあれば、他人のしていることに思いやりを持ち、言葉使いも優しくなるものです。自分から相手の人に優しい言葉をかければ、相手の人もその心が和《やわ》らいで、他人へも親切にするようになるでしょう。このように、一人の人の優しさで、二人の心を和らげ、二人は

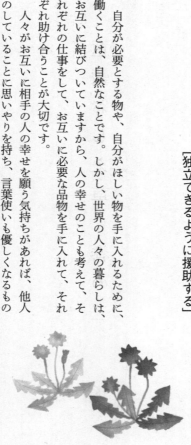

三人になり、三人は十人にも広がり、そして、やがてすべての人々が幸福になるでしょう。もし、そうでなくて、人々がお互いの幸せを願う心がなかったとしたら、人間の世界は、苦情や不平が絶えず、幸福だと思う人は、一人もいなくなるでしょう。

人生には、いろいろな悪いことや災難があり、どんなに気をつけていても、これを逃れる保証はないものです。病気に罹《かか》ることもあり、怪我《けが》をすることもあり、大丈夫だと思った計画も失敗することがあります。今日、財産があったとしても、明日には貧しくなるかもしれません。ですから、このような悪いことや災難に出遭《あ》う人がいたら、力を貸して助け合わなければなりません。

このように人を助けると、その助けられた人が、災難を逃れられるだけでなく、助けた人もまた幸福な気持ちになります。世の中の人々を助けてその苦しみを軽くしてあげることほど、自分の心にも快《こころよ》いことはないからです。

人の生まれつきも同じではありません。心身の強い人もいれば、弱い人もいます。生き方に迷う人もあれば、迷わない人もいます。

また、父母の財産を受け継いで教育を受けた人、家に財産がなく教育を受けられない人もいます。これは人々の幸、不幸です。この幸、不幸は、ただ個人の身の上にあるばかりでなく、世界の国々においても同じなのです。文明の進んでいる国もあり、教育が遅れていて、物事を知らない国もあります。ですから、人間は、人と人との交わりでも国と国との交際でも、お互いに相手のことを思って助け合うことです。強い人は弱い人を助け、善い人は悪い人の心を改め、大は小を助け、お金のある人は、貧しい人を助け、進んだ国の人は、遅れている国の教育を助けて、その知識や文明を導くことです。

天は人間をつくる時に、仁（優しさ）の心を授けました。人に思いやりの心があるのは、お互いの不幸を助けるためなのです。昔の本に、「隣の人と仲良くし、貧しい人を助け、未亡人を訪れ、孤児を見舞い、お互いによいことを進めてお互いに教え合う」とあるのは、このことを説いているのです。

このように人の不幸を助けることは、とてもよいことです。しかし、もっと大切なことは、これを助ける時、どのようにするのがよいかを考えることです。たとえば一時的に、人に物を与えることによって、その人が働かないで、怠ける悪い心を助長することになったりすれば、これはかえって物を与えないほうがいいのです。自分が与えた物は、本当に人の苦しみを助け、その人のために良くて、害悪が少ないことなのか、その点をよく考えて行うことです。害悪が少ないように人を助けるには、みだりにその人へ物を与えるより、その人が自分から一人立ちができるようなお世話をすることがよい方法なのです。

また、人に物をあげることについては、自分の立場を考えて、自分の力でできるかどうか、よく考えて決めることです。たとえば人を助けるために物をあげても、その人が他の人に借りた物を返さないということがあってはいけません。自分が持っていない物を人にあげたり、自分の借金を払わないで人に物をあげる人は、決して思いやりのある人とは言えません。かえって盗人と言ってよいのです。

（イ）ジョン・ハワードの収容所《しゅうようじょ》の改革《かいかく》

［一人の思いやりの心が多くの人に役立つ］

ジョン・ハワードは、イギリスの紳士《しんし》です。ハワードは一生の間、人の苦しみを助けるために力をつくしたことで有名な人です。

ハワードは、若い頃、仲間と共に船に乗り、ポルトガルの都リスボンへ向かう海上で、敵のフランス人に生け捕られました。そして、仲間の者と一緒にフランスのブレストの牢《ろう》屋《や》に送られました。その牢屋では、夜は、布団もなく、敷いてある石の上に寝て、食べ物もほとんどなく、飢えと寒さのために死にそうでした。

ハワードは生まれて初めて、このような苦しみに遭《あ》いました。そして、友達の苦しむ様子を見て、あることを決心しました。それは、刑を終えてイギリスに帰国後、政府に捕虜《ほりょ》の待遇《たいぐう》を訴えていろいろと手を尽くすことでした。それで、イギリスの政府は、フランスの政府に捕虜の待遇について抗議しました。そして、ついにフランス政府と今後はたとえ敵の国の人でも、「生け捕った人を丁寧に取り扱うこと」という約束をとり決めました。

その後、数年間、ハワードは故郷のカーディントンというところに住みました。その近辺の広い土地に何軒も小屋を建てて、困っている人を住まわせ、毎日世話をしました。また、学校を設けて、困っている人の子どもへ、読み書きを教えたりして、自分の財産の半分以上を人のために使いました。自分の暮らしは、質素倹約を第一としました。

この時代には、イギリスの方々にある牢屋の状態が悪くて、入牢する者は、衣食に不自由なことはもちろん、牢屋で病に罹《かか》る者も多くいました。その気の毒な様子は、見ていられません。もともと牢屋は、悪い行いをやめさせるためにあるものなのに、これではかえって、世の中に不幸な場所を増したようなものです。

ハワードは、前からこのことを悲しみ、何とかして困っている人を救おうと考えていました。そして、一七七三年頃から努力をはじめて、ついに故郷の近くにある牢屋だけは、その決まりを改革することができました。それから、また、もっと遠くの牢屋にまで手を広げて、イギリス中の方々に出かけて、牢屋を見て、牢屋内の状態を詳しく調べました。そして、担当の身分の高い役人に説明して、ついに国会の議題となり、政府は新しく二つの法律を定めました。その一は、罪を許された人が出す手数料を減らすこと、その二は、牢内の罪人へ衛生と健康の手当てをすることです。

ハワードは、このようにイギリスで立派な業績をあげましたから、今度は、ほかの国の牢屋もよくしようと考え、一七七五年にイギリスを出発して、ヨーロッパの各国をめぐり、活動しました。そして、十七年後に旅先で病死しました。

この旅行の間には、各国の牢屋を尋ねて、その様子を調べ、それぞれの政府に説明し、これを改革しようとしていろいろと努力しました。旅行中には、倹約を守り、財産に余裕があれば、残らずこのお金で人の苦しみを救い、あるいは本を書いて、牢屋の決まりはこう改めることがいいだろうなどと、自分の考えを世の人々に知らせるなどして、少しの時間も無駄にしませんでした。

世界の国々の人もその本を読んだり、その説明を聞いたりして、ハワードの思いが並大抵のものではないことを知り、みな感心しました。いろいろなところで、このハワードの考えに従い、牢屋の改革をしたところは大変多い数になりました。一七七五年から一七八四年まで、ハワードがヨーロッパ州のあちこちを訪れたその道のりを合計すると、イギリスの里数で四万二千マイル（一マイルは約一・六キロメートル）より多いといいます。この地球を二回りする程の道のりです。この遠路を旅行したのは、なぜでしょうか。それは、ただ罪人の苦しみを救おうとしてしたことだったのです。

また、この時代には、地中海の海岸に熱病が流行して、その伝染がひどく、海岸の港では、どこでも病院のような施設を建てていました。熱病の流行する地方から来る船があれば、その乗組員を上陸させ、この病院に入院させました。そして、一歩も外へ出さず、その病気を防ぐ決まりを作りました。しかし、その病院は牢屋にも劣るほど環境が悪く、この病院のために、かえって病気をひどくするという噂《うわさ》が流れました。ハワードは、自らこれを調べようとして、一七八五年に一人で地中海の地方へ行きました。この時に家来を連れて行かなかったのは、万一家来が熱病に伝染するといけないので、自分一人で行ったのだということです。

出発後、まずフランスの南からイタリアを通り、マルタ島へ渡り、イズミール（スミルナ）を経てトルコの都コンスタンティノープル（イスタンブール）に至りました。この都から、またイズミールに帰り、ベニスの方へ行きました。イズミールからベニスへ渡る船中に海賊《かいぞく》に出会ったことがありました。この時もハワードは勇気を奮《ふる》って海賊を追い払ったということです。さて、ベニスに着いてみると、方々の病院で熱病の流行はすごかったのですが、ハワードはこれを恐れもせず、四十日間も病院に泊まって、一人一人詳しくその様子を見分けて、ひたすら病人を救う手当てをしました。

世間の人もハワードのすることを見聞して、みなその優しさに心を打たれました。帰路にオーストリアの都ウィーンを通行する時、その国の皇帝がハワードを招待してその勇気と優しさを称《たた》えました。そして、ハワードの石像を、都の賑《にぎ》やかな地に建てたいと言いましたが、ハワードは固く辞退して、これを受けなかったと言います。一七八九年の夏に、ハワードはまた、各国をめぐり歩くことを思い立ち、ドイツを経て、ロシアの都ペテルブルグやモスクワに行きました。ロシア中の牢屋でも病院でも、ハワードが来るというので、門を開けてこれを迎えています。黒海地方のチャーソンというところに着いて、しばらく滞在していますと、この地方に恐ろしい熱病が流行して、伝染する人がたくさんいました。

ある婦人は、この流行病にかかって、たまたまハワードがこの地に滞在していることを聞きましたから、どうか診ていただきたいと頼みました。ハワードは、人の病気を救うのが仕事ですから、すぐにこれを引き受けて、病人のところに行って手当ての指図をしましたが、ハワード自身もとうとうその病気に感染して命を落としました。

その遺体《いたい》はチャーソンの近くに葬《ほうむ》られ、数年後にロシアの皇帝アレクサンドルは、ハワードの冥福《めいふく》を祈って石碑《せきひ》を建てて、後の世までその徳を示したそうです。

（ロ）騎兵隊長《きへいたいちょう》フィリップ・シドニの心

[一杯の水をさしだす心]

フィリップ・シドニは、イギリスの将軍で詩歌にもすぐれ、文武兼備《ぶんぶけんび》の人物でした。一五八六年、イギリスの軍が、オランダを助けてスペインと戦いました。シドニは騎兵隊の隊長となって出兵し、敵の鉄砲に当たって二度馬を失い、またほかの馬に乗り換えようとする時、自分の股《また》を打ち抜かれて出血がひどく、気絶して隊に送られました。

　戦場で傷を受けた時は、必ず咽《のど》が渇《かわ》いて水を欲しがる者が多いのですが、混雑している時なので水はなかなか手に入りません。シドニもこの傷を受けて咽が渇くようなので、わずかばかりの水を汲《く》んできて、シドニに与える人がいました。シドニが喜んでこれを飲もうとする時、その場に傷を受けた一人の兵士が、人に助けられて通りかかりました。その時、兵士はシドニの手に持っている茶わんの水をうらやましそうに睨《にら》んで通り過ぎようとしました。それに気づいたシドニは自分の水を飲まないで、その兵士に与えて言いました。

「お前の咽の渇きは私よりもっと激しいようだ」

　シドニは、この傷によってついに亡くなりました。三十三歳でした。ただの一杯の水を兵士に恵んだことにより、その名前は、今日に伝わっています。これから後も、人々が人助けの噂をすることがあれば、シドニの名前を忘れる人はいないでしょう。

（ハ）市長ジョージ・ドラモンドの親切

［老婦人の独立のために］

一七〇〇年代の中頃、イギリスの都市エジンバラの市長を務めたジョージ・ドラモンドは、優しい人として有名になりました。ある日、この市長が西門という町外れを通って市内に帰る途中、汚い小屋から葬式《そうしき》の棺《ひつぎ》が出てきて、墓所《ぼしょ》のほうへ行くのに出会いました。その様子を見ると、棺のお供は、一人もなく、乞食《こじき》のような老人がただ四人で、棺の前後の二本の棒を担いでいるだけです。市長はつくづくこの様子を眺めて、これはきっと乞食の棺だろうと思い、棺を担う老人のところへ行き、

「この棺は誰か知らないが、親しい人もなかったのか、棺を見送る人もいない様子だから、自分がその見送りの役を務めよう」

と言って、老人に代わって棺の前の棒を担い、墓所の方へ行こうとすると、二人の人に出会いました。この二人は、前から市長と親しい人ですから、この様子を見てとても驚きました。そのわけを聞きますと、

「乞食の棺に見送りの者がいないので、自分で進んで送葬の役を務めているのです」

と言いますから、二人とも心を動かし、

「それならば自分たちもお供しましょう」

と言って、これに加わりました。さらに進んで行きますと、そのまた途中でも人に会い、そのわけを聞いて、また見送りの列に加わる者も多く、墓所に着いた頃には、見送りの人々はかなり多くなり、しかもどの人も市内の偉い人でした。墓所のそばに来て市長はこ

う言いました。

「私は進んで葬式の施主《せしゅ》となり、この仏の頭の方を持ち、穴に下ろします」

そして、自分の手で棺を下ろし、埋葬《まいそう》の儀式は終わりました。それから、初めに棺を担っていた老人たちに、この死人の身内の様子を尋ねると、とても困っている老婦人が一人いるとの答えです。市長はその場にいる人々に向かい、

「我々が、今日この場に集まってこの葬礼を見送ったのは、実に不思議な縁です。それで、今また、生き残っている未亡人へも、親切をしなければなりません。一緒にほんのわずかな物を差し上げてはいかがでしょう。もし、そうしてくださるならば、私がよいようにお世話いたします」

と言いましたから、みなこの意見に賛成しました。そして、それぞれの気持ちに従ってお金を出し、これを集めて未亡人に届けました。その後にも、市長は、その婦人へ相応《ふさわ》しい仕事も世話し、婦人が世間の人々の世話にならないで、自分の力で生活することができるようにしてあげたといいます。

（二）ポーランドの将軍コシューシコの馬

［飼い主の心のわかる馬］

コシューシコは、ポーランドの将軍で思いやりのある人です。
ある時、仲のよい僧侶《そうりょ》へ、よいお酒を贈《おく》ろうとしました。これを酒飲みの家来に持たせると、途中で何をするかわかりませんから、ゼルテゥナーという少年に、この贈り物を届けるように頼みました。そのうえ、遠方のことなので、自分がふだんから乗っている馬を貸しました。

　そうして、少年がこの用を済ませて、家に帰って主人に、

「今後、ご主人の馬を貸してくださる時は、主人の財布も一緒に貸してください。そうでなければこの馬には乗れません」

と言いました。主人は、その意味がわからず、

「それは、なぜか？」

と聞きました。少年は、

「この馬に乗って走っている途中に、乞食《こじき》が被《かぶ》りものをとって、何かください！　と求めることがありました。その度ごとに馬は止まって、その場所を動きません。何かほんの少しでも物を乞食に与えるまでは、どうしても馬は一歩も前に進みません。今日は、たまたまお金を持っていなくてとても困り、仕方なく乞食へ何か物を与える真似をして、馬を騙《だま》してようやくその場を通り抜けたのです」

と言いました。

（ホ）ローマの皇帝ティトゥスの一日

［人のために尽くす楽しみ］

ローマの皇帝ティトゥスは、人々に優しく声をかけるほかは、楽しみのない人です。ある夜、その日一日のことを思い出して、今日は人々のために何のよいこともしなかったし、何かを与えてやることもしなかったことに気がつき、そばにいた家来へ、

「私は、今日一日を無駄《むだ》にした」

と言いました。

（へ）日々つとめること

［人が親切にしてくれない理由］

人がもし君に親切でないことがあるとすれば、それは、相手の人が悪いのではなく君に原因があるのです。君が親切にすれば、相手の人も君に親切にするはずです。

仕事の役目がら、もし、人の気持ちに添《そ》わないことをしてしまうことがあったとしても、君が親切であって君に私欲がなく、人の幸福を進めるために、君自身のことは考えないようであれば、友達がいないことで悩むことはありません。人が君に親しまないのは、君の不幸ではなくて君の罪なのです。友達ができるのは、君の格好がよいからではありませんし、家に財産があるからでもありません。世の人に交わって人々から愛され、いい人だという評価を受けるからです。そのためには君の心の中に、人に親切する気持ちを育てなければならないのです。

〈解説〉第十四章　思いやりのある心（原文「仁の事」）

人と人、国と国の交際における心の持ち方や、その援助のあり方について書いてあります。『童蒙をしへ草』の原文に、「人と人との間柄に於ても、國と國との交際に於ても、相互に其爲を思ふて相互に助けざる可らず。卽ち強き者は弱き者を助け、善き者は惡き者の心を改めしめ、大は小を扶け、富は貧を救ひ、文明開化の者は蠻野の文盲を導ひて其知識見聞を開かしむべきなり」[1]とあります。なるほど昔も今も世の中には、強弱、貧富、大小、善悪、千差万別の人がいて、また、世界の国々には、言語、習慣、風俗、人種、文化や経済や教育等の発展の遅速があり、多種多様なのですが、どの国もどの人も平和で文化的な生活を願っています。

この章のテーマは、人と人、国と国とがお互いに助けあって、例えば、発展途上国が先進国に援助をうけ、あるいは、生活苦の人が独立して文化的な生活ができるようになるためには、個々の人や国が仁の心（優しさ）をもって、お互いの不幸を救う心掛けが大切だということです。このことは誰もがよくわかる当然なことです。しかし、この章で注目したいのは、そこから具体的にどうするのか？　が述べられていることです。それは、その心の表し方、つまり、人または国を援助する時は、「人を救ふには慢《みだり》に其人へ物を與ふるより、當人をして自から身を立べき方便《テダテ》を得せしむる様世話すべきなり」[2]とあるのです。独立できるように援助することは、自立した生活を送る個人にとって、独立した国家を築く国としても、永く幸せを得るもとになると思います。

今、世の学校の風潮には、「いじめ、不登校、学校嫌い」などの問題が少なくありません。このような生徒の個々の問題をどのように解決して行くのか、ということが社会的な問題になっています。その解決には、この章にある、人の優しさが必要であると思います。自分から人に優しくすることによって相手の人も優しく接してくれるのです。求めてばかりいないで、自分から尽くす人になることが大切です。そうすれば友人ができます。友達ができれば、学校生活は楽しくなるはずです。その個々の子どもの自立を促す教育、この優しさの教育は、いまの日本の競争原理の社会では、ともすると見失われがちです。

小さい頃からの受験勉強による競争社会では、今の問題点が残されたままになるでしょう。もっと徹底した、個々のその人に優しいその人が自立できるための質の高い価値のある教育が考えられるべきだと思うのです。それには、一人一人の個性に合った、社会に出て独立をするための自立を促す教育、また、それぞれの国が交際を持ちながら自立して発展できるように援助する姿勢こそ大事だと思われます。

(1)　「童蒙をしへ草」巻三（『全集』三、二二八頁）
(2)　同右

第十五章　怒ったり、我慢《がまん》したりすること

[忍耐や我慢が必要なこと]

自分の考えを妨げるものがあれば怒《いか》りを覚え、自分の考えに合うものがあれば、思いやりや親切の気持ちが起きるのは人間の自然な感情です。

たとえば、人が正しいことをしているのを見ていると、自分の正義感が満足して、自然に親切な気持ちが湧《わ》いてきます。逆に人の正しくない行いを見ていると、自分の正義感がこれを許さず、自然に怒りたくなるものです。ですから、怒りも人間の天性になくてはならないもので、不正に対する心の働きなのです。誰かがもし、自分の大切にしている人や物を手荒く取り扱ったり、傷つけたり、失礼なことをすることがあって、その様子をそばで見ていて怒らなかったら、これを人情のある人と言えるでしょうか。このような無情の人は、取るに足りない人物なのです。

ですから、怒りも時によってはなくてはならないものなのです。この怒りを道理という

囲いの中に入れておき、怒りに任せて仕返しなどしないように固く謹《つつ》しまなければなりません。聖パウロは、

「人は怒るのは当然です。しかし、罪を犯してはいけません。あなたが怒っているその間に日を傾かせてはいけません」

と言っています。その意味は、人は、時によっては怒るのは当然だけれども、その怒る勢いで大きな罪を犯してはいけない。同時に怒りが過ぎ去ったら、速やかにこれを忘れなさい、という教えなのです。

怒り方は人の性質によって違います。無作法な田舎風の怒り方は、大声を出して罵《ののし》り、あるいは拳《こぶし》を上げて打つのが普通です。都会風の人の怒り方は、人を罵ったり打ったりすることはしませんが、やわらかではあっても皮肉な言葉で人を辱《はずかし》めたり、あるいは、相手の人へ手紙を出して争ったりなどします。この怒り方は、二つともよい仕方ではありません。どんなことがあっても人を馬鹿にしたり、悪口を言ったり叩《たた》き合ったり、そのようなことがあっては、よいことはできません。

ですから、怒りの良い表わし方は、よい時を見計らって、静かに落ち着いた言葉で、自分の思っていることを相手の人に言い、その人を正しい方へ立直らせる方法だけしかありません。

平和に世の中を生きようとするなら、悪く考え、恨《うら》み深い心を持つより、落ち着いて、

静かに忍耐《にんたい》の心を養うことです。この世の中は、自分の思いどおりにならないことが日夜に起こります。もし、その度にいちいちこれを憎み、これを怒るなら、その苦しみは大変なことです。

自分以外のすべてのことは、自分の苦しみの種となります。ですから、物事にこだわらず平常心を保って、悪いことや災難にあっても、静かに忍耐すること、その忍耐が人間の尊い徳なのです。

自分に害を加える者がいても、これを大目に見逃して、その罪を問わない人は、穏やかな徳のある証拠です。およそ人には、心得違いのない人はいません。世の中の人はみなそうです。それならば、人々がお互いにその罪を許さないことは不自然でしょう。恨みをもって恨みに仕返しをする時は、もとの悪事を倍に増やし、恨みを忘れてその罪を許す時は、もとの悪事をなかったことにすることができるのです。

これまで敵だった人を友人とするのも、この方法しかありません。自分から模範を示すと、人もまたこれを見習い、自然と優しい心が起きて怨《うら》みを解くことも難しくありません。人を大切にする社会の習慣が広く世の中に行き渡れば、地球の平和も、来ようというものなのです。

（イ）ギリシャの哲学者ソクラテスの忍耐

［「なんじ自身を知れ」ソクラテス］

紀元前四、五〇〇年の頃、ギリシャの国に哲学者がいました。名前をソクラテスと言います。性質は短気で怒ることも人より激しかったのですが、自ら努力して、自分の怒りを抑えることも、人より勝っていました。ソクラテスはいつも友達に頼んで、

「もし、私が怒りそうになったとしたら、すぐ教えて欲しい」

と言っていました。このように友達に頼んでいたある時、ソクラテスが持ち前の短気さで、怒りだそうとすることがありました。その時の様子を友達に聞くと、まず声が低くなり、その次に口を閉じて無言になるのがいつものことだそうです。

また別な時、召使の男に向かってひどく怒ったことがありました。自分でその怒りを鎮《しず》めて、

「自分が、今、腹を立てて（それを抑えようとして）いなかったら、お前を打っていたはずである」

と言いました。また、ある人が平手でソクラテスの頭の側面を強く打ったところ、ソクラテスは笑って、

「兜《かぶと》を被《かぶ》っていなかったのは、私の不幸だった」

と言いました。またある時、友達と一緒に市内を歩いていると、ある偉い人に会いました。ソクラテスはこの人に会釈《えしやく》したけれども、相手の人は見向きもせず通り過ぎました。一緒にいた友達は、この様子を見てソクラテスに言いました。

「あの男の不作法さは、驚《おどろ》くべきことだ、近くで見ていても怒らないではいられない」

　ソクラテスは静かにこれに答えて、

「決してそうではない。君がもし途中で君よりも身体の不自由な人に出会うことがあっても、その歩く身振りなどが可笑《おか》しいと言って、これを怒るわけがないだろう。だから、今、人に無礼をするのは、心の不自由な者なのだから、これを怒るわけがない」

　ソクラテスは、外に出て人に交わらなくても、自分の家で十分に忍耐《にんたい》の練習をする理由がありました。その理由とはソクラテスの妻のクサンティッペが、生まれつき喧《やかま》しく、気短かで、気性の激しい夫人だったからです。本当に古今無類《ここんむるい》の身勝手な頑固者です。不道徳な夫人です。主人に対して失礼で、礼儀知らずなのです。

　ある日、夫人が、大変に怒って、道路でソクラテスにつかみかかり、その上着を引き裂きました。ソクラテスの友達がこれを見て、

「とても許せない行いだ。夫人を打ったらどうだ」

と言いますと、ソクラテスは答えて、

「なるほど、それはおもしろい芝居になるでしょう。妻と私とが互いに打ち合うところを、君は見物しながら『よくやった、ソクラテス、うまく打った、クサンティッペ』と言って、そばで囃《はや》したてたら、とてもおもしろい慰《なぐさ》みでしょう」

と言って、少しもこれに取り合いません。またある時は、夫人の怒りが甚《はなは》だしいので、ソクラテスは静かに部屋から出て、戸の外に立っていましたが、その様子を見ても夫人はまだ怒りを鎮めることができず、二階の梯子《はしご》をかけ上がり、雑巾桶《ぞうきんおけ》を逆さまにして、汚れた水を主人の頭にかけました。

それでもソクラテスは、驚く様子もなく笑って、

「こんなに激しい雷鳴《らいめい》ならば、夕立雨も降るはずだ」

と言いました。

(ロ)気だてのよい人の話

[怒ることがない人のこと]

ある人が、ジュネーヴの学者アボーレットは、生まれつき穏やかな人だと言いました。

アボーレットの家に三十年働いていた女の人がいましたが、ただの一度も主人が短気を起

こしたのを見たことがありません。ある人が、試しにこの先生を怒らせてみたいと思い、お手伝いの女の人へ、

「何とかして主人を怒らせる工夫をしたら、そのお礼としてお金をあげよう」

と約束しましたから、お手伝いさんは承知して、主人が床《とこ》をいつもきちんと敷《し》くことを好むので、これこそよい工夫の種だと思い、その晩に限って床をそのままにしておきました。

翌朝になって、そんなこととは知らない主人は、ただ、

「前夜の床は、いつものようではなかった」

とお手伝いさんに言いました。お手伝いさんは、わざと驚《おどろ》く様子もなく、

「忘れてしまいました」

と言うだけで、特にお詫《わ》びもしません。その晩も床を敷かず、翌朝起きて、また、主人は同じことを言いました。

お手伝いさんは、何か言いわけをしてお詫びもせず、ますますよそよそしい様子です。三日目の晩も同じでした。翌朝主人はお手伝いさんを呼び、

「お前は、前夜も私の床を敷かなかったが、私が考えるのには、お前には何か深く思い悩んでいることがあって、床を敷くことが面倒《めんどう》になったのだろう。それならば、また、それでもよろしい。私もまた、お前が床を敷かなくとも、だんだんそれに慣れるだろう」

と言いますから、お手伝いさんは恐れ入って、主人の前に手をついて、最初からのいきさ

つを説明したと言います。

（ハ）我慢《がまん》でまとまった家族

［大家族で過ごすためには］

昔からの言い伝えです。

昔、中国の天子《てんし》が、地方の国を巡視《じゅんし》する時、ふとある家に入って見ると、主人が一人いて、妻、妾《めかけ》、子ども、嫁《よめ》、孫、召使《めしつかい》の男女等、大勢《おおぜい》の家族が家の中にいました。とても仲よく、睦《むつま》じく、静かな暮らしぶりです。天子はこの様子を見て、大いに感動して、その家の主人に、

「こんなに大勢の家族を治めて、このように穏やかに暮らせるのには、何かよい方法があるのだろう。それを教えてほしい」

と言いました。主人は何も答えることなく、ただ、手に筆を執《と》って、「我慢、我慢、我慢」と書き、これを天子に示したといいます。

（二）恨《うら》みを忘れてその罪を許した人

〔仕返しをしなかった人〕

大昔、イタリアのファエンザというところに一人の男がいました。ある人にひどく恨みをいだき、何とかしてこの恨みを晴らそうと思いました。この男は力が強いものですから、ある日、道で待《ま》ち伏《ぶ》せして相手の人をひどく打ち、ついに眼を悪くさせてしまいました。それから、相手の男は盲人となって、人並みの生活もできないので、修道院《しゅうどういん》に入って、自分にできるだけの仕事をして、いつも人に親切にしました。

このように月日を送って、数年がたちました。彼の目を悪くさせた悪人は、大病に罹《かか》って、治療のためちょうど同じ修道院に入ることになりました。悪人は心の中で大いに恐れました。今この修道院に入れば、先年、自分が目を悪くさせてしまった盲人が、今度こそその仕返しとして、自分の目を悪くすることは間違いないだろうと、とても心配したのです。

ところが、この盲人は、修道院の上役に願い、今度入院した病人の看病を引き受けたいと、まるで自分のことのように、しきりに懇願《こんがん》してその許可をもらいました。看病人と決まってからは、病人にかかりっきりとなり、昼も夜も病人のそばを離れず、苦痛を慰《なぐさ》め、病気が治ることを祈り、行き届いた介抱《かいほう》をして、ついに大病も全快したと言います。「ああ！　数年前に私が手にかけて目を悪くさせたその人は、今日、自分の病を救ってくれた命の恩人となった」人を傷つけた悪人の心は、どのようにこれを感じたでしょう。その心の中を察することは、とても簡単なことです。

（ホ）海賊《かいぞく》とラーティング

［信念の強い生き方］

プロテスタントの宗派の中に「クェーカー派」があります。この宗派の人は、戦争することがなく、もし、他人に害を加えられることがあっても、決してこれに逆らわないのを宗派の趣旨《しゅし》としています。

　イギリス王チャールズ二世の時、このクェーカー派の一人が、ロンドンとベニスの間を航海するイギリスの商船の船長を務めていました。その助手にトーマス・ラーティングという人がいました。同じ宗派の人です。このほかに乗組員の水夫が四人いましたが、みなこの宗派の人ではありませんでした。ある時、この商船がベニスからイギリスへ帰る海上で、トルコの海賊にとり押さえられ、十人の海賊が船中に乗り込んできました。そして、そのまま船を奪《うば》い取り、アフリカへ船を向けました。アフリカへ行って、生《い》け捕《ど》りにしたイギリス人を売って、金を得ようとする考えなのです。

翌日の夜、海賊の頭《かしら》は、手下の者とともに船の下のほうで眠っていました。その時、激しく雨が降りだしたのを幸いに、ラーティングは、海賊の手下どもに、

「船室に入って雨を避《さ》けなさい」

と言いましたから、そのすすめに従って、みな、何気なくそれぞれの部屋に入って眠りにつきました。ラーティングはこの様子を見て、ちょうどよい時だと思い、一人で海賊の武器を残らず集めてこれを隠して、乗組員たちに、

「もはやこの海賊たちは、私たちがどのようにでもすることができるけれども、この者たちを苦しめることなく、船の下にとじこめておいて、早くマジョルカまで行こう。」

と言い、乗組員たちもこれに賛成しました。このマジョルカとは、地中海の島で、スペインの領分ですから、まず、この島に行って、それからすぐにイギリスへ帰ろうという考えなのです。

翌朝、一人の海賊が部屋から出て、甲板《かんぱん》に上がってみると、自分たちのものと思っていた船は、再びイギリス人の手に渡っていました。そして、船がもうマジョルカの近くに来ているのを見て、とても驚《おどろ》きました。慌《あわ》てて甲板から下りて、事態を仲間に告げると、海賊どものうろたえようは大変なもので、みな、鬼の目に涙を流して、

「どうか私たちをスペイン人へ売り渡さないでください」

と必死で頼みますから、船長や助手のラーティングもこれを聞き入れ、

「マジョルカへ停泊《ていはく》している間は、お前たちを隠しておき、その命を助けるのはもちろん、売り飛ばすことなどはしない」

と、約束しました。海賊たちも、今まで考えていたイギリス人とは違ったやり方だと、深くその思いやりに感謝したということです。

マジョルカの港に碇泊《ていはく》している時、別のイギリス船の船長がこの船に来ました。船長と助手は同国人なので、今度のことを話して、

「生け捕ったトルコの海賊は売らず、できればアフリカの海岸から上陸させるつもりだ」

と、話すとこれを聞いた別のイギリス船の船長は大笑いをして、

「心が広いことも事と次第によります。このような極悪人の盗賊《とうぞく》を、どうして許すのですか。今この者らの身を売れば、大金になるでしょう」

と話しましたが、

「私たちは、たとえこのマジョルカ一島すべての土地をもらっても、盗賊を売ることはありません」

と答えました。この話は、最初から秘密にしておくつもりでいたのですが、そのイギリス船の船長は陸に帰って、そのことを世間に話してしまいました。ですから、島にいるスペ

インの人々は、相談してその船に隠されているトルコの海賊を取り押さえることに決めました。

船長とラーティングの二人は、この噂を知ったので、すぐに船を出発させました。盗賊たちにも船の手伝いを言いつけて、辛《かろ》うじて追手《おって》を逃れ、九日間、地中海をあちこちと乗り回して、盗賊たちを放す場所を探しましたが、よいところはありません。

ただ、キリスト教の地へは上陸させないつもりでした。方々を回っている間に、盗賊たちは再び船を奪《うば》い取ろうとしましたが、二人は怒ることもなく穏やかにこれをとり鎮《しず》めました。

乗組員のイギリス人たちは、船長と助手のやり方を見ていて、よいとは思わず、

「盗賊を助けるためにわれわれの命が危険である」

などと、頻《しき》りに不平を言いました。そのうえ、

「海上を行ったり来たりする間に、また別の海賊に遭《あ》うかもしれない。その心配は大変なものである」

と言われても、二人は別に恐れることもなく、

「何があっても人の身を売ったり、血を流すなどの行いはしてはいけない」

と言って、心を決めていました。

ようやく、アフリカの北海岸のバーバリーの近くに来て、この盗賊を上陸させることに

なりましたが、ここにまた心配が起こりました。それは海賊に小船を貸して上陸させれば、上陸して武器を集めて、もう一度、本船を襲《おそ》ってくる恐れがあります。また、乗組員の水夫を小船に乗せて盗賊たちを陸地まで送り届ければ、途中で水夫に襲いかかったり、海へ投げたりする恐れがあります。また、盗賊を二つに分けて一組ずつ送り届けると、先に上陸した者が、土地の人を誘って、二度目に着いた小船を襲って、水夫を捕《と》らえる恐れがあります。

どうしようかと相談していると、助手のラーティングが言いました。

「水夫二人と子ども一人を連れて、私が小船に乗って盗賊をすべて一度に上陸させましょう」

そして、船長もこれに賛成して、途中異変もなく上陸させることができました。盗賊たちは上陸してから、頻りにイギリス人にお礼を言い、近くの村に案内してもてなそうとしましたが、ラーティングは用心して、すぐに本船に帰りました。

それからは、何事もなく速《すみ》やかにイギリスに帰りました。本国では、この船の入港前に、あの海賊を捕らえたという知らせがあり、「クェーカー派の人々は忍耐強い」という評判が高く、船が着いた時には、国王を始め貴族の人々がグリニッジの港へ行き、今度のことを行った中心人物に面会しようとして船に来ました。しかし国王は、マジョルカでイギリスの船長の言ったことの肩を持ち、海賊を許したことを快く思わず、ラーティングに向か

って、

「お前はあのトルコの海賊を捕らえて、私のもとに連れて来ることが本当である」

と言いました。ラーティングは、何事も言わず、ただ静かに答えて、

「私の考えでは、あの者たちのためを考えれば、やはり、本国にいることこそよろしいのです」

と言いました。

（へ）ウベルトの我《が》慢《まん》

［ウベルトの大きな心］

イタリアの地中海の近くに、ジェノアという国がありました。昔は商売繁盛《しょうばいはんじょう》の場所で、ここを支配する者は国の貴族でしたが、世の中の変化とともに、貴族の力もだんだんと衰《おとろ》えて、土地を支配する権力は市民のものとなりました。町人の中から人物を選んで役人として、政治を行う法律を決めました。この役人の中にウベルトという者がいて、政府の上に立って、もっぱら国の政治を引き受けて、統領《とうりょう》の役をしていました。もとは貧しい家に生まれたのですが、才能がありよく働きますので、ついに町人でありながら大家《たいか》となった

人物です。

それから、年月が経つうちに、国中の貴族たちは、また、力を貯《たくわ》えて、前に決めた市民による政府を倒して、古い政府の権威を取り返しました。その後、さらに権力を争う者を防ごうとして、勢いにのって、ウベルトをも反逆者として、捕《と》らえました。

貴族たちは、ウベルトの家を取り潰《つぶ》しにして、ジェノアの地から追放するのであれば、とても寛大な処置であろうと考えて当人を呼び出しました。

この時の、裁判所の役人は、アドーノという貴族の一人でした。この人にはもともと寛大な心はあるのですが、身分が高いことにおごって、そのうえ、戦争が収まったすぐ後なので、気持ちも荒々しくなっていて、ウベルトに向かって、無礼な言葉で罪を言い渡しました。その文句は、

「お前は賤《いや》しい職人の子なのに、ジェノアの貴族を踏《ふ》みつけにした。その罪は重い。貴族のお情けで、もともと無一物であったお前を、また、無一物に返すというだけのことだ」

というものでした。この判決を聞いて、ウベルトは、腰を屈《かが》めて礼をしましたが、アドーノに向かって、ひとこと言いました。

「君は、そのように言うけれども、いつか、今君が言ったこの言葉を、きっと後悔《こうかい》する時がくるだろう」

と言いました。それから、ウベルトは船に乗ってナポリに渡りました。そこには、前にお

金を貸した町人がいるので、そのお金を返してもらい、これをもとにして、ベニス領の島に行き、商売をして働きました。そして、再び一家は、お金持ちとなりました。

この時、アフリカのチュニスの国は、ベニスとは仲がよいけれども、他の国とは、いつも敵対していました。とくにジェノアの国とは最も仲が悪かったのです。チュニスの人は、マホメット（イスラム）教なので、戦争でキリスト教の人を捕らえると、これを奴隷《どれい》として使う習慣でした。

ある時、ウベルトは商売のためイタリアの諸国をまわり、チュニスに行きました。そして、ある貴人の別荘を見物していると、キリスト教徒と思われる奴隷が一人、鉄の足かせに繋《つな》がれて働いていました。

この少年は、骨格もあまり逞《たくま》しくなく、与えられた仕事は無理なようでした。ちょうど、鍬《くわ》にもたれて溜息《ためいき》をついていて、涙は目に溢《あふ》れるばかりでした。ウベルトはこの様子を見て驚《おどろ》き、言葉をかけてみました。すると少年の言葉は、思いがけないことに懐《なつ》かしい故郷の言葉でした。ですから、ウベルトは、大変心を動かされました。

少年は思いがけず耳に慣れた故郷の語音を聞いて、懐かしく感じました。人の誰もいない谷間で、人間の足音を聞くだけでも嬉《うれ》しい程の身の上のこの少年は、自分の身の上の大《たい》略《りゃく》を話しました。すると思いがけないことに、その子はジェノアの役人のアドーノの子でした。ウベルトはこのことを聞いて、飛び上がるほどの驚きでしたが、これを抑えて何事もなくその場を立ち去りました。

　こうして、ウベルトは、この少年を捕らえた海賊《かいぞく》の船頭を探して、いくらお金を払えば少年を許すのか話し合いました。船頭は答えて、

「この少年は、普通の者ではないので、身受けのお金はとても高額です」

と言いましたので、海賊が言うとおりのお金を渡しました。そして、身受けの約束を決めて、部下に命じて少年のために新しい衣服を調《ととの》えさせて、部下と二人で少年のところへ行き、身受けが決まったまでの話をして、ウベルトはその足かせを解《と》いて新しい衣服をあげました。

　少年はただ呆然《ぼうぜん》として、まるで夢をみているようで、苦しみから逃れてもなお信じることができませんでした。ウベルトの家に行き、手厚いもてなしを受けてから、初めて気分が落ち着いたほどでした。

　その後、ジェノアの方へ出帆《しゅっぱん》する船便があるので、ウベルトはこの船に頼んで少年を乗せて、本国までの必要なお金を与え、別れを告げて、

「君にはここにいて貰《もら》いたいのだが、君の気持ちを考えると、きっと両親を慕《した》っていることと思うから、私は強《し》いて引き止めません。このお金を旅の費用としなさい。そして、この手紙一通は、君のお父さんに届けてほしい。日が過ぎても、私は君を忘れることはありません。君もまた私を忘れないでください」

と言って、二人とも泣きながら別れました。

　ジェノアでアドーノ夫婦は、わが子の行方がわからないので、どうしようもなく、これはきっと船が転覆《てんぷく》して海に沈み、魚に食べられたのであろうと、朝夕、悲しんで忘れることもできないでいますと、ある時、門の戸を開けて家に入って来たのは、紛《まぎ》れもないわが子でした。夫婦はびっくり仰天《ぎょうてん》して、今日までの悲しみもたちまち消えて、喜びに顔も晴れて、二人でわが子を抱きしめて喜びました。しばらくは言葉にもなりませんでした。

　少したってから、ようやく少年は今までのことを話し出しました。船に乗っていたところを海賊に捕らえられ、ついに奴隷として売られたことを詳《くわ》しく話しました。アドーノはとても驚いて、

「その売られた身を、どうして身受けできたのか。それは誰のお蔭《かげ》なのか」

と尋《たず》ねましたから、少年はふところから一通の手紙を取り出して、

「詳しくはこれを読んでください」

と、父へ渡しました。これを開けると、その手紙には、

　前略

　私は、数にもならない賤しい職人の子です。先年、君に辱《はずかし》めをこうむった時、後日になって必ず後悔するだろうと言いましたが、今日、その言葉が当たっていたことが

わかりました。威勢《いせい》のよい貴族の君よ、よくよく思い知りなさい。かけがえのない君の子どもを奴隷の苦しみから救い出した者は、追放の身のウベルトです。

アドーノは思わずこの手紙を落として、両手で顔をおおい、言葉も出ませんでした。少年はそのわけを知りませんから、頻《しき》りにウベルトのことを誉めて、本当の親にも等しい恩人だと言って、その親切に深く感謝していました。アドーノは、この大恩《たいおん》に報《むく》いることは、大変難しいけれど、何とかして自分の志を表したいと、ジェノアの貴族を説得し、ウベルトの罪を許すために全力を尽くしました。そして年月が過ぎるうちに、貴族たちの怒りも和《やわ》らいで、アドーノの言うことに従って、ウベルトの追放の罪が許されることに決まりました。

アドーノは、早速このことをウベルトに手紙で知らせ、そのうえ、息子に対しての大恩に感謝し、その後の親睦《しんぼく》を深めたといいます。

ウベルトは再びイタリアのジェノアに帰り、国の人々に信頼されて、心よくその後を暮らしたといいます。

（ト）トービーおじさんとハエ

［生き物に対することで人柄がわかる］

　トービーおじさんは、ものを傷つけたりすることが好きではありません。といって勇気がないのではありません。また、鈍《どん》感《かん》で物事に頓着《とんちゃく》がないのでもありません。時には勇気を振るって仕事をし、少しもほかの人に後れることはありません。その性質は温和で、落ち着いています。過ぎることもなく及ばないこともありません。親切な人なのです。一匹のハエに対しても、心なくこれを苦しめたりする気持ちがありません。

　ある日、食事の時、一匹のハエが飛んできて、鼻の先にとまり、目の前を飛ぶので、食事の間その煩《わずら》わしさに耐えられません。ようやくハエを捕《と》らえると、立ち上がって、

「私は、お前を苦しめることはない」

と言って、そのハエを握《にぎ》りながら窓の方へ行き、

「私はお前の毛一本をも取ることはない」

と言って、窓を開けて、手に握っているハエを逃がして、
「可愛想《かわいそう》な奴だ、どこへでも行きなさい。この世界は広く、私とお前を入れてもまだまだ広すぎる。なんでお前を苦しめることがあるだろう」
と言いました。

〈解説〉第十五章　怒ったり、我慢したりすること

（原文「怒の心を程能くし物事に堪忍し人の罪を免す事」）

怒りの心と忍耐をどのように自分でコントロールすればよいのかについて書かれています。『童蒙をしへ草』の原文に、「人たる者は時の宜しきに由り怒るべしと雖ども、其怒に乗りて大悪無道を犯すべからず、且其怒るべきことの過去らば速かにこれを忘るべしとの教なり」[1]とあります。誰もが少なからず、怒りと忍耐の感情の関係で、怒りが強すぎたり、感情を押さえ過ぎたりして、生きているわけですが、この怒りと忍耐ということを、どう考えるかは大切なことだと思います。そして、この章を読み進めるうちに、具体的に人間の怒りについて、実によく書かれているということにまず驚くでしょう。さらに、それが確かであると共感できると思います。

その原文の一部を次に上げます。大事なことは怒る時、怒りにまかせて、「愚弄、惡口、打合などのことありては、其事柄の理非に拘らず、世の中によきことは出來ぬものなり。故に我怒を顯すべき眞の道筋は、よき時を見計ひ、靜にして動かざる言葉を以て我思のまゝを相手の人に述べ、其人をして正しき方へ立返らしめんとするの一法に在るのみ[2]」とあります。また、聖パウロ（キリストの弟子）は、「人、怒るべし、罪を犯す勿れ。汝の怒る其間に日を傾かしむる勿れ[3]」とあり、怒りは人間の不正に対する正常な感情ですから、肯定されるとしても、怒りが強すぎてはいけません。

怒りの激しさは、その人によっても違いますが、もって生まれた性格にもよるものでしょう。自分の感情を心得ておかないと大きな失敗（勢いのあまり相手に取り返しのつかないこと）や、怒り続けて一日が終わってしまうこともあります。自分の怒る気持ちをどのようにコントロールするか。この章では、一人一人がこのことを考えるのによいと思います。

小学生にもよく喧嘩《けんか》が起きます。自己中心性の強い低学年の頃は、考えが一方的で自分の主張を通し、他人を認めず、自分のことが通らないと怒ったり、打ったり、泣いたりするわけです（発達段階ではこれすら成長の証《あかし》でもあります）。そういう経験を繰り返しながら段々と相手のことを認めるように成長するのです。

では、その怒りの方向について、どのように指導したらよいのでしょう。そのためには、怒らないことを教えるだけでなく、その怒り方や、相手に怪我をさせないこと、怒った後すぐに忘れること（いつまでも恨みに思わない）、などを教える必要があります。年齢によって他人との関係で教えることも違ってきますが、怒りのことについては非常に大事な教えであると思います。

『福翁自伝』で、福澤は怒りのことについて次のように書いています。

「あるとき私が何か漢書を読むうちに、喜怒色にあらわさずという一句を読んで、そのとき、はっと思うて大いに自分で安心決定したことがある。『これはどうも金言だ』と思い、しじゅう忘れぬようにして、ひとりこの教えを守り、ソコデだれがなんといってほめてくれても、ただうわべにほどよく受けて心の中には決して喜ばぬ。またなんと軽べつされても決して怒らない。どんなことがあっても怒ったことはない。いわんや朋輩同志でけんかをしたということはただの一度もない。ツイゾ人とつかみあったの、打ったの打たれたのということはちょいともない。これは少年のときばかりでない。少年の持分から老年の今日に至るまで、私の手は怒りに乗じて人のからだに触れたことはない[4]」と、福澤は怒りの問題とこのように取り組みました。また、別なところに「身の行状を慎み品行を正しくするということは、努めずして自然にソレが私の体に備っていると言ってもよろしい[5]」とあるのです。

もって生まれた性質と、家庭のしつけによるものでしょう。

（1）「童蒙をしへ草」巻三（『全集』三、二三五頁）

(2) 同右
(3) 同右
(4) 『福翁自伝』慶應通信、一九—二〇頁
(5) 『福翁自伝』慶應通信、二五九頁

第十六章　穏《おだ》やかなこと

［人には親切にすること］

どんな時でも、何事でも、横柄《おうへい》に構《かま》えて、人を威圧《いあつ》してことをなそうとするよりも、自分の行いを穏やかにすると、かえって人から信頼されて、自分が望むところの目的を叶《かな》えることができるのです。

それは、力で人に物事をさせようとすれば、その人は心の中では納得《なっとく》しないで、かえってその力に敵対する気持ちを起こすからなのです。誰でも、

「これをしないと、お前が苦しむことになるぞ」

と言われれば、気持ちのよいはずがありません。このような言葉を聞いては、たとえその言いつけが正しい時でも、意地をはってこれに逆らおうとするのが、人の感情なのです。

もし、強《し》いてこれに従わせても、初めから心におもしろくない気持ちがあるので、そのことをする時にもいいかげんに行い、そのことを言いつけた人が気に入らないようなこと

をして、恨《うら》みを晴らそうとするものです。

これとは反対に、人にものを言いつけるのに優しく接する時は、その相手の人は怒ることもなく、逆らうこともなく、親しい気持ちで命令に従いますから、何事も思いのままにいくのです。

（イ）風と太陽と旅人と（寓言《ぐうげん》）

［イソップ物語の「北風と太陽」］

ある時、北風と太陽がそれぞれの力を誇り、どちらが強いかと言って口論が止《や》まないので、それでは、あの旅人に向かってそれぞれの力を試して、その旅人の上着を脱がせることのできた方が、力の強い者と決めようということになりました。

北風はしきりに吹いて、寒い風と雨を降らせ、その勢いは激しいものでしたが、旅人はなかなか上着を脱ぐ様子もなく、もっとしっかりと上着を身体にまといました。

すると今度は、厚い雨雲の間から、太陽が静かに現れて、空一面の寒気を追い払い、焼けつくような光で、風雨に困っていた旅人の頭を照らしました。すると、旅人は暑さに耐《た》えかねて、その重い上着を脱いで、森の木陰《こかげ》に行って休息したといいます。

（ロ）ジョーゼフ・ホルトと囚人《しゅうじん》

［ホルトの人柄と囚人］

イギリスには、悪いことをした者は、オーストラリアのニュー・サウス・ウェールズというところに連れて行き、鎖《くさり》に繋《つな》いで田畑を耕させる法律があります。賃金を与えることもなく、ただ食べ物を食べさせるだけで、その仕事を怠《おこた》ったり、不十分であれば背中をムチで打ち、その取り締《し》まりはとても厳しいものでした。

数年前、地主のコックスは、ジョーゼフ・ホルトを雇《やと》って、持っている田畑を耕す罪人の取り締まりを命じました。ホルトはよい性質の人で、思いやりがあります。これまでのやり方は、罪人を使うのに、ただ力で脅《おびや》かすだけだったけれど、ホルトはこの方法を改め、ほかによい工夫がないかと考えて、まず罪人の食べ物をよくして、毎日決められた仕事のほかに、もっと多く働く者へは特別にその働いただけの賃金を与える決まりを定めました。

それから、また、罪人の中に主人の物を盗む者がいれば、罪人たちを全員呼び集めて、「お前たちの中に誰か盗みをした者がいるのに間違いない。盗んだ者がはっきりするまでは、これまでのようにお前たちみんなに特別の褒美《ほうび》を与えることはできない。だから、泥棒の取り調べをするのも、つまりはお前たちのためなのだ。また、泥棒が見つかっても、私は、人をムチ打つことは好きではないから、お前たちのよいように罰《ばつ》してよろしい」と言いました。罪人もこれを聞いてみなホルトの言うことに無理がなく、人の取り扱いをよくしようとする心があることを知って、お互いに気をつけて、盗んだ者を捕《と》らえて、それぞれのやり方で、これをこらしめました。

　このようなやり方なので、この罪人たちの中には、物を盗んだり悪事をしたりする者がだんだん少なくなって、その後はムチ打ちをすることもなく、罪人たちは、朝夕、平和に日々を送ることができたといいます。

（ハ）君主アルフォンソのやさしさ

［シチリアとナポリの国王の人柄］

アルフォンソは、シチリア（一四一六―五八年）、ナポリ（一四四三―五八年）の両国の王として、また文化的な君主として、古典を愛し、図書館を立てたり、芸術家や学者を保護したことでも有名な人です。

アルフォンソは、近代イタリアで最も幸福な王といえるのです。それは、王の性質が穏《おだ》やかで、優しい心があるからなのです。最初にアラゴン（スペインの北東の旧国名）一国の王であった時にも、国民を愛し、国民を疑うことをしませんでした。いつも国中を旅行するのに、国の王らしくなく、お供も連れていないので、ある人は不用心だと言いましたが、王は、

「父が子どもに対するのに、何を恐れることがあるのか」

と言いました。その心は一国の人々をもって一家族として、王は自らその家の親のつもりなのです。

ある時、浜辺で水夫と兵士を乗せた軍船が、風波のために海に沈もうとするのを見て、これを助けようとして王は小船に飛び乗って、

「私はここにいてあの者たちの不幸を見ているより、むしろあそこに行って彼らとともにその不幸を受けようと思う」

と言ったそうです。また、ある時、国の貴族が謀反《むほん》を計画して、その名前を書いた証拠の手紙が王の手に入りましたが、王はこの書きつけを見ることもしないで細かく引き裂《さ》きました。

その心の寛大さは、人の罪をこのように許してしまうのです。王の言葉に、「善人は正しい道によってこれを守り、悪人は憐憫《れんびん》によって心服《しんぷく》させなければならない。」—というものがあります。その後、ナポリとシチリアの両国も王の領地となりそうでしたが、これを争う者が出て、ついに戦争となりました。

　この戦争でも、王の親切な人柄が軍勢の力と同じくらいの力を発揮しました。ガエータの城を取ったのも、兵力を用いたのではありません。相手の言行を受けいれる心の広さによって、これを降参《こうさん》させたのです。この城にこもっていた者は、アルフォンソに敵対して降参しないため、それでお城を囲う兵士は、食料の道を絶ってこれを苦しめました。お城の中の者は、一日でも食料を長くもたせようとして、老人や子どもや婦人を追い出しました。この時、味方の兵は城の外を囲んでいたので、追い出された老人や子どもや婦人を、また城の中に追い返して、早く食料を食い尽くさせることは、簡単なことでした。家来も頻《しき》りにこの方法を勧めました。しかし、アルフォンソは、その様子を想像すると耐《た》えられず、家来を説得して言いました。

「敵でも味方でも、同じ世界に生まれた人間だ。私は、百のガエータの城を取るより、同じ人間の幸せを祈る」

　そして陣中《じんちゅう》の道を開いて、この人たちを逃がしました。見ている人は、みなこのことを笑いました。君主は狂人になったなどと嘲《あざけ》りましたが、何日もたたないうちに、お城の中の者たちは、君主の寛大な心に感心して、降参しました。このように、アルフォンソの生き方は、ただ優しさだけではありません。戦争の時においても巧みな仕方なのです。

アルフォンソは、一四四二年にシチリアとナポリの国王になりました。そして、その位を二十六年間守り亡くなりました。この時代に、イタリア諸国の中で最も立派な君主で、歴史書には、寛仁大度《かんじんたいど》（心が広くて思いやりのあること）のアルフォンソ王として、格別に誉れのある名前が記されているのです。

〈解説〉第十六章　穏やかなこと（原文「柔和なる事」）

人に優しく接することが、いかに相手の心に通じるかそのよさについて書いてあります。『童蒙をしへ草』の原文に、「都ての物事に於て我行ひをするどくし我身を押柄に構へ人を威《おど》して事を成さんとするよりも、身の行ひを柔和にするときは、却て我に面目を得て我望む所の趣意を達すること易かるべし[1]」とあります。このことは、子ども用に書かれた「ひゞのをしへ」にも、「こどもは、にうわにして、ひとにかあひがられるやうに、ありたきものなり。せけんのひとにまじはるに、おとなしくするは、もちろんのこと、じぶんのうちにて、めしつかひのおとこおんなに、ものをいひつけるにも、けんぺいづくに、ことばをもちゆべからず。たとへばみづをのみたきときも、おんなどもへ、みづをもてこいといふよりも、みづをもてきておくれといへば、そのおんなはこゝろよくして、はやくみづをもてくるものなり。なにごとによらず、すべてこのこゝろへにて、なるたけおほふにかまへざるやう、こゝろをもちゆべし[2]」とあります。

　この文は、明らかに『童蒙をしへ草』のこの章のものです。つまり、人の心というものは、威圧をもってするよりは、柔和な心をもって接することのほうが、人を大切にすることであるし、相手の人の気持ちも素直になれるというものです。子どもの頃からの他人への尊重の精神を持つことの大切さは、言葉遣いにまずあると思いますが、特に「からいばりの群に入るべからず[3]」の福澤の考えからすれば当然のことといえましょう。言葉はその奥にある気持ちと結びつきますから、小学生も両親や先生からもそのように接しられることや、教え方で身につくものでしょう。そこで、子どもたちも強く言われなければ何事もできない、気がつかないというのでは困るわけです。進んで物事をする気持ちが大切なのです。

(1)「童蒙をしへ草」巻三（『全集』三、二四六頁）
(2)「ひゞのをしへ」初編（『全集』二十、七二頁）
(3)『福翁自伝』慶應通信、二七五頁

第十七章　自分の物と他人の物

〔他人の物をとってはいけない〕

人は誰でも、何か大切な物を持っていて、それを自分のために使おうとします。たとえば、子どもは玩具《おもちゃ》や本、あるいは小遣いのお金を持つこともあります。大人はお金もあり家もあり、家財道具もあり、そのうえ土地などを持つこともあります。

何でも正しく働いて手に入れたものは、その本人の所有物です。他人はこれをとることはできません。「自分の欲しい物をとるのは、どうしていけないのか」と尋ねれば、そのわけは次のようです。

人に品物をとられれば、とられた人はそれだけ損をします。そのとられた品物は、その本人が働いて自分の物としたものですから、これをとられれば、その働いたことが水の泡となってしまいます。そして、盗んだりして働かない者が、かえって得をしてしまいます。ですから、何でも自分の物でない物は、決してこれをとってはなりません。誰もがよく心得ておかなければならないことです。

もともと、人が働くのは、働いたお金で得られる物を自分の物にして楽しもうとするからなのです。それなのに、今、働いて買った自分の物を、みだりに人にとられたりすると、仕事に精を出す気持ちもなくなります。そして、周りの人もまた、その悪いことを見習って働かなくなります。そうすると、世の中では物をつくりだすことが少なくなり、ついには世界中の楽しみを少なくしてしまうのです。

ですから、お互いに他人の持ち物を大切にして、ささいな物でもこれをとってはいけません。たとえ一粒のご飯でも、これをとってはいけません。

子どもは、ちょっと考えてそれほどと思わず、他人の物が欲しくなり、あの品物を自分の物にしたならば、とてもおもしろいだろう、などとよくないことを考えることがあります。けれども、これを自分の身に引き代えて考えると、自分の大事にしている物を、よその子どもに取られたら、怒らないでいられるでしょうか。きっとこれを泥棒《どろぼう》といって悪く思うでしょう。

ですから、自分が他人の物をとる時もそのとおりで、相手の人は、必ず怒り、泥棒と呼ぶでしょう。

それから、人の物を取れば、それがばれると罰を受けなければなりません。盗もうとする人は、大ていこれを隠して、罪を逃れるつもりですが、必ずその考えどおりに隠しきることはできないものです。悪いことがばれることは、珍しいことではありません。ばれる手がかりは、いつも罪人の考えの及ばないところにあるものです。

ですから、人の物をとって永く栄える者は、世の中に一人もいないのです。長い目で見れば、心を正しくすることが、自分の身のためにもっともよい判断なのです。

(イ) つばめの巣を盗んだすずめ

[横取りのいけないこと]

一羽のつばめが、玄関の軒下の上の方に立派な巣を作りました。巣に出入りする穴は一つあります。この巣を作るのに、つばめは一所懸命《いっしょけんめい》働きました。そしてやっとでき上がりました。ですから、これは当然、つばめの巣なのです。

ほかの鳥は、この巣を作る時、何の苦労もしていないのですから、この巣の持ち主ではありません。それなのに、良くない

すずめが一羽いて、つばめの留守の間に、この巣に入りこみました。つばめはこのことを夢にも知らず、外から帰ってみると、すずめにわが家を取られていました。つばめが怒って困っていると、すずめは穴から首を出して、家に入ろうとするつばめをつつき、少しも近づけないのです。

つばめはもとから優しい鳥なので、とてもすずめにはかなわないと思い、ひとまずここを飛び去って、そのことを友達のつばめに話したのでしょう。しばらくすると、そのつばめが五、六羽のつばめとともに巣の外に来て、すずめに理由を話し、巣から出て行かせようとしました。しかし、大胆不敵《だいたんふてき》なすずめは、なかなか巣を空け渡すこともなく、大勢のつばめを穴の口に引き受けて簡単に防ぐので、つばめは、仕方なくこの場所を一時去りました。そして、今度は、それぞれの口ばしに泥を含んできて、巣の入り口を泥でふさぎました。すると、さすがのすずめも食べ物と空気の道を絶たれて、たちまち死んでしまいました。乱暴狼籍《らんぼうろうぜき》の罰《ばつ》を受けたのです。

（ロ）ミラノの門番の拾い物

［門番の誇り］

何でも、一度その人の所有物と決まったら、その人が自分の意志でこれを捨てるか、または、国の決まりによって、取り上げられたりされなければ、いつまでもその品物は、その人の所有物です。

ですから、人がなくした物を見つけたからといって、これを自分の物にすることはできません。もし、人の物を見つけたら、その落とし主を探して返さなければなりません。

イタリアのミラノという都市に一人の貧しい男が、旅館の門番を務めていました。ある時、二百クラウン（英国五シリング銀貨、一九七一年廃止）のお金の入っているお財布《さいふ》を見つけました。しかし、これを自分の物にしようなどとは少しも思わず、拾ったことを市内に伝えて、お金の持ち主を探しました。

さて、お金を落とした人は偉い人で、そのことを聞き、門番のところに行って財布を失ったことを話しました。

門番は、この人はお金の主人に違いない証拠を知り、その財布を返しました。落とし主は、とても悦《よろこ》び、その恩を感謝し、お礼に二十クラウンを与えようとしましたが、門番は、

「ただ自分の役目を務めただけで、褒美《ほうび》をもらう理由はありません」

と言ってこれを辞《じ》退《たい》しました。主人はとても困って、

「それでは、その半分の十クラウンを差し上げます」

「五クラウンならどうか」

と頻《しき》りに言葉を尽くしてこれを与えようとしました。しかし、

「自分は、門番の役目を務めただけで、一銭《いっせん》も受け取る理由はありません」

と言って、なかなか承知《しょうち》しません。主人もこれには困り、その財布を投げつけて、

「あなたが少しのお礼のお金も受け取らないとあっては、この財布は私の物ではありません。私も、もうこのお金が使えません」

と言ったので、門番もついに、落とし主の気持ちを立てて、五クラウンだけ受け取ると、すぐにこれをその土地の貧しい人へ与えました。

（八）レナードの判断　［正直な少年］

レナードは、十二歳の時に父を失いました。後に残った母がいますが、母は、レナードを養うことができません。それでレナードは、ほかに頼れる人もいないので、子どもながらも決心をし、他人に寄りすがって世話を受けて生きるよりも、自分の力で世の中を渡って行く道を探そうと思いました。

自分は字が読めるし、少しは書くこともできる。計算の仕方も知っているから、これか

ら心がけを正しくして、物事に精を出して働けば、自分一人の身を養うのに困ることはないだろうと思って、母に別れを告げて家を出ました。それから、近くの都会に行って、亡き父と親しかった町人を探しましたら、ベンソンという人がいることを聞き、その人の家に行き、その理由を話しました。

「今から、真面目によく働きますから、自分を何かの仕事に使ってください」

とお願いしますと、この時、ちょうどベンソンの家に使用人が必要な時でしたので、レナードを雇《やと》うことに決めました。レナードは、ベンソンの家で働き、主人の用事を助けて、少しも怠けず、自分にできるだけの努力をしました。時には、考え違いをして、その仕事を忘れたり、あるいは、書きものなどを間違えることもありましたが、これを正直に話しました。そして、

「以後は、改めて精を出して働きます」

と打ち明けて詫《わ》びをするので、主人もその正直さを、愛さないではいられません。だんだんレナードを信頼するようになり、その取り扱いは次第に手厚くなりました。

「月に叢雲《むらぐも》、花に風」（よいことには、邪魔《じゃま》が入りやすいということ）。このようにレナードは、その主人の信頼を得ていましたが、この家に給仕の下女が一人いました。前から心がよくなく、自分の悪事をレナードに見つけられることを恐れて、朝夕、レナードを邪魔に思い、どうにかしてこの少年を追い出そうと工夫をこらして、あることないことを主人に

言いつけました。

主人は、もとよりレナードの正しいことは、よく知っていますから、簡単には下女の訴えを取り上げません。

念のために試して、ある時、レナードに買い物を言いつけました。そして、必要な額よりもわざと多くのお金を渡しましたが、レナードは買い物を揃《そろ》えて、残りのお金はすべて計算して主人へ返しました。またある日、主人が帳場《ちょうば》を出る時、黄金一枚を置き忘れたのを、レナードが見つけました。

ちょうど、この時、下女もいて、密《ひそ》かに、

「このお金は二人でこっそり分けよう」

と言いましたが、レナードは、すぐに言葉を正して、

「このお金は主人の物だから、主人へ返さなければいけません」

と言ってすぐに奥の主人の部屋にお金を持って行きました。

ベンソンはますますレナードを愛して、臨時にお金を与えたこともあります。その後、主人には、子どもがいなかったので、ついにこの少年を養子《ようし》として財産を譲《ゆず》りました。

（二）モーゼス・ロートシルト（ドイツの国際金融業者《こくさいきんゆうぎょうしゃ》）

[信用のある人の成功]

一八〇〇年代の初め、フランスの動乱の時、ドイツのフランクフルトというところに、モーゼス・ロートシルトという人がいました。金融業の仕事をして、あまり大家《たいか》ではありませんが、評判のよい人です。

この動乱で、フランスの軍勢がドイツに攻め入った時は、ドイツの国中が大混乱しました。君主のヘス・カッセルも、自分の国を逃げださなければなりません。そこで前から貯《たくわ》えた大金や、宝の品を敵に取られることを恐れて、フランクフルトを通る時、金融業者のロートシルトにこれを預《あず》けようとしました。

金融業者も迷惑でしたが、君主のその時の様子を気の毒に思い、預かりましたが、この大金を全部安全に預かっておく見込もないので、預かり証を渡すことは断りました。

そして、ロートシルトは、この大金と宝とを合わせて、数十万ポンドの品をフランクフルトへ送ろうとした時、フランスの兵隊が、ちょうどフランクフルトへ攻め入りましたので、ロートシルトは預かった大金と宝を自分の庭に埋めておきました。そして、自分のお金は隠さないでおいて、その金額、六〇〇〇ポンドを敵にとられました。この時、もしロートシルトが敵をだまし、「貯金は、一銭もない」などと言って、自分のお金を隠しておいたなら、敵は家の中を探して、君主から預かった金品をも、必ずすべて奪《うば》いとることになったでしょう。しかし、身分相応のお金を投げ出したので、敵もほかに大金があるとは思わなかったのです。

フランスの軍勢が引き払った後、ロートシルトは、もう自分の財産をすべて失ってしまったので、預かったお金を掘り出し、そのうち少しだけ取り出して元手とし、残りは元のところに置いておきました。そして、また、商売を一所懸命にして、お金を稼《かせ》ぎ、前と同じ財産を持つことができました。

数年の後、平和な世の中となり、君主のヘス・カッセルも自分の国に帰りました。そして、フランクフルトの金融業者のロートシルトへ連絡しようと思いましたが、よく考えると、前に預けておいた金や銀の宝を、たとえフランス人に奪われていなくとも、主人のロートシルトの気持ち一つで、

「これを奪われてしまった」

とうそを言われて、ロートシルトに着服されても仕方のないことだと心配していたところへ、ロートシルトのほうから知らせがあり、

「預かっていた品は、すべて無事です。お金には一年間五分の利息をつけて、今日にもお渡しいたします。ただし、この預かりの品を無事に保つために、私の財産をことごとく失

いましたから、やむを得ない事情とはいいながら、君主に断りなく、預かっているお金を少し商売に使いました。申し訳ございません」

とお詫《わ》びがありました。

君主のヘス・カッセルは、とても驚《おどろ》き、喜びました。そして、そのロートシルトの心を信じて、一時にお金を受け取らず、安い利息でそのまま預けておきました。そして、この度の一件について、君主の気持ちを表すために、ヨーロッパ諸国の王様に、この金融業者の正直なことを説明して、金や銀の政府の御用達《ごようたし》に推薦《すいせん》しました。

これから、ロートシルトは、諸国の王家に出入りして、大金の取り引きをしました。そして、短い間に巨万《きょまん》の富を築きました。

その後、ヨーロッパの三つの都会である、ロンドン、パリ、ウィーンへ三人の子を住まわせ、それぞれ店を開きました。いずれも、金融業者として繁盛《はんじょう》し、三人とも世界に比べる者もないお金持ちとなりました。

ロンドンに店を開いた子が亡くなった時は、七〇〇万ポンドのお金がありました。そのほかの二人もだいたい同じ財産があり、二人とも貴族の位を授《さず》かりました。

このようなわけで、今日、ロートシルトほどの富があれば、諸国の王様に戦争を起こさせることもできるし、また、起こした戦争をやめさせることもできるのです。実に大変な実力の持ち主といってよいでしょう。そして、この大変な実力をロートシルトにもたらしたもとは、何でしょう。人の依頼を引き受けて、信実を尽くし、信頼を受けただけのことなのです。

〈解説〉第十七章　自分の物と他人の物（原文「他人の物に就き誠を盡す事」）

他人の所有する物を大切にすることと、大切にしなければいけない理由について、書いてあります。

『童蒙をしへ草』の原文に、「人たる者は互に他人の所持せる物を重んじて、些細のものたりともこれを取る可らず。假令ひ一粒の飯たりともこれを取るべからざるなり[1]」とあります。「ひゞのをしへ」の中にも、その第四に、「ぬすみすべからず。ひとのおとしたるものをひらふべからず[2]」というのがありますが、大人になれば誰でもわかることでも、子どもの頃には、「年とらぬ子供は、一寸考へし處にて左ほどにも思はずして、我所持にあらざる物も手に入るべきやうに心得、彼の物を得ばさぞかし面白かるべきなどゝ、けしからぬ了簡を起すまじきにもあらず[3]」ということが考えられるからなのです。『童蒙をしへ草』「ひゞのをしへ」のよいところは、どうしていけないかということが詳しく理論的にわかりやすく書いてあるのです。

つまり、他人の大事な品物は、普通は、その人が一生懸命働いて貯《たくわ》えたお金で手に入れたのですから、それを盗《と》るということは、働かないで盗んだ人が得をしてしまうことです。

これは誰でも思うことですが、そのような世の中になると悪がはびこり、社会全体に物を生み出す力がなくなり、あげくのはては、新製品が出なくなり、世界中の楽しみが少なくなるというのです。一つの小さな社会に起きた一つの盗みやうそなど、それはやがて世間の風潮となって、広く影響するのです。この説得ある文は、世の中への警鐘の意味があると思います。

（1）「童蒙をしへ草」巻三（『全集』三、二五〇頁）
（2）「ひゞのをしへ」二編（『全集』二十、七四頁）
（3）「童蒙をしへ草」巻三（『全集』三、二五〇頁）

第十八章　他人の名誉《めいよ》

［形がなくて大切なもの］

人が大切にするものは、形のある品物だけではありません。形に見えない物もたくさんあります。形がなくて大切なものの中で、最も大切なものは、人の名誉です。名誉というのは、この人はよい人だという、人の評判のことです。

世の中の人が皆、彼はよい人だと思う時は、自然とその人を尊《とうと》び、その人を信じ、その人を起用します。また、その人に話しかけるのにも、丁寧な言葉を遣《つか》い、よい評判を得た人には、何事も多くのよいことがあるものです。

ところで、よい人がよい評判を受けることは当たり前です。よい人がよい評判を受ければ、その人も徳を修めて認められた

のですから、なおさら行いをよくしようとして、励む気持ちになります。

しかし、よい人なのに、理由もなくその人の噂《うわさ》を悪くいって、よい評判を悪くする時は、その人は名誉を傷つけられ、行いをよくしようとする気持ちも薄くなり、自然と徳を修める心も弱くなります。また、世間の人は、この様子を見て考え、身の行いを良くしても、結果は悪いものだと力を落として、よいことをするために心を配る人は、だんだんと少なくなってしまいます。

このことについて考えれば、人のことを噂し、人のことを評判するには、その人の徳が厚いのか薄いのかを観察して、正しくその割合に従わなくてはなりません。それはとても大切なことです。

他人の名誉を傷つけるのに二つの方法があります。その一つは、その人の悪口をいうことです。たとえば、彼は、極悪人の罪を犯したとか、あるいは、彼は大切な仕事を怠《おこた》ったなどと、はっきりとその罪を言うことなどです。このように実際にはないことをいって、その人を傷つけるものを讒言《ざんげん》といいます。

二つめは、何となく人の行いを卑《いや》しめ、または、その人の行いが明らかによいのに、何やかやと悪い理由をつけて、よくないようにいうことです。これを、人を誣《し》いるといいます。

右の二つの仕方で、友達の名誉を失わせることは、その罪の形は、人の物を盗むような悪いことには見えないかもしれませんが、実際は、その品物を盗むよりもっと相手の人の心を傷つけることで、大変悪いことなのです。ですから、他人のことを話す時、特に注意しなくてはいけません。

一度人の名誉を傷つけると、これを直すことは、とても難しいのです。言葉というものは、一度口から出ると、再び取り戻すことはできません。イはロに語り、ロはハに告げて次第に人の口に伝わって、その話も大袈裟《おおげさ》になります。そして、その話がどうして伝わって来たのか知らないで、やたらに人の噂をする人も出てくるのです。

このようなわけですから、他人の名誉について尊重しようとする人は、人のことを讒言してはいけません。人を騙《だま》してはいけません。たとえ人の中傷《ちゅうしょう》を聞いても、これを人に伝えてはいけません。

「他人の益にならないことや、他人に害をなすことは、口に出して言わないこと。」

という言葉は、人が一生涯守らなければならない大切な言葉です。

（イ）ソクラテスを陥《おとしい》れたこと

［讒言《ざんげん》（他人を陥れるため真実を曲げて目上の人に告げその人を悪く言う）のいけないこと］

大昔、ギリシャの哲学者ソクラテスは、その時代で一番の知恵のある人でした。クセノポンは、

「ソクラテスは、信心深く、何事を計画するのにも神の命令を聞かないことはありません。先生は正しくて少しも人を傷つけることがなく、かえってたくさん人のためになることをしました。また、先生は行いをよくして、遊びにふけることがありません。先生は、知恵がたくさんあるので、難しいことにあたっても、人に相談しないで自分で是非《ぜひ》を決断しました」

と言いました。ソクラテスは、このような偉い人で、生涯を世の中の人々をよいほうに導き、人々を幸福にしようと力を尽くしましたが、讒言をされたので、陥れられました。

この時代に、ギリシアには、ある学者の一派がありました。この学者の仲間は、本当の道を知らないで、ただめいめいの名を売ろうとする人たちでした。雄弁《ゆうべん》なので国中の人に尊《とうと》ばれましたが、ソクラテスは、独《ひと》りその説を異にして彼らを責めて、国中の若者を導いてその仲間に入れさせませんでした。ですから、その学者連中は、ソクラテスをひどく憎みました。

また、ソクラテスは、国中の風俗の良くないのを見て、何度も議論しましたが、これを止めないで悪い風俗によって利益を得ている者は、かえってソクラテスを仇《かたき》のように思いました。

このことを一口で言えば、ソクラテスの行いは、正し過ぎてその時代の風俗や人情に合わなかったのです。そしてソクラテスを憎む者が、徒党《ととう》を組んで、真実を曲げて告げ口をし、ソクラテスを罪に陥れることを考え計画しました。この時代ギリシアの人は、いろいろな神様を信仰する風俗でしたが、ソクラテスは密《ひそ》かに説を立てて、

「神は、天地《てんち》万物《ばんぶつ》を造りし者にて唯《ただ》一つのみ」

と一人、心に信じていました。けれども先生は、自分で用心をしてやたらにその説を言いません。たまに世間の人と交わり、いろんな神様を信じる様子を示しましたが、自分の本意は人に隠していました。徒党の人たちは、内々このことを知って、密かに謀《はか》りました。

今、世間の人に、

「ソクラテスは諸々《もろもろ》の神を信仰しないで、これを穢《けが》す」

という考えであることを知らせれば、必ず人々の気持ちを動かすことになるだろうと考えて、世間に、

「ソクラテスは、わが国の一般の人が帰依《きえ》している神々を信じないで、かえって若者たちを異端《いたん》の道に導いている」

と、盛《さか》んに言いふらしたので、さすがに大徳大智《だいとくだいち》のソクラテスも、この流言の毒を逃れることはできませんでした。無学文盲《むがくもんもう》の愚《おろ》かな人たちは、早くもソクラテスの立派な行いを忘れて、ただソクラテスの不信心を責めて、これを有罪にしようとする者が多くなり、昨

日の友は変わって、今日の敵となりました。

徒党の連中は、すでにソクラテスの評判と名誉を失わせ、ソクラテスを裁判《さいばん》に引き出しました。そして、罪でもないことを様々に言いふらし、ソクラテスは、その申し開きをしましたが、裁判所の役人ももとより、先生を憎む心がありましたから、ついに有罪と決めて、毒薬を飲んで自殺する刑を行いました。

このようなわけで、世界に稀《まれ》な大聖人も、ただの讒言のためにその身を失ってしまいました。なんと恐ろしいことではありませんか。

（ロ）美人ヘレン・プライム

［人のことを誹《そし》らない（悪く言わない）］

昔々、ヘレン・プライムという美人がいました。とかく人の悪口を言い、良いことも悪いように言うことが好きで、人の容姿《ようし》や振《ふ》る舞《ま》いが自分より劣っている人でなければ誉めず、世間に評判が良く、もてはやされる人がいれば、何んとかしてこの人にけちをつけて、その評判を落とそうと考えます。

たとえば、誰それは情け深い人だ、といって誉める人がいると、ヘレンはこれを拒《こば》んで言います。

「なるほど、あの人は、情けのある人のようですが、何か理由があってしているのです。誰かその内緒の理由を知る者はいませんか」

とヘレンは、また、

「マリア・ホールはよい人のようですが、私は、世間の人のようには思いません。私は、皮が綺麗《きれい》でも中身のない果実は好みません」

とも言い、また、

「リジ・プライスは、叔父《おじ》に本当に親しくしました。あの老いぼれて金をためた、見苦しいあの叔父に親しくしました」

とも言いました。

　このようにヘレンは確かでないことを確かなことのように言うけれど、その情け深い人に本当に内緒の理由があって、人に情けを施《ほどこ》しているのかどうかは、ほかの人にはわかりません。また、マリア・ホールがよい人であることは、世間の人の誰もが知っていることですが、その腹の中が、がら空きなどとは、容易に推し量れないことです。また、リジ・プライスの叔父は、本当に金持ちです。けれども、リジ・プライスが、ただお金のためだけに叔父さんと親しくしているわけではないのに、ヘレンは、このように言うのです。

　ヘレンの悪い心根を見て、このような心得違いをしたくないと思う人は、自分の心を清《せい》浄潔白《じょうけつぱく》に持ち続けて、悪い考えを起こさないことです。自分の器量を大きくすることは、他人を信じるほかにありません。

〈解説〉第十八章　他人の名誉（原文「他人の面目に就き誠を盡す事」）

他人の名誉を害することを取り上げ、逆に他人を尊重することの大切さについて書いてあります。

『童蒙をしへ草』の原文に、「他人の面目を害するに二様の仕方あり。其一は慥に其人の惡事を唱ふることなり。譬へば彼の者は大惡無道の罪を犯せしといふか、或は彼の者は大切なる職分を怠りしなどゝて、明かに其罪を鳴らすが如し。斯く人の罪を鳴らして其實なきものを讒言といふ。其二は何となく人の行ひを賤しめ、或は其人の行ひ明かに良《よし》と雖ども、あしき趣意を附て宜しからぬやうに言倣すことなり。これを人を誣《しゅ》るといふ」[1]とあります。

この二つの罪の形は、人の物を盗むとか取るとかほど悪く見えないと思うかも知れませんが、人を精神的に害しているわけですから、品物を取るより酷《むご》いものなのです。人の心を傷つけたり、その人の美名をはぎ取ったりする風潮が世の中に蔓延《まんえん》するとどうなるでしょう。「ひゞのをしへ」の第五に、「うそをついてひとのじやまをすべからず」[2]というのがありますが、小さい子どもたちにこの精神を教えたものだと思います。『童蒙をしへ草』の「他人の益を爲さずして或は其害を爲すべきことは口を閉ぢて云ふべからず」[3]と同じ意味なのです。

形がなくて大切なもののうちで、最も大切な物は、評判です。良い人が良い評判を受ければ、その人は、徳を修めて報いを受けたのですから当然です。逆に良い人がいわれもなくその人の評判をはぎ取られてしまう時は、その人は、名誉を傷つけられ、人々は良いことに努力しなくなるでしょう。「うそをついて人のじゃまをすべからず」とは、自分だけが良ければという風潮にならないために大切なことです。

（1）「童蒙をしへ草」巻三（『全集』三、二五五―二五六頁）
（2）「ひゞのをしへ」二編（『全集』二十、七四頁）
（3）「童蒙をしへ草」巻三（『全集』三、二五六頁）

童蒙おしえ草　巻の四

第十九章　自由と権利

「自由は他人の自由を奪わない」

人は、天の道に従って、その身と心を自由自在に用いて生きることができます。これを人の権利といいます。他人に対して失礼なことをせず、また、他人の迷惑にならなければ、自分の思い通りにしても差し支えありません。

また、世の平和を乱すことがなければ、自分の思うように物事を考え、自分の思うことを発言しても、差し支えありません。ですから、他人を自分の奴隷《どれい》としたり、また、人に迷惑《めいわく》をかけていない人を自分に服従《ふくじゅう》させ、その人の自由を奪い、その人の思うことをさせず、自由に物事を考えさせないことは、大きな侵害《しんがい》なのです。それは、その人の権利を妨害する、とても酷《ひど》い

ことなのです。この罪は、その人の土地を奪《うば》ったり、あるいは、その人の金を盗むことと同じなのです。

（イ）フランスの「ジャックリーの一揆《いっき》」

［農民一揆はなぜ起きたのか］

国の君主や貴族は、その国の人々に対して、すぐれた者として他人を従わせるという、権威があります。この権威でことを行うには、依怙《えこ》贔屓《ひいき》をしないで、穏やかに、自分の力でできるだけ、人々によい暮らしができるように、配慮することが大切です。もし、そうではなくて、偉い人に心得違いがあって国民を苦しめる時は、恐ろしい事件が起きるものです。

もともと人々は、国の政治が正しく、人々に優しく親切でさえあれば、よく政府に従うものです。けれども、政府が、不正なやり方で無理に国民を抑えつけようとする時は、国民の気持がすさんで、悪いことを引き起こすことは間違いありません。一三〇〇年代のフランスに、「ジャックリー」の戦という農民一揆が起こったのもこの一例なのです。ウォルター・スコットという人が、この事件について書いた文章があります。その記事が次のものです。

「ジャックリー」というのは、フランスであった農民一揆の名前です。この名前がついたわけは、この国の貴族たちが、農民たちをいやしめたり、あざけったりして、「ジャック・ボノム」と言ったことから、この一揆を「ジャックリー」の戦と呼ぶのです。

「ジャック・ボノム」とは、「愚か者の三太郎」というような人を馬鹿《ばか》にした言葉です。この一揆の騒動は、フランスの貴族たちが長年の間にわたり、農民の権利を無理に抑さえ、辱《はずかし》め、苦しめ、そのうえ、無礼な言動を行ったことから始まりました。その頃、フランスの貴族たちは、農民を同じ人間とは思わず、自分たちよりも一段下の者と見ていて、農民の身体もその家や財産までも、貴族たちの思いのままに勝手に取り扱いました。そして、生かすも殺すも与えるも奪《うば》うも、自分たちの勝手次第であると思って我儘《わがまま》をしたのです。ですから、人々は、寄りすがるところもなく、ただ国王を頼りに思って、やっと我慢《がまん》をしているだけでした。

その頃、フランスとイギリスとの間に戦争がありました。フランスは、イギリスに敗れて、国王も生け捕《ど》りとなってしまいましたから、国中が大変混乱《こんらん》してしまいました。それなのに貴族たちは、この混乱の時にも、ますますいい気になって、傍若無人《ぼうじゃくぶじん》、遠慮《えんりょ》することもなく、やたらと権威を振りまわしたり、ひどく酒に酔《よ》って領地の農民を苦しめるなど、悪いことをしました。貴族のやり方のあまりのひどさに、農民たちもついに生きる希望を失って、後先も考えずに貴族に対して一揆を起こす気になりました。

一揆というのは、この場合、農民たちが一致《いっち》団結《だんけつ》して、貴族のやり方に反対して立ち上がることです。農民たちは、飢《う》えと寒さの苦しい生活をさせられていたので、貴族の派手な奢《おご》った生活を見ると怒りが込み上げてきたのです。

そして、農家にあるだけの鍬《くわ》や鎌《かま》を持って、斧《おの》や鉞《まさかり》を手にさげて、数万人の農民が群集となって、国中の貴族たちを残らず全員うち平らげ、こらしめようと決意したのです。その勢いは、本当に恐ろしいものでした。

この一揆は全国の方々に起こって、ついに国中の大混乱となりました。このような人たちの一揆は昔から少なくありません。上からの悪い政治に苦しめられて、一度その抑圧を解いてしまうと、際限なく乱暴《らんぼう》や狼藉《ろうぜき》が起きてしまいます。このようなことは、無知《むち》文盲《もんもう》の人々には珍しいことではなく、不思議なことではありません。その様子は、無数の人々が雲のように集まり、蜂《はち》のように起こり、火を放って貴族の家を焼き、その家の門を破って城を壊し、その妻子を引き出してなぶり殺しにするなど、それはひどいものです。その勢いは、首の鎖《くさり》を解《と》かれた狂犬のようで、義理も人情もありません。

このように、一揆の被害は恐ろしいものですが、その起きた原因を考えると、貴族が無理に百姓を抑さえつけて、人々を無学《むがく》文盲にさせたことにあるのです。一度その抑圧を解かれた時に、その無知によって人間の情愛を知らなかったため、このような乱暴を働くことになったのです。ですから、必ずしも一揆の人々の罪を責めるばかりではいけません。その罪の原因は、貴族の悪い政治にあるのです。

（ロ）トーマス・クラークソン（奴隷廃止《どれいはいし》論者《ろんじゃ》）

〔ケンブリッジの学生が提出した論文〕

トーマス・クラークソンは、イギリスの奴隷廃止論者として名高い人です。彼は、一七八五年には、イギリスのケンブリッジの大学生でした。

イギリス領の西インド諸島の地方では、長い間アフリカから黒人を買い入れて、これを「奴隷」と名づけて、その人の生涯はもちろん、子孫までも買いきりの奉公人《ほうこうにん》として、その取り扱いは、牛や馬と違いがありません。毎年この黒人の奴隷を船に乗せて、西インドで売買する数は、何千人というほどですが、昔からの習慣なので世間の人もこれに慣れて、一七八五年の頃まで別に疑う人もいませんでした。

しかし、この年イギリスのケンブリッジ大学で、学生に論文を書かせ、そのできのよい人には褒美《ほうび》を与えるということで、先生が出題したことがありました。その問題が「人を強《し》いて『奴隷』とするのは、理にかなうか否か？」というものでした。

トーマス・クラークソンは、この時、学校の寄宿生《きしゆくせい》だったので、一所懸命その文を書き、学校の褒美を得ました。この文章を公に発表した次の日、クラークソンは馬に乗ってケンブリッジからロンドンへ行きましたが、途中でも始終この文章のことを考えて、とても心配な様子で先に進みません。ついに馬から降りて道の端に座り、自分自身で考え直してみて、もしかすると自分の考えは道理に反しているかもしれないと、あえて逆の意見を考えようとしても、心に決めた考えなので、どうしても、これを変えられません。

　ですから、「長い間アフリカ人をひどく取り扱ったのは、イギリス人の罪に間違いない。今となっては、世間一般の人々の目を開かせて、奴隷のことについて、正しい考えを知らせなければならない。これは、人類の一大事だから、この大事を引き受けて、力を尽くす人がいなければならない」と考えを決めて心は高ぶりながらロンドンに着きました。

　そして、取りあえず、その文章を本にして出版すると、これを見て心を動かす人も多くありました。しかし、本人はまだこれで満足しません。この文章を出版したとはいっても、「奴隷」の商売をやめさせることはできません。そのためには、一人の人が全身全力でその仕事に当たらなければなりません。その仕事に当たるべきなのは自分ではないかとも思いましたが、心を静かによく前後を振り返って考えてみると、簡単に結論は出せません。一人で、再三再四熟慮《じゆくりよ》した結果、ついに「奴隷」を廃止する一事を成しとげるために、自分の生涯の力を注ぐことに決断しました。

クラークソンは、「奴隷」の商売をやめるための仲間を作ろうと、同じ考えの人々へ説明すると、身分の高い人にもこの仲間に入る人が多くなりました。ある時は会を開いて相談し、また、「奴隷」のことを書き、また、ある時は、「奴隷」の商売が道理にはずれていることについて、議論し、本を出版したりしたので、世間の人々も次第に気がついて、「奴隷」の商売を憎む気持ちが起きてきました。

クラークソンは、この仲間の書記となって、その仕事を全て一人で引き受けて、六年間その苦労も厭《いと》いませんでした。しかし、ついに無理がたたり、身体も続かず、耳も遠く、声もかれ、記憶も衰えたので、養生《ようじょう》のため、仕方がなく仲間を離れました。

そして、八年間休んで病気が全快したので、また、もとの仕事につきました。前後数年働いている間に、「奴隷」の商売にかかわって利益を上げている人たちから悪口を言われたことはいうまでもなく、殺害の危険も何度かありましたが、クラークソンは、心に決断した目的を変えることがなく、ついに一八〇七年になり、イギリス国会の会議で「奴隷の商売を禁止する」という命令が下されることになりました。実に天下の一大事件でありました。もし、その時より二十年以前にこんなことを言う人がいたら、馬鹿者《ばかもの》とか狂人とか言われたでしょう。

イギリスで「奴隷」の商売を禁じたので、ほかのヨーロッパの国々もその例に見習い、数年の間にみな禁止の命令を出しました。一八三四年になり、イギリスでは、政府が二千万ポンドの金を出して、方々にある領地の「奴隷」を残らず引き受けて、「奴隷」を召使うことを禁止しました。

実にこの一件は、人の不幸を救う大仕事でしたが、その源を尋ねれば、ただ一人の人の情け深い心から出たことなのです。世の中のために自分の一生をかけて、人の考えの及ばない功績を残したのは、人を愛し道理を重じる心が、深く厚かったということでしょう。

〈解説〉第十九章　自由と権利（原文「他人の天然の通義に就き誠を盡す事」）

人間の自由に生きる権利と他人を尊重することについて書いてあります。

人間の自由について、『童蒙をしへ草』の原文に、「この世にある人は、天の道に従ひ其身と心とを自由自在にすべき筈の理あり。これを人の通義といふ。他人に對して失禮にもあらず、また他人の害にもならぬことなれば、我思のまゝに事をなすも差支あることなし[1]」とあります。

『学問のすゝめ』には、自由とわがままについて、「唯自由自在とのみ唱へて分限を知らざれば、我儘放蕩に陥ること多し。卽ち其分限とは、天の道理に基き人の情に従ひ、他人の妨を爲さずして我一身の自由を達することなり。自由と我儘との界は、他人の妨を爲すと爲さゞるとの間にあり[2]」とあります。

小学生に自由を教えることはとても難しいと思いますが、ここにあるように人の妨げをしたりしない、ということで考えればわかりやすいと思います。社会の決まりや相手の人を尊重する精神があって、個人の自由があるのです。またせっかく自由があるのに自主性がなく他人への依存心が強かったり、他人を束縛したりするなどは、自ら自由を逃してしまうようなものです。個人の独立と社会への協同の大切さを考えて、自由に生きることの厳しさ、自主自由の生き方を考えさせられると思います。

(1)「童蒙をしへ草」巻四（『全集』三、二六一頁）
(2)「学問のすゝめ」初編（『全集』三、三一頁）

第二十章　仕事を誠実《せいじつ》にすること

[信頼される人のこと]

何か仕事をした時には、働いた代わりに品物や、お給料を、賃金として人から受け取ります。その仕事の種類はいろいろあります。家事の手伝い、農作業、店や工場などでの仕事、また、病人の介抱など様々です。そのほかにも、代理人としての裁判所での訴訟の仕事などもあります。これらの仕事の約束をした時、先方の主人は、必ずこれらの仕事をよくしてくれるだろうと信じて、そのことをその人に任せているのです。

それなのに、そのお金だけを受け取って、働かなければならない仕事をしないということは、主人への約束違反《いはん》になります。その罪は、人を騙《だま》してお金を盗むことと同じなのです。

たとえば、今ここにある人がいて、主人に雇《やと》われて一日に十時間働いて、いくらかのお金を受け取ること、と約束をします。この場合に、もし、一時間怠《なま》けた時は、この人は、約束の賃金の十分の一を盗んだ者といってよいでしょう。

人と仕事の約束をして、自分の名誉を傷つけることがないようにしたいなら、心を配り誠心誠意《せいしんせいい》その仕事をすることです。時間で決められた仕事ならば、その仕事中は、たとえ一分でも無益に時間を費やせません。

また、国民は、その国に暮らしているからには、国のために尽くす義務があります。この義務を果たす時にも、信実を尽くすことです。それは、人に対して約束した仕事をする時と同じです。

国民の義務の中には国の政治を行う議員を選挙することもあります。議員を選ぶには、よくその人を知り、役目に相応《ふさわ》しい人かどうかをよく考えて選ぶことです。議会の議員は、国のためになることを十分考えて仕事をしなければなりません。裁判所の裁判官は、国中の人と人の間に法律が正しく行われるように見張りをする人です。どちらも重要な役目の人ですから、この選挙に当たっては、人を恐れず、人を贔屓《ひいき》しないで、国民のために信実を尽くして自分の役割を務めることです。

また、選挙のことで友達が相談してきたら、自分が本当にその人のためによいと思うことを教えなければいけません。それから、友達がある人に仕事を任せようとして、その人の人柄は、どうかと聞いて来たら、自分の知ってることを正直に話さなければなりません。もし、自分の気持ちが弱く、ある人の怒ることを恐れ、その人物のよくないことを知っていながら、その人をよい人と勧めることがあれば、これは友達を欺《あざむ》くことになります。そうすると、欺かれた友達はよくない人物に仕事を任せて、その人に欺かれて被害を受けることがひどくなるでしょう。

ですから、このような場合には、心が苦しくても、先方の人に対して気の毒でも勇気を奮《ふる》って、我慢《がまん》して真実をすべて話すことです。

（イ）目の見えない人と盲導犬《もうどうけん》

〔忠実な盲導犬〕

昔、年をとって目が見えないで困っている人の中には、物乞《ものご》いをして生活をする時に、犬を盲導犬として道案内させることがありました。そのやり方は、ひもで犬をつないで、そのひもを手にとって、犬の行く方向に従って進みます。

盲導犬の目で、よい道を選んで、水路に落ちることも、崖《がけ》か

ら転ぶこともなく、怪《け》我《が》の心配もありません。

ある時、ローマの都に目の見えない人がいました。盲導犬に引かれて歩きますが、この犬はとても知恵があって、主人のために親切で、悪いことをしたことがありません。盲人は、一週間に二度同じ町を通り、おなじみの家の門に立って、お恵みを受けるのが習慣ですが、この犬はその道をよく覚えていて案内をします。そして、恵みをしてくれると思われる家へ、一軒ごとに立ち寄ります。盲人が恵みを受けるその間は、その横に休んでいて、その家で恵みをくれるか、または恵みを断られた時は、すぐに立って次の家に行き、恵みを待ちます。

その家で小《こ》銭《ぜに》などを投げ与える時は、盲人にはこれを探せませんが、犬はその銭を見失うことなく、これを口にくわえて、主人の手に持っている帽子の中に入れて、一度も間違えることはありません。

また、家の窓からパンのかけらを投げ与えることもあります。この犬も家で十分な世話を受けていなければ、畜類の性質でそのパンを食べてしまうはずですが、決して食べません。たとえ飢えてお腹がすいていても、主人が与えた物でなければ、ただの一切れの食べ物も口につけることはありません。

人の心が正しく行いも確かで、この犬のようであれば、大いに誉めるべきことです。

（ロ）ジョージ・ワシントン（アメリカの初代大統領）
［アメリカの独立を成功させた建国の父］

アメリカ合衆国の初代大統領ジョージ・ワシントンに一人の友達がいました。この人は、ワシントンと一緒に戦争に出て、イギリス兵と戦った人です。平和になってからも、毎日ワシントンの家に出入りしていて特別な親友です。

もともと気だてのよい人で、でしゃばらず、温和ですが、仕事をするための才気は少ないほうです。ちょうどこの時、政府の仕事のよい役が空席だったので、大統領はその役に彼を指名してもよかったのです。世間の多くの人も、彼ならば国のための戦争での手柄もあり、大統領と特別に親しいので、大統領が彼をこの役に就《つ》かせたいとするのは当然のことですから、難しいこともないだろうと、みんな心の中で思っていました。

この時に、この役に就きたいと思っている人が一人いました。この人は、特別な人で才気は申し分ないのですが、国の政治のことで、前にワシントンと意見が合いませんでした。

大統領のために手柄を立てたこともなく、かえって大統領のすることを妨げようとしたほどの人で、大統領と親しい人まで、みなこの人と仲よくできず、世間の多くの人も、その空席に着くことはないだろうと思っていました。しかし、今度この役を命じられた人は、大統領の友人ではなく、思いもよらず、その敵の人だったのです。

　それで、このことについて、最初から気をもんでいた人がいて、ワシントンのところに行き、

「今度の役決めはよくありませんね」

と言いましたら、大統領は答えて、

「私の友達とは、私の心で交わるのです。その人は私の家に来て快い人です。そして、私の心にも快い人です。けれども、その人は性質はよいが仕事ができる人ではありません。一方の人は、政治の議論では私の敵であるが、私の心でこのことを決めてはなりません。私はただのジョージ・ワシントンではなくて、合衆国の大統領なのです。ジョージ・ワシントンの私の立場では、友達に対しての力を尽くし親切を表しますが、合衆国の大統領の公の立場では、これはどうすることもできません」

と言いました。

（ハ）裁判官《さいばんかん》ギャスコイン

［イギリスの裁判官の判決］

イギリス王のヘンリー四世（一三六六―一四一三年）の子どものウェールズの王子は、分別《ふんべつ》のある人ですが、性質が短気で、その友達はどの人もよくない人物でした。ある時、この王子の友達で罪を犯した者がいて、裁判所へ引き出され、裁判官のギャスコインの前で、刑の判決が言い渡されました。

　王子はもとから、この人を救おうとする気持ちが強いので、この刑の判決を聞いてひどく怒りました。場所もわきまえず、裁判所の席で裁判官を殴りました。

　この行動の乱暴なことは、言うまでもありませんが、王子の身分といい、またその父は今の国王ですから、誰がこれを恐れない人がいるでしょう。普通の人ならば、必ずこの王子の罪を咎《とが》めることはないはずですが、ギャスコインは違います。その裁判の裁判官として義務を重んじて、自分の身の危険も顧《かえり》みず、役目を務めようと独《ひと》り決断して、王子の無礼を咎めて、牢《ろう》に入れることを言いつけました。王子も、もともと分別のない人ではありませんから、自らその罪を知り、身分の貴いことで、勝手に罪を救おうとしても、国の法律では、これを許さないという道理に従って、入牢の言いつけを受けました。

　このことが、国王に聞こえて、王の喜びは大変なものでした。拍手して言いました。

「国の法律を行うのに、このように勇ましい一人の家来がいることは、余の幸せである。また、この罪に従う子どもを持ったのも、このうえない幸せである」

と、このように言える国王も、また、立派な国王というべきでしょう。

（二）誠意《せいい》のある選挙人《せんきょにん》

〔一票の意味〕

スコットランドのことです。スコットランドの国会議員の選び方は、四つの村か五つの村の組合で投票し、一人を選ぶ決まりです。昔は、村で投票する人は、その村の役人で、一つの村に十六人か十八人ばかりでした。投票する四つの村の組合で、二つの村はこの人を選び、他の二つの村は、別な人を選ぼうとして、その投票の数が同じ時は、二つの村が順番に決戦投票をして、その結果に従うことになります。

一八〇七年の頃、国中で投票があった時、ある村で決戦の投票をしました。

その時は、村の役人の数がちょうど二つに分れて、一方はこの人を、一方は別な人を選ぼうとして、どうにもなりません。そこで、別な投票者一人の投票で決めようとして、人を探しましたら、一人の貧しい鍛冶屋《かじや》がいて、この投票にあたることになりました。

ところで、今度の選挙の二人の候補者は、一人の鍛冶屋の気持ち次第で自分の当選、落選が決まることになるので、一人は、密《ひそ》かに鍛冶屋のもとへ使いを出して、

「どうか自分のために投票してください」

と頼みました。すると、鍛冶屋は包み隠さず、

「自分は、もとから一方の人へ投票するつもりで、すでにその心は決まっています」

と答えました。使いの者はこれを聞いて失望し、何とかしてその説を変えようと、いろいろと手を尽しましたが、うまくいかないので、賄賂《わいろ》で引き入れようとしました。

「もし、今度の選挙に私たちの思うように投票してくれれば、その謝礼として、よい職業を与え、そのうえ、子どもの世話をもしてあげよう」

というようなことを、それとなく言いふくめましたけれども、鍛冶屋は少しも変わらず、

「今度の投票は、国の人々の利益を考えて、私に任されたのだから、私の真心で人々のためにと思う人を、決めなければなりません。自分の利益のために、あるいは、他人一人の心を喜ばそうなどということで、決めることではありませんから、私には決してそのようなことはできません」

と答えたのです。使いの人も困りましたが、それでも自分の考えを通そうと、

「それなら、前の条件のほかにお金も差しあげよう」

とはじめは五百ポンド与えようと言い、次には千ポンド、さらに、千五百ポンドまで金額を上げて行きました。

　はじめの五百ポンドでさえ、この鍛冶屋が生涯働いても蓄《たくわ》えることのできないほどの大金なのですが、鍛冶屋は、このお金に迷う気もなく、どうしても承知しませんから、使い

の者も仕方がなく引き取って帰りました。
そして、その翌日の投票で選ばれた人は、もう一方の人物であったということです。この人は、恥《はじ》を知って賄賂を使わなかった人でした。

〈解説〉第二十章　仕事を誠実にすること（原文「職分に就き誠を盡す事」）

仕事上の約束や任務を実行することについて、誠実に行うことの大切さが書いてあります。今では、労働基準法などで労使の関係が円滑にいくように法律もありますが、昔は、使う人と働く人の関係もトラブルの多いことだったのでしょう。国の議員を選ぶにも、まだまだ今のような選挙の仕組みにはなっていませんでした。

この章では、働くことについて賃金を払うことや、働く人は、そのいただくお金の分は怠けず働かなければいけないことや、選挙の時には公正に、よく考えて人を選ばなければならないことなどが書かれています。ここにある四編のお話は、特に決まりがあるわけでもないのに、私利私欲がなく、実に誠実に自分の役目を果たす高いモラルのある人たちのお話です。

第二十一章　お金の貸し借り

[お金と人の信頼]

ある人が、他人を雇って仕事をさせたり、または、ある人から物を買って、その賃金や代金をすぐに支払わない時、支払わなければならないお金のことを、借金といいます。このように、人を雇ったり、物を買った人は、借り方といい、働いた人や、物を売った人の方を貸し方といいます。

　商売をする人は、お互いに便利なように、人の物をよく借りるものです。あるいは商売ではなくても、日常のことでも、お互いに貸し借りをすることがあります。人の物を借りても、すぐにこれを返す当てがあって、借り方も貸し方も両方の納得の行くことであれば、貸し借りはよいのですが、しかし、これを

返す確かな当てもなく、勝手にこれを借りることは、とても悪いことです。このような人は、他人の物を利用して自分の利益とし、他人の働きで生きているようなもので、下劣な盗賊《とうぞく》のような人です。

正しい人は、やむを得ない場合以外は、他人の物を借りません。また、返す確かな手立てがなければ、借りることはありません。前に借りてしまったお金のことは、決して忘れることはありません。万一、思いがけないことができてお金が払えない時は、何とかしてこれを支払う方法を工夫して、たとえどんなに少ない金額でも、みな返済するまで、いい加減にはしないものです。

（イ）バレイスの君主ジョージ・ルーイスの倹約《けんやく》

［ドイツの小国の君主の借金］

ドイツの小国バレイスの君主ジョージ・ルーイスは、今からおよそ百年前の人ですが、家計は苦しく、大変借金が多かったのです。そこである人が、この君主に、

「新しく税を増やして、国中の者から取り立てて、家計を立て直すべきです」

と言いました。国の君主の身分でお金を集める方法は税金ですから、普通の君主ならば、

必ずこの考えに従うはずです。ところが、ルーイスはそうではありませんでした。

よく考えてみると、自分の借金は、国民には関係ありません。だから、自分の借金を国民が払う理由はないのです。ルーイスは、まず、無駄《むだ》なお供や馬を減らし、スイスのジュネーヴというところに引きこもって、倹約をして暮らしました。日常生活の中から費用を省いてお金を積み立てて、だんだんと借金を返していく方法を作りました。そして、この方法で、借金の残りをすっかり片づけて、本国に帰りました。このことから、国民のルーイスに対する信頼は、以前よりも数倍となり、気持ちよく君主の位を保ったといいます。

（ロ）アメリカ商人デナムの返済《へんさい》

［借りたお金を返したこと］

商売をしていると、思いがけないことが起こって、大きな損をすることもあります。そのような場合に、とても借金を支払える手立てのない人は、お金を貸してくれた人を集めて、破産《はさん》の報告をして、あるだけの財産を出して、お金を貸してくれた人々へ分けて借金を返済することがあります。これを商人の破産というのです。止むを得ない破産であれば、世間の人もこれを悪く言うこともなく、かえって気の毒に思うものです。つまり、世間もこれを許して、国の法律でも、その借金はみな帳消《ちょうけ》しになるわけですが、もし、当人にこれを支払う力があれば、全ての借金の残高を、返さなければなりません。これは、人としての責任です。とはいうものの、一度破産した人で、その古い借金を支払えるほどのお金持ちになる人は少ないのです。時には、古い借金を返せるほどの、お金持ちになる人もあるかもしれませんが、昔のことを忘れないで、古い借金を支払うような人は、なおさら少ないのです。もしこのような人がいれば、その人は名誉ある人で、誉めたたえるべき人です。

　フランクリンがアメリカの商人デナムのことを記した文に、こうあります。

「デナムは、初めイギリスのブリストルで商売をしていましたが、方々に借金の額が増えて、支払うことができません。そこで貸し主とそれぞれ話し合いをつけて、アメリカへ渡り一所懸命《いっしょけんめい》働きました。そして、数年の間にお金持ちとなりました。デナムがイギリスに帰る時、私と同船しましたが、帰国してから、以前お金を借りた貸し主の人々を招待して、宴会を開き、『先年、借金が支払えないことを、みなさんにお話しした時、気やすくその話を聞き入れてくれたことを、実にありがたく思います』と、お礼を述べました。列席の人々も、一通りの挨拶《あいさつ》だろうと思っていました。ところが、ごちそうの皿を取り代える時、皿の下を見ると、それぞれの前に銀行の小切手が入っている封筒がありました。中を見ると、それは、古い借金の元金と利子を揃《そろ》えた金額の小切手だったということです」

［お金と人の信用］

（八）貴族ウェルズリーの義理《ぎり》がたさ

イギリスの貴族モーニントンには、二人の子どもがありました。兄をウェルズリーといい、弟をウェリントンといいます。モーニントンが亡くなる時、数千ポンドの借金があって、その家を継《つ》ぐ者は、長男のウェルズリーでしたが、この時、特別な法律で、亡父の借金を払わなくとも差し支えないことに決まりました。

しかし、ウェルズリーはこのことを喜ばず、一人考え、たとえこの家を継いでも借金を片づけるまでは、気楽に過ごすことはできない。それから数年の間、厳《きび》しく倹約《けんやく》して、しばらくして亡父の借金を払うことができるようになりました。

それぞれの借金を払う時、金額百五十ポンドの返済を求めて証文《しょうもん》を持参した者がいました。ウェルズリーは、話を聞いてよく調べてみますと、証文の金額は、百五十ポンドですが、初めにこの証文を持っていた人は、貧しい老人だったのです。老人が五十ポンドで、今度返済を求めてきた人へその証文を売った、ということが明らかになったので、ウェルズリーは、

「私は正しく計算をして、あなたに支払うだけで、余分なものはお支払いできません。ここに五十ポンドのお金があります。あなたが証文を買った金額です。そのほかにここに利《り》息《そく》のお金もあります。あなたが証文を買った日から今日までの利息です。この元金と利息をお持ち帰りください」

と言いました。先方の人も恐縮して、たとえ一銭《いっせん》ももらえなくても、法においては仕方がないはずでしたし、特に損をしたわけではないので、これに満足したといいます。

その後ウェルズリーは、初めにこの証文を所持していた老人を探して、その貧困の様子を聞き、老人に証文の金額と、決まりの利息を与えました。

このように、ウェルズリーが気力が充実していて、義理固《がた》い人物であることは、若者の時から、すでにその証拠があったのです。その後、イギリスで重要な地位に就き、国家の大任を引き受けたのも、この気力と、この徳があったからなのです。

〈解説〉第二十一章　お金の貸し借り（原文「借財に就き誠を盡す事」）

労働と賃金、商品と代金等の貸借の基本のことと、借りるお金のことについて書いてあります。

『童蒙をしへ草』の原文に、「正しき人は據處なき次第あらざれば他人の物を借ることなし。又これを返すべき慥なる目當あらざればこれを借ることなし。既に借財すれば常に心を用ひてこれを忘るゝことなし。萬一にも思ひ掛なきこと出來て拂方に差支るときは、乃ちこれがために心を苦しめ、何とかしてこれを拂はんとて様々に苦勞し、些細の殘りにても皆濟に至るまでは等閑にすることなし」[1]とあります。

また『福翁自伝』の中でも借金について、「およそ世の中に何がこわいといっても、暗殺は別にして、借金ぐらいこわいものはない。他人に対して金銭の不義理は相済まぬことと決定《けつじょう》すれば、借金はますますこわくなります」[2]とあるのです。

福澤の基本的な考え方は、『童蒙をしへ草』のこの章と同じです。福澤の場合、どうしてこのようにお金に対する態度ができたのかは、「福澤の頼母子《たのもし》に大阪屋五郎兵衛という回船屋が一口二朱を掛棄にしたそうです。もちろん私の三、四歳ごろか幼少のときのことで、なにも知りませんでしたが、十三、四歳のとき、ある日母が私に申すに『お前はなにも知らぬことだが、十年前に…大阪屋が掛棄にして、福澤の家は大阪屋に金二朱をもろうたようなものだ。まことに気に済まぬ。武家が町人から金を恵まれて、それをただもろうて黙っていることはできません。とうから返したい返したいと思ってはいたが、ドウモそういかずに、ヤットことしは少し融通がついたから、この二朱のお金を大阪屋に持っていって厚う礼を述べて返してこい』[3]」という母の毅然《きぜん》たる態度が影響していることはいうまでもありません。現在は、銀行や金融機関の発達で、銀行ローンなどでの借入は誰でも使用していることですが、やはり借金という点では基本的には同じ心配はあるわけです。

ところで、小学生の生活でも、お金についての基本的な取り扱い方は、物を買ったり、お金を拾ったり、電話やバス代などのお金を借りたり、お年玉などの管理をしたり、その心がけはきちんとしなくてはなりません。その点は、学校の教科書には、六年歴史の勉強で物々交換による物の価値や古銭の普及、商業の発達による関連で出てくる程度で、後は個人の金銭についての自覚については日常のしつけの部分で各家庭や教師に任されているのが現状です。子どもの自立を考える時、このような日常の生活観念をも育《はぐく》むお金の教育を行うことが大切です。

(1)「童蒙をしへ草」巻四（『全集』三、二七一頁）

(2)『福翁自伝』慶應通信、二三一頁

(3)『福翁自伝』慶應通信、二三二頁

第二十二章　品　格

【人に備わっている心の気高さ】

世の中に出世やお金儲《もう》けの方法はいろいろあります。国の決まりで禁止しているわけではありませんが、出世やお金儲けのやり方によっては、世間の人を怒らせることもあり、また、そのやり方に下品なものもあります。

　ですから、自分を大切にする人や、自分の好まないことを他人にしたくない人は、このような出世やお金儲けをする場合でも、人間としての務めを考え、天の道に背いて自分の財産を富ますことなどはしないことです。

（イ）ジョージ・デイドの品格

〔志の高さが身分を越えたこと〕

ジョージ・デイドは、ノッティンハム州の貧しい家の男の子です。ある老婦人の世話で育てられ、年頃になって、ある人の家に奉公《ほうこう》に出て給仕をしていましたが、だんだん出世して会計係りとなりました。とても正直で、何事にもよく心を配るので、主人は大変喜びました。

その家の主人には、一人の妹がありましたが、妹はデイドの行動が優しく、また、男らしいのを見て、日頃から好意をもって、憧《あこが》れていました。さて、デイドの立場で考えると、この娘の心をますます動かして、ひそかに婚約してしまえば、デイドには大変有利なわけです。デイドは娘の愛情も無視できず、そのうえ自分の出世のためにもなると、一時は迷いを起こしたこともありましたが、よくよく考えると、これは出世の本筋ではありません。今もし、この娘と夫婦になれば、主人をはじめ、家族の人の心を傷つけ、自分も娘もともに恥をかくことになるはずです。むしろ、このことを主人へ話すことが自分の務めであると思い、主人のところへ行き、ことの次第を話し、

「とてもつり合わない縁《えん》ですから、あきらめられるように取りはからってください」

と言いました。主人もその意志の強さに感心して、妹を遠くへ引きはなしました。その後間もなく、主人はデイドのために仲立ちをして、よい役職に推薦《すいせん》しました。デイドはこの役職についてから、数年たらずで出世をし、家を持ち、今ではあの娘を嫁に迎えても恥ずかしくない身分となりましたから、昔の主人のもとで、正式に婚礼《こんれい》の儀式《ぎしき》を整えて、家族親類に反対もなく、仲のよい夫婦となったといいます。

〈解説〉第二十二章　品　格（原文「鄙劣なる利益を得るに當り誠を盡す事」）

出世やお金儲《もう》けをする時に、注意しなければならないことについて書かれています。『童蒙をしへ草』の原文に、「自分の身を貴び自分の好まざる事を以て他人に仕向ることなからんと欲する者は、斯る出世金儲の場合に當りて、人たるものゝ職分を思ひ、天理に背て身を富すなどの振舞はせざるなり[1]」とあります。特に、お金儲けや、出世の事について、法律で禁止していないからといってやたら勝手にすることは、よいことではないのです。世間を怒らせることもあるし、そのやり方にも品性をもち下品にならないようにすることが、大事なのです。

福澤のお金についての考え方には、前の二十一章の「頼母《たのも》子《し》講」のことや二十三章での「乗船切符を間違えたこと」で触れましたが、その考え方は、中津《なかつ》藩に対しては違います。

「私が中津藩に対する筆法は、金の辞退どころかただ取ることばかり考えて、なんでも構わぬ、取れるだけ取れという気で、一両でも十両でもうまく取り出せば、なんだか猟《かり》に行って獲物《えもの》のあったような心持がする」[2]という考えであったのですが、その態度も「ソコデ三百年の幕府がつぶれたといえば、これは日本社会の大変革で、したがって私の一身も初めて夢からさめて、藩庁に対する挙動も改まらなければならぬ。これまで自分が藩庁に向かって恥ずべきことを犯したのは、畢竟《ひっきょう》藩の殿様などという者をあがめ奉って、その極度はその人を人間以上の人と思いその財産を天然の公共物と思い、知らず知らずおのずから卑劣に陥りしことなるが、これからは藩主も平等の人間なりと一念ここに発起して、この平等の主義からして物をむさぼるは男子のことにあらずという考えが浮んだのだろうと思われる」[3]と、言っています。

さらに、「私が金銭のことにつき数年の間に豹変《ひょうへん》したその由来を語りましょう。王制維新のそのときに、幕府から幕臣一般に三カ条の下問を発し、第一王臣になるか、第二幕臣になって静岡へ行くか、第三帰農して平民になるかといってきたから、私はもちろん帰農しますと答えて、そのときから大小を捨てて丸腰になってしまい、…帰農といえば幕府から物をもらうわけもないから、同時に奥平家の方からもらっている六人扶持か八人扶持の米も、ご辞退申すといって返してしまいました」[4]。この年が明治二年で先生の三十六歳の時のことです。この頃から福澤はいわゆる個人としての独立した生活を始めたのです。

（1）「童蒙をしへ草」巻四（『全集』三、二七三頁）
（2）『福翁自伝』慶應通信、二四三頁
（3）『福翁自伝』慶應通信、二四六頁
（4）『福翁自伝』慶應通信、二四一頁

第二十三章　買物をするとき

[商売繁盛《はんじょう》は正直にある]

物を売ったり、買ったり、そのほかすべてお金や品物をやり取りすることについては、いろいろなやり方がありますが、決して人を騙《だま》してはいけません。

商売人の家で使う重さや長さは、米一粒の重さ、髪の毛一本の太さでさえも、間違いがあってはなりません。また、質のよくない品物をよい品物のように言って人を欺《あざむ》いてはいけません。品物の本来の値段で売り、少しでも多くもうけようとしてはいけません。

また、一方から言えば、物を買う時に、売り手の誤りで、品物を多く渡されたり、または、その品物の質が、初めに値段を

つけたものよりよいものであれば、買い手から、その間違いを売り手へ告げなければなりません。

あるいは、すでに買った人の家に品物が届いた後になって、その品物の間違いが見つかったら、買った人のほうからその間違いの品を返すか、または、別にその代金を払わなければなりません。

しかし、世間の人の中には、心得違いをしていて、物を売買する時には、人を欺いても妨げにならないと思っている人がいます。

たとえばここに、（イ）と（ロ）の人がいます。（イ）は売る人で、（ロ）は買う人です。（イ）の人が思うには、「品物は、今、目の前に出しているのだから、その質を見分け、多いか少ないかを調べるのは買う人のすることで、売る人が買う人を騙しても構わない。騙されるのは、買う人がいけないのだから、売る人を非難することはできない。」と。最初から（イ）の心には、他人を悪く考えて（ロ）も自分と同じ考えだろうと思うために、このような卑劣な行いもよいことと考えるのです。

そうはいっても、およそこの類の行動は、大悪無《だいあくむ》道《どう》といわなければなりません。どんな人でも同じ人を騙して、その罪を許せるでしょうか。ですから、（ロ）がもし（イ）を騙したとしても、（イ）のためを考えると、人に騙されても人を騙すことのないほうがよいのです。

ただし、物を売買する時、値段のことをやかましくいうのは、その品物に相当する値段を決めるためなので、差し支えありません。

広く世の中を見ると、人を騙して裕福になる人は稀《まれ》です。このような人は、たとえ政府の法律で罰せられなくとも、だんだん売買の相手を失って、罪を受けるよりも厳しい目にあうでしょう。人に嫌われ、人に卑《いや》しまれた後、初めてハッとし、繁盛の道は正直にあり、ということに気がついても、もう遅いのです。

［商売の信用を考える］

(イ)正直《しょうじき》な少年

アメリカでのことです。田舎の老人がその子どもを連れてニューヨークへ来ました。そして、その子どもを呉服屋《ごふくや》の店員として働かせました。初めの頃はよかったのですが、ある日、ある婦人がこの店に絹の衣装を買いに来たので、この少年は、希望の品を出して、値段の相談も決まり、代金を受け取ろうとする時、ふとその着物に傷のあることを見つけて、これを婦人に言いました。

「今よくこの品物を見ると、ここに少しの傷があります。私の役目ですから、念のためにお知らせします」

と言いましたので、婦人もこれを聞いて、買わずに帰りました。

店の主人は、密《ひそ》かにこの様子を見ていて大いに怒り、すぐに田舎の親元へ、手紙を書き、

「すぐにこの子を迎えに来てほしい。この少年は、とても商人となる者ではありません」

と伝えました。

父親は、前からこの子の正直なことを頼みにしていましたから、店から来た手紙を見て大変心配しました。とにかく子どもがどんな過《あやま》ちをしたのかを聞こうと思い、急いでニューヨークへ行き、主人に面会して、

「この子がとても商人にはなれないとは、どうしてなのでしょうか？」

と尋ねますと主人は、

「機転が利かないのです。一、二日前のことですが、ある婦人が店にきて絹織物を買おうとした時、この少年が余計なことをしゃべり、その品物に傷があるなどと言って客に知らせたので、ついに商売をしそこないました。品物を調べるのは客の仕事です。自分でその傷を見つけなければ、それまでのことです。それなのに、こちらからわざわざ傷がある、などと言って知らせるのは、馬鹿者《ばかもの》というべきです」

と言うので、父親は、ふたたび念をおして、

「息子の過ちはこれだけで、ほかに何か罪がありますか？」

と尋ねますと主人は、

「このことだけで、ほかには何もありません」

と言いましたので、父親は大笑いし、

「このことだけならば、私は、この子を前よりもずっと愛《いと》しくなりました。この度のことをわざわざ伝えてくれたことは有り難いのですが、もはや、私は一日もこの子を、あなたの店には置きません」

と言って親子一緒に、すぐに帰ってしまったといいます。

（ロ）うそをついた商人《しょうにん》　「商売の信用を失うこと」

百年ばかり前までは、北アメリカのミズーリ川という川のほとりに住んでいる先住民は、あまりヨーロッパの人と交際がありませんでした。

その頃、ヨーロッパのある商人が、その先住民の住んでいる里へ行き、先住民たちへ鉄砲の使い方を教えて、持って行った鉄砲と火薬を売り、その代わりに獣《けもの》の皮を受け取って帰ったことがありました。その後また、フランスの商人が、交易の品物に火薬を仕入れて、同じ里へ行きました。先住民たちは、前の火薬をたくさん持っていて、今度の品を買う様子はありません。フランス人は、大変困っていろいろと工夫をし、ずるい計略を立てて先住民に言いました。

「火薬というものは草の実で、その草は稷《きび》などのように、畑にできるものです」と騙《だま》しました。先住民たちは、これを本当と思い、持っている火薬を残らず畑に蒔《ま》いて、新しくフランス人の火薬を買い、その代わりに獣の皮を渡しました。

先住民たちは、火薬を蒔いた畑へ猪や鹿が種を荒さないようにと見張りをつけて、時々見回り、火薬の苗の生えるのを待ちました。しかし、芽を出す様子もありません。これはおかしいことだ、もしかしたらフランス人のうそではないか、と気がついた時にはもう遅く、その種からは草や木も生えず失望しました。そして、彼にうまく騙されたことを先住民たちは深く恨《うら》みに思いました。

その後、そのフランス人は、自分でこの里に来るのは憚《はばか》りがあるので、仲間の者へいろいろな物を持たせて交易に行かせました。しかし、先住民たちはあることで、このフランス人も前のうそを言ったフランス人の仲間であるとわかりましたが、知らないふりをして、丁寧に扱い、その荷物を置く場所として里の中ほどにある一軒の家を貸しました。

商人はこの家に荷物を置いて、交易のために持ってきた品物を残らず並べて、店の飾りも立派にできました。そこへ、前にうそをつかれて火薬の種を蒔いた先住民たちが、一度にこの店へ押し込んできて、遠慮もせずに、めいめいの気に入った物を奪《うば》い取ったので、あっという間に交易の店は、空き家となりました。商人はこの振舞を見て大いに怒り、早速、里の長老のところへ行って、ことの次第を訴えました。長老は、礼儀正しく挨拶《あいさつ》をして、

「このことについては、必ず不正を裁判して、君に迷惑のないように取り計らいます。けれども、この裁判をするには、火薬が実る時を待たなければなりません。そのわけは、この里の者たちは、前にフランス人のすすめで、火薬の種を畑に蒔きましたが、そろそろその苗も生え、実も熟す時になるでしょう。そのうえで里の者たちが相談をして、山に狩りをして、獣を捕《と》り、その皮で君の失った品物の代金を償《つぐな》い、また、前に君の同国の人が、親切に火薬の作り方を教えてくれた気持ちにも報《むく》いるつもりです」

と言ったので、商人はなお先住民を欺《あざむ》こうとして、

「火薬の苗は、フランスの国では、よく成長しますが、この辺の土地は、火薬に合わないため、とても実ることは難しいでしょう」

などと、様々に言い訳をしようとしましたが、先住民は、これを承知しません。商人は、大いに面目を失い、することもなく帰ったといいます。この商人が、先住民たちにこのように痛めつけられたのに、少しも恥じる様子がないのは、人間の務めを知らない人というべきです。

このように、フランス人がうそをついたために損害を受けた者は、この先住民たちだけではありません。その後、先住民はフランス人とは決して交易をしませんでした。ついにこの里では、フランス人の商売の道は絶えてしまい、国家の損失となりました。世の中には、この類のことがとても多いのです。

イギリスのあるところで、笹縁《ささべり》（服の端や袋物の端などをとじる小さな布のこと）のきれはしを織り、その土地の産物としていましたが、この笹縁というものは、本来値打ちのないものを、さもあるように作り出す品物なので、だんだんにせものを作って世間の人に嫌われ、近年では、全くの特産物の道を失ってしまいました。

また、以前、イギリス政府の下院の議会では、

「同国アイルランド州（一九四九年イギリスより独立）にできる麻は、イギリス中で使うのに十分なのですが、イギリスでは外国から麻を持ち帰ることがとても多く、しかもその値段はアイルランドの麻より高いのです。そのわけは、アイルランドの麻は、目方《めかた》を重くするために、わざと湿気を与えたり、俵の中へ泥を入れるなどして、その湿気のために麻の質を落とす人がいます。このように不正なことをする者は、わずかに五人か八人でも、買い主ではアイルランドの麻だと聞けば、一々その品物を改めてから買わなければなりません。品物を改めて吟味《ぎんみ》するには、時間がかかり、手間がかかります。その時間と手間は、つまりお金です。このように改め、手間がかかる品物を買うには、確かな物を買うほどの

お金を払う必要はありません。商売の相手を選ぶのは買う人の自由ですから、不正を行う者を相手にして物を買うよりも、正しい人と取り引きすることを喜ぶのは、当然のことなのです。このようなわけで、アイルランドの麻も、笹縁のように、だんだん世間の人に信用されなくなって、ついに商売の道を失うことになるでしょう」と言いました。

この話で考えれば、物の売買を正しくすることは、とても大切なことなのです。

〈解説〉第二十三章　買物をするとき（原文「物を賣買することに就き誠を盡す事」）

物を売買することについての心得が書いてあります。

『童蒙をしへ草』の原文に、「物を買ふとき、賣人の誤りて品物を多く渡すか、又は其品物の性合、初に直《ね》をつけしものよりもよきことあらば、買人《カヒテ》の方より其間違を賣人《ウリテ》の方へ告げざるべからず。或は又其品物を既に買人の家に届けし後にて間違を見出すことあらば、買人の方より其間違だけの品を返すか、又は別段に其代金を拂はざるべからず[1]」とあります。

福澤は『福翁自伝』の「一身一家家計の由来」のところで、お金のことについて「右様《みぎよう》な大金の話でない、ごくごく些細《ささい》のことでも、ちょいとごまかしてむさぼるようなことは私の虫が好かない[2]」とあり、そのことのよい例のお話もあります。それは、明治九年に一太郎（十二歳二、三カ月）、捨次郎（十歳あまり）をつれて上方（大阪）見物に行く時に、乗船の切符のことで、大人は、十二歳以上とあるので福澤は大人二枚、子ども一枚と、問屋の番頭に頼みました。すると切符は、大人一枚、子供二枚となっていたのです。そこで福澤は承知せず、「二、三カ月でも二、三日でも規則は規則だ、是非規則どおりに払う[3]」と言い、ついに切符を取り替えさせた、という厳格なお話があります。

（1）「童蒙をしへ草」巻四（『全集』三、二七五頁）
（2）『福翁自伝』慶應通信、二四〇頁
（3）『福翁自伝』慶應通信、二四一頁

第二十四章　約束

［約束を守ることの大切さ］

人と約束をすれば、その相手の人は、私を信じ、必ずその約束を破ることはないだろうと思って、それぞれ都《つ》合《ごう》をつけるものです。それなのに、こちらからその約束を破る時は、相手の人は裏切られて、前から信用して計画していたことも水の泡となります。ですから子どもでも大人でも、一度人と約束したことが、悪いことでなければ、たとえ自分には都合が悪くても、これを守らなければなりません。

子どもの時から、わずかなことでも約束をいい加減にすると、だんだんこれに慣れて年をとってからも大切なことを約束しても、やはりこれを破るようになって、世間の人に嫌われたり信用をなくしたりします。

（イ）ムーア人のしきたり

〔国による文化の違いの一つ〕

大昔、イスパニア（スペイン）の半分の領地は、ムーア人に占領されました（ムーア人とは、今のアフリカ州の北にある、モロッコの国の人種です）。その時代のある日、スペイン人が、若いムーア人とちょっとしたことで喧嘩《けんか》になり、はからずもムーア人を打ち殺してしまい、その場を逃げ去りました。隠れ場所を探し求めて、別荘と思われるところの塀《へい》を越えて家に入ってみると、その主人もムーア人でした。この人にことのいきさつを話してかくまってくれと頼みました。

ムーア人の風俗では、ともに物を食べた人は、困った時には必ず助けるというしきたりですから、主人は、必ずこのスペイン人を救う証拠に、そこにある桃の実をともに取って食べ、まずこの人を離《はな》れ座敷《ざしき》に入れて鍵《かぎ》を締《し》め、

「夜に入ったならば、また安全なところへ移します」

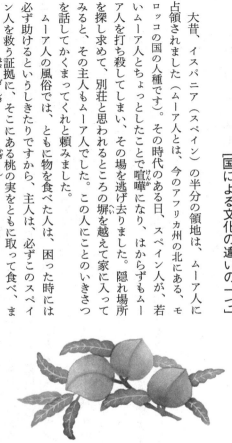

と言って、別荘を出て家に帰りました。主人は家に帰り、ようやく食卓に着いた時、大勢の人々が泣き叫びながら、今、スペイン人に殺された家の子どもを門から担いできました。主人はこれを見て驚《おどろ》き、これを殺した者は、紛《まぎ》れもなく、今自分がかくまおうとするスペイン人に間違いないとわかりましたが、一度約束したことは破るまいと覚悟を決め、そのことを誰にも知らせず、夜になって別荘へ行って座敷からスペイン人を出し、よい馬を貸して、それに乗せ、別れを告げてこう言いました。

「キリスト教徒よ（スペイン人のこと）、今朝、君の手にかかって殺された相手は、私の子どもです。君は、その罪を逃れる道はありませんが、私とともに食事をしたのだから、私は約束を守りましょう。夜のうちに急いで走りなさい。夜の明けるころには心配ないでしょう。君はわが子の血を流して罪を犯しましたが、私は君に対して、そのような罪を犯すこともなく、信用を守って失わなかったことに対しては、天が私を恵み祝福してくれることでしょう」

（ロ）フランス王ジャン二世の約束

［ジャン二世の国王としての誇り］

一三五六年、フランス王ジャン二世は、イギリスのエドワード三世の王子、将軍ブラック・プリンス（黒太子）と戦って敗れ、捕虜《ほりょ》となってイギリスへ送られました。イギリスに留まること四年、イギリスでは、このフランス王を許してフランスへ帰らせました。そして、フランスの人民を諭《さと》して、イギリスの思いどおりに和睦《わぼく》を結ぼうとしたのです。

しかし、この和睦について、イギリスから言い出した条件の中に、フランス王を許した代わりに四百万クラウンの償金を払うこと、とありましたが、フランス王が帰国した後に、国中の人民はこの条件を承知しません。そして、和睦の話し合いは失敗に終わりました。

フランス王は、一度許された身となりましたが、国中の人民がイギリスへ約束の償金を払う様子がないので、フランスにいることを快しとせず、再びイギリスへ行き、約束どおりに捕虜になろうと自分から決心をしました。まわりの人々がこれを止めようとしましたが、聞き入れず、

「一国の人民、ことごとくみな信義《しんぎ》（約束を守り、義務を果たすこと）を忘れても、せめて国王たる者の心には、これを守らなければならない」

と言いました。このようなわけで、フランス王はイギリスへ帰り、再び捕虜となってついにロンドンで亡くなりました。

〈解説〉第二十四章　約　束（原文「約束を守るに就き誠を盡す事」）

人との約束を守ることは、相手の信用に応《こた》えることになる、その大切さが書かれています。『童蒙をしへ草』の原文に、「子供にても大人にても、一度人と約束して其事柄あしきことにさへあらざれば、假令ひ我身に取りては不都合なりとも、必ずこれを守らざるべからず。子供のときより僅の事にても約束を等閑にするときは、次第にこれに慣れ、年とりて後に大切なることを約束しても、矢張これを破るやうになりて、世間の人に嫌はれ賤しめらるべし[1]」とあります。

人と人との約束を、実行できない時は、それなりの事前の連絡が大切でしょう。待合わせに遅れないことや、本を期日までに返すことなど、約束の意味を知っている子にも、約束をそれほど重要視していない子にも、約束の大切さを考えさせて、いい加減にさせないことです。そういう意味では、できない約束はしないこと等も含めて、返答の仕方も教えることが大切だと思います。

（1）「童蒙をしへ草」巻四（『全集』三、二七九頁）

第二十五章　人の邪魔《じゃま》や悪戯《いたずら》

［気がつかない人の邪魔や悪戯］

性質が軽々しく、よく考えないでいたずらをする人がいますが、少し気をつけて考えてみれば、これはとてもよくないことです。

たとえば、きれいにできた垣根《かきね》の杭《くい》を引き抜いたり、あるいは新しく塗《ぬ》った店の看板を見て、手が届くところを指で汚し、また、人の別荘などへ行って、木を折り壁に傷をつけたり、木切れなどでその壁に自分の名前を記したり、あるいは、人の家に入って書画や置物などが飾ってあるのに、遠慮《えんりょ》もしないで、部屋を汚し、諸道具を乱暴に扱ったり、また、人の庭園を見物する時も、番人がいなければ、花壇を踏み築山《つきやま》を荒らして、花を折り実を取るなど、一つ一つ数えればきりがありません。

これらはみな、よその人の物で朝夕その人の心を楽しませるものなのに、意味もなくいたずらすることは、品がなく、また失礼です。また、料理屋などへ行き、その席の料理などを袂《たもと》（着物のそで）に入れたり、むやみにこれを荒らして帰る人もいます。これを特別な悪いこととも思わないけれども、実際のところはそれは泥棒《どろぼう》です。茶屋の主人は、ただ一時のお客の飲食するだけの品物を揃《そろ》えて、それだけの代金を受け取るのです。ですから、自分が飲食するほかの物へ手をつけるのは、泥棒なのです。

どんな品物でも、自分の物でも他人の物でも、一度これをこわしてしまうともう世の中の役には立ちません。そのこわした分だけ、この世界を貧乏にしたのです。広い世界にはあらゆるものがたくさんありますが、人がいたずらによってこわすほどたくさんにはないものです。

ここに一つのいたずらがあります。それは、気晴らしに人を悩ませたり、畜類を苦しめることです。たとえば、子どもが仲間と話し合い、一人の子どもを暗いところで脅《おど》かしたりすることがあります。本当に考えのないいたずらです。このように脅かす者たちは、これを気晴らしと思うでしょうが、脅かされる子どもの身にとっては、どれほど苦痛なことでしょう。ものにすごく驚いた時には、気を失なってしまうことがあります。大変なことです。

また、気立てのよい子どもを馬鹿にして、とんでもないうそを話して、これをだまして喜ぶ者がいます。これもまた、よくないことです。

誰でも人に驚かされたり、欺《あざむ》かれることを好きな人はいません。ですから、自分も人を驚かし、人を欺いてはいけません。また、犬の尾に空樽《あきだる》を結びつけたり、あるいは犬をけしかけて猫を苦しめたり、石を投げて鳥を打ったり、犬や猫の子を川に投げ込むなど、どれも優しさのない気晴らしというものです。

また、別に一つの悪いいたずらがあります。このいたずらは、よほど考えたやり方で、大悪無道《だいあくむどう》ともいうべきものですが、世間にも稀《まれ》にはあることです。それは、人に対して、何か忘れがたい恨《うら》みをもち、夜、密《ひそ》かにその人の屋敷に入って若木を切り倒したり、あるいは、その畑を荒らしたり、また、その牛馬に傷つけたりすることです。これは、実に根性の悪いいたずらで、心ある人の最も憎むところです。

[益ある蜂と害ある蜂]

(イ)蜜蜂《みつばち》と黄蜂《きばち》(寓言《ぐうげん》)

黄蜂と蜜蜂が出会い、黄蜂が言うには、

「世間の人が、みな私を嫌って君を愛するのはなぜでしょう。不思議なことです。お互いに姿形もだいたい似ており、ただ私の身体には、金色の筋があって少し君よりきれいなだけです。

私も君もともに羽のある虫で、ともに蜜が好きで、また、気にくわないことがあれば人を刺したりし、少しも変わらないだけでなく、私はときどき人家にも入り、その食事の器にとまったり、君に比べればよほど人に親しくしていますが、いつも私を憎み、私を殺そうとする人が多いのです。

　これに比べて君は、疑いの心深く人とは疎遠《そえん》なのに、世の中の人はかえって君を愛し、君のためには、家を作り屋根をふき、冬の間も丁寧に世話をして養うのはなぜでしょう。本当に驚《おどろ》くべきことです」

と黄蜂が言いますと、蜜蜂は、

「それは、ほかでもありません。君が人のために働かないで、かえって人を煩《わずら》わせ、その邪魔をするので、世の中の人はみな君が近づくのを好まないのです。私はただ毎日忙しくして、人のために蜜を集めるので、人も私の仕事の大切さを知るのです。今君のために考えるならば、人が好まないところへみだりに出かけて、無駄に時間を過ごすより、この暇を何か世の中のためになることをすることに使うことがよいでしょう」

と言いました。

（ロ）象と洋服屋のいたずら

[動物にも不快の心がある話]

東インドのある洋服屋が、店の窓の内側で衣装《いしょう》を仕立てていたところへ、道を一頭の象が通りかかり、その鼻を伸ばして窓へ差し入れました。洋服屋はいたずらに針で鼻《はな》を刺《さ》しますと、象は驚いてその場を去り、川のほうへ走って行きました。もともとこの象が窓から鼻を入れたのは、悪いことをするつもりではありませんでした。

しかし、その象に針を刺したのは、洋服屋の悪いいたずらですから、その罰を受けても仕方がありません。しばらくして、その象は鼻と口に一杯に水を含んで、洋服屋の窓の下に来て、一度にこれを吹き出しましたので、洋服屋は、頭から全身に汚い水をかぶり、大事な仕立て物もずぶ濡《ぬ》れとなり、近所の人に笑われたといいます。

〈解説〉第二十五章　人の邪魔や悪戯〈原文「益なき惡事を爲さゞるやう誡を盡す事」〉

悪戯《いたずら》について書いてあります。悪戯にも多くの種類があり、また、程度の差のあることがわかります。

『童蒙をしへ草』の原文に、「人の性質輕々《かろぐ》しくして或は無益に徒《いたづ》らなることを爲す者あれども、少しく心を留て考ふれば、甚だ宜しからざる事なり[1]」とあります。具体的な悪戯の例もあります。それは、物を壊す、畜類を苦しめる、人を威《おど》かす、騙《だま》す、そのほか恐ろしいのは、人に対して遺恨をもち、それを晴らすための根性の悪い悪戯だとあります。

福澤も、『福翁自伝』には、子どもの頃や多感な青年の頃の悪戯がいくつかあります。

子どもの頃の悪戯には、十二、三歳の頃お兄さんが中津の殿様の奥平《おくだいら》大膳大夫の名が書かれた反故《ほご》紙をそろえていたところ、諭吉少年がドタバタ踏んで通ったので兄に強くしかられます。その時諭吉少年は、「『なんのことだろう。殿様の頭でも踏みはしなかろう、名の書いてある紙を踏んだからって構うことはなさそうなものだ』とはなはだ不平で、ソレカラ子供心にひとり思案して、兄さんのいうように殿様の名の書いてある反故を踏んで悪いといえば、神様の名のあるお札を踏んだらどうだろうと思って…[2]」と、お札を踏む、いなり様の神体を見るなどしたのですが、これは福澤の科学心の芽ばえとして神仏に対して疑ってみたのです。『福翁自伝』には続けて、「幼少のときから神様がこわいだの仏様がありがたいだのということはちょいともない、うらない、まじない、いっさい不信仰で、キツネタヌキがつくというようなことは、初めからばかにして少しも信じない。子供ながらも精神はまことにカラリとしたものでした[3]」とあります。福澤の悪戯はこのようなものだったのです。

（1）「童蒙をしへ草」巻四（『全集』三、二八一頁）
（2）『福翁自伝』慶應通信、一六―一七頁
（3）『福翁自伝』慶應通信、一七―一八頁

第二十六章　うそや偽《いつわ》りのいけないこと

［真実を正直に話す大切さ］

人間は、真実を守り、偽りをせず、うそを言わないことが最も大切なことです。

たとえば、ここに旅人がいて、一日中歩いて疲れ、ある村で子どもに会い、次の宿まで何里あるかを尋ねると、子どもはうそをいって三里ある道を一里と言ってしまったとします。旅人はこの村に泊まるつもりであっても、あとわずか一里と聞いたので力が湧《わ》いて元気に歩きだすことでしょう。

このような時には、この子どものせいで、旅人が受ける被害は大変なものです。もしかしたら、先の宿まで行き着かず、途中で疲れて倒れることもあるでしょう。また、無理に身体の力を使って病気になり、回復しないこともあるでしょう。これは、その旅人にとって大きな災難ですが、そのもとを尋ねれば、ただ子どもが一言、うそを言ったことで起きたことです。

また、たとえば、ここにジョンとジェームズという二人の子どもがいます。二人とも同じような玉を持っていて、ジョンの玉は、ジェームズの玉よりも少しよいので、ジェームズは欲ばりで、ジョンの玉を自分の玉だと言いましたが、ジョンはそれを聞き入れず、二人とも争いとなって、それならば、友だちのヘンリーを証拠人としてはっきりさせようとしました。そして、二人はヘンリーに話しました。

ヘンリーは年少の子どもで、かつてジェームズに打たれたことがあるので、その玉はジョンの玉と知りながら、またジェームズに打たれることを恐れて、これをジェームズの玉だと言いました。

これは、ヘンリーがうそを言って、玉の持ち主のジョンへ不正な害を与えたということです。このように言われた時には、ジョンも簡単にその玉を手放したりはしないので、ジェームズはこれを力ずくで取ろうとしたり、あるいはジョンをなぐったりして、打ち合いの喧嘩《けんか》となることもあるでしょう。そのようなところへ先生が出て来て、

「この喧嘩は誰から始めたのか」

と尋ねると、ヘンリーは、まだジェームズを恐れて、

「ジョンから先に手を出しました」

と言うので、先生はジョンを厳《きび》しく叱《しか》り、また、鞭《むち》打つこともあるでしょう。このような時、ヘンリーは、またうそを言って、罪のないジョンを陥《おとしい》れたのです。

このようなわけで、ヘンリーは悪者のジェームズを恐れて、自分の身をかばおうとしたために、二度もうそを言って大変悪いことを引き起こしたのです。

これは、たとえの話ですが、今も世の中には、うそが行われるために大変な災いを引き起こすことがあります。昔は、うそをついて人を罪に陥れ、その人を殺してしまったことも珍しくありません。今の開けた世の中では、まずこのような心配は少ないけれど、それでも人を騙《だま》し脅《おど》す者もいます。人の名誉を汚し、その財産を失わせることも、少なくありません。

ですから、人間として生まれ、世間のために悪いことをせず、良いことをしようと思う人は、小さい時から、少しでもうそを言わないように、真実を守るように心がけなければいけないのです。

また、うそ偽りにもいろいろな種類があります。その罪は様々でその害も同じではありませんが、ことごとく憎むべきものです。子どもたちが悪いことをして、父母に叱られることを恐れてこれを隠すなどは、よいことではありません。

このような子どもは、ただ自分の罪を逃れようとするだけなのですが、少し物事の筋道を考えれば、たとえ父母の怒りが恐ろしくても、真実を打ち明けて話すことの方が自分のためなのです。一度のうそは、二度のうそを引き起こし、二度、三度とこれに慣れて、ついにうそ偽りが性分となり、世間の人もこの子どもの言うことは、一言も信用してはならないと思い、彼を卑《いや》しめ見下すようになるのです。

物を取ろうとする時に言ううそは、非難《ひなん》を逃れるために言ううそよりも、その罪は深いのです。たとえば、ここに一人の子どもがいます。いつものとおり一週間に一ペニーのお金を母にもらっているのに、父のところに来て母には半ペニーのお金ももらっていないと言って、また父に一ペニーをもらうなどのことがあれば、これは誠に見苦しいうそです。その父にもらった一ペニーは、盗んだお金ということです。

また、自分の罪を逃れようとして、罪のない人を罪に陥れようとして言ううそは、前に述べた物を取ろうとするうそよりも一段と罪深いのです。

また、心の中で企《くわだ》てて、わざと人を欺《あざむ》こうとするために言ううそのほかに、別のうそもあります。このうそは、物事を気にかけないか、あるいは、物事を急ぎすぎるか、あるいは、物事に熱中するなどの心得違いによって起きるものです。サミュエル・ジョンソンという人の説に、

「すべて世の中のうそは、わざと人を欺こうとして企てるものより、その多くは、物事を気にかけないことによって起きるのが普通です」

というのがあります。何事につけ世の人は言うことと、行うことに間違いのないように、などと気にしないで、あいまいに物事を言い、あるいは、物事の真か偽かをよく確かめないで、人に気に入られようとして、いい加減なことを言う者が多いのです。たとえば、職

人が注文の仕事を何日までするとの見込みもないのに、ただ、人に気に入られようと思って、やたらに日を決めて受けるなどは、この例なのです。

　また、物事に気を配らず、ただ人を驚かすことだけを好んで大袈裟《おおげさ》な話をして、あまり人に迷惑をかけていないだろうなどと平気でいる人がいます。

　あるいは、話の内容もまったく根も葉もないうそではないかもしれませんが、人を驚かそうとして、やたらにことを大袈裟に言いふらすのは、本当のこととは異なるので、やはりうそや偽りの一つなのです。

　このような人が話をしているのを聞くと、当たり前の言葉で済むところを、わざと力を入れて、

「大いなる」「限りなき」「巨大なる」「美を尽くしたる」「広大無辺なる」「目を驚かす」「恐ろしき」などという言葉を使うことが多いのです。

　たとえば、親子で犬の話をしたとしましょう。

子「夕方、町で犬を見ましたが、その数の多いこと、五百頭は確かにいました」

親「そのように犬が多いはずはないでしょう」

子「百頭は確かです」

親「それもないでしょう。この村には、百頭もの犬はいないはずです」

子「でも、十頭より少ないことはありません。これだけは確かに間違いありません」

親「お前は始めに『確かに五百頭』と言い、今は『確かに十頭』と言いました。そんなことでは、この十頭も疑わしい。お前は、自分でもう二度も数を変えたのです。私はおまえの言うことを信じられません」

と言ったので、子どもはちょっと困った様子で、

「どれほど少なくても、あのぶちと白の犬は確かに見ました」

この例は、いたずらに人を驚かそうとしてうそを言った一つの例です。

もう一つよく似た話があります。

ある男がいました。幼少の時から学問もしたことがなく、前に一度西インド（中南米の島々）に行って来て、大得意になっていました。ある夏の半ば頃、人の話で、

「この季節の日の出は、午前四時の頃です。不思議なほど早い時間ではないですか」

と言ったので、その男は、

「午前四時の日の出など、驚くにはおよびません。西インド諸島のジャマイカでは、午前二時と三時の間に日はもう昇ります。私は先年西インド諸島でこれを見てきました」

と言いました。これは本当のことであるはずがありません。赤道より北の方では、北へ行けば行くほど日の出は早くなり、南に行けば南に行くほど遅くなるはずです。ですから、西インドはイギリスよりはるかに南の方にあるので、日の出は遅いはずですが、この男は無学のくせに、物知り顔で得意になってうそを言うのです。おかしいことです。

また、世間の人で口癖に、

「私たちが生まれて以来、これほど熱いことはない」

と言う人がいます。また、

「誰それの羽《は》織《おり》の立派なこと、私たちは今までこのような美しい服を見たことがない」

と言う人もいます。あるいは、

「誰それの家に招待された時ほどおもしろいことは、生まれて初めてである」

などと、言う人もいます。けれどもこれらは、みな確かにそのとおりだと心から思ったわけではなく、ただ口から出まかせにいい加減に言ううそなのです。ですから、信実の尊さを知り、いつもこれを守ろうとして、使う言葉の意味を少しでも考えるならば、この例のような類のうそは言わなくとも済むはずなのです。

また、ここに一つのうそがあります。このうそは、一を言って、それとなく二を悟《さと》らせる意図があります。たとえば、ある客の帰ったあとで、その部屋を調べたところ、何々の品がなくなっていました、と言うことです。その品がなくなったことは間違いないとしても、このように言う時は、その客が盗んだということを暗《あん》に人に知らせる意図があります。その罪は普通のうそと同じです。このような卑《いや》しいふるまいをする人の心には、その言葉にうそがないので、悪いことではないなどと思うけれど、言葉で偽りを伝えて人を欺こうとする意図ですから、悪いこと以外の何物でもありません。それだけにこれは偽りというだけではなく、天の戒《いまし》めに背く罪ということなのです。

このようなわけですから、人間万事、真実より大切なものはありません。自分のことでも他人のことでも、真実を守るだけでなく、世界の昔から今の物事を察して、真か偽かをただし、その偽を捨て真に従わなければなりません。

たとえば、歴史を読むにも、正しい人の著述を選ばなければなりません。学問や芸術を稽古《けいこ》するにも、その事柄の確かで間違いのないものを学ばなければなりません。よい証拠がなければ、世の中の政治や戦争の真実をただすことはできません。事実を確かめてよくその有様を見ていなければ、学問の真理を知ることはできません。物事を調べて途中でわからないままにしておいてはいけません。必ずその真か偽かの是非を問いただして、自分の心に満足してから止めることです。何の根拠もない推量と曲がった考えは世の中を害して、真実と正しい説は、人間の幸福をもたらすものです。

(イ) 羊飼《ひつじかい》の少年が「狼《おおかみ》」と叫んだこと

［信用を失った少年］

羊の番をする子どもがいました。ある日、暇なので村の者を驚《おどろ》かそうと思い、

「おおかみ、おおかみ！」

と言って走っていると、村の人々は、狼が来て羊を襲《おそ》っているのだろうと思って、急いで駆け出しました。その場に来て見ると、何事もないので、つまらないことをする子だと、その子を叱《しか》り、それぞれの家に帰りました。その後、数日が過ぎて、本当に狼が出て来て群がる羊へ飛びかかったので、子どもはあわてて村に帰り、

「おおかみ、おおかみ!!」

と声を限りに叫びましたが、村の者は、落ち着きはらって、

「もはや二度は騙《だま》されないぞ」

と言って、誰も見向きもしません。

　このためにたくさんの羊は、みすみす狼に取られてしまいました。羊の持ち主は、この話を聞いて大いに怒り、すぐにこの子どもをやめさせました。

　このようなわけで、戯《たわむ》れとはいっても、一度の嘘のために、この子は生活していくための仕事を失ってしまいました。

(ロ) 正直とうそ (ロバートとフランク兄弟)

[正直者とうそを言う者の違い]

ロバートとフランクという兄弟の子どもがいました。ある日、兄のロバートは、弟を呼んで、

「『トラスティー』(犬の名)は、かまどの前で眠っている。これを起こして遊ぼう」

と言うと、フランクも「おもしろい。」と言って、兄弟の子どもは、台所に行って犬を起こしました。

台所のかまどの上には、牛乳を入れた鉢《はち》がありますが、二人の子どもはこれには気がつかず、夢中で犬と戯《たわむ》れていました。そして、その弾みに誤って鉢を蹴《け》飛《と》ばし、器も割れ、牛乳もこぼしてしまいました。二人は、大変驚き恐れて、とても不安な様子でした。

ロバート「これでは、今日の夜食には、牛乳はないだろう」

と、少し困ったようすです。

フランク「夜食に牛乳がないとは、どうして？　家にはもうほかに牛乳はないの？」

ロバート「別に牛乳はあっても、僕たち二人の分はないだろう。なぜならこの間、僕たちが乳をこぼした時、お母様に『乳をこぼすことは不注意なことです。これから乳をこぼす

ことがあれば、その日の夜食には牛乳をあげません』と叱られているではないか」

フランク「それでは、今日の夜食には牛乳はないのですね。とにかく、このことをお母様に話さなければなりません。何事でも何かあったら、すぐに話しなさいというのがお母さんの教えですから、そのとおりにしなければいけません」

ロバート「私もすぐに行かなければなりませんが、そんなに急がなくてもよいでしょう。ちょっと待ちなさい」

と言うままに、フランクもしばらく待って、

フランク「早く行きましょう」

ロバート「もう少し待ちなさい。私は、どうしても恐ろしくて行けません」

この兄弟の様子は、子どものよい教えとなるでしょう。子どもはみんな、真実を話すことを恐れてはいけません。少し待って、しばらく待ってなどと言わないで、その失敗のわけをすぐに打ち明けて言うことです。待てば待つほど、止まれば止まるほど、だんだんに恐ろしくなって、ついには真実を話すことができなくなります。

今、ロバートの心を察すると、ちょうどこの場合に当たるのです。今しばらく、今しばらく、と言って見合わせている間に、ついにその鉢を壊したことを打ち明けて、母に告げることができなくなりました。フランクは、ロバートとともに行こうとしますが、ロバートが動かないのを見て、兄を置きざりにして一人で母のところへ急ぎました。

後に残ってロバートは、何とか工夫をして母へ言いわけしようと思い、一人考えました。僕たち兄弟二人で口を揃《そろ》えて、牛乳の鉢を壊した者は、僕たちではありませんと言えば、母もこのことを本当と思うでしょう。けれども、フランクが母のところへ行ってすでに真実を話したとすれば困ったことだ、と考えている間に、階段を下る母の足音が聞こえたので、ロバートは喜び、やれありがたい、フランクはまだ母に会っていないようだ。それでは、自分の思うままに母を騙《だま》そうと思い、ロバートは、うそを言おうと決心しました。

母は、階段を下りて台所に来て、牛乳がこぼれ、鉢も壊《こわ》れているのを見て、大声で、

「これはどうしたの。誰がやったのですか」

と言うので、ロバートは、低い声で、

ロバート「僕は知りません」

母「お前はこれを知らないのですか？　本当のことを言いなさい。私はお前を叱るのではありません。たとえ、家中の皿や鉢をことごとく壊しても、一言のうそを言うよりはまだよいのです。ロバート、お前はこれを壊したのではないのですか？」

と言えば、ロバートは、真っ赤になり、顔は火のようでした。

ロバート「私がしたのではありません」

母「それではフランクはどこにいるのですか？　彼がしたのですか？」

ロバート「フランクのしたことでもありません」

と言う、ロバートの心は、フランクが来たら、一緒に知らない顔をさせようとするつもりです。

母「フランクの仕業《しわざ》ではないと、なぜお前はそれを知っているのですか？」

ロバートは、そう言われて大変困りました。そして、その言いわけをしようとぐずぐずしながら、

ロバート「そのわけは、私はずっとこの台所にいましたが、フランクがこれを壊した様子はなかったからです」

母「お前は、ずっとここにいたのなら、この鉢の壊れたそのわけを知らないことはないでしょう」

と言ったのでロバートは、せっぽつまって、また、うそを重ねました。

ロバート「これは、犬の仕業でしょう」

母「お前はそれを見たのですか？」

ロバート「見ました」

と言うので、母はわざと怒りました。

母「にくらしい犬だ。ロバート、お前は庭に行って木の枝を折ってきなさい。私は、懲《こ》らしめのためこの犬を打ちましょう」

と、言うのでロバートは、仕方がなく庭へ行って木を折ろうとしました。そこで、弟のフ

ランクに会い、急いで事情を話し、母に会ったら本当のことを話さず、私のようにうそを言いなさいと教えましたが、フランクはなかなかこれに従いません。

フランク「私は一言でもうそを言うのは嫌《いや》です。『トラスティー』を打つとは何ごとですか。あの犬が牛乳をこぼしたのではありません。それをムチ打つとは何ごとですか。私は、お母様のところへ行きます」

と駆けだすと、ロバートはその先に立って走り、家に入って鍵《かぎ》を下ろし、フランクを家に入れず、折った木の枝を母へ渡しました。哀れなのはこの犬です。頭の上に振り上げられた棒は見えますが、口に出して本当のことを話すことができません。今にも打たれそうな時、窓の外からフランクが大声で、

フランク「いけません。いけません。犬のしたことではありません。フランクとロバートがしたことです。だからと言って、兄上を打ってはいけません」

と言い終わらないうちに、また別の人が戸の外で、

「ここを開けなさい」

と言う声がし、その声の主は、ほかでもなくこの家の父親でした。母は、戸を開けて父親を入れて、これまでの様子を話しました。

父「今、犬を打とうとした棒は、どこにあるのだ」

と言う父の顔色を見ると、ロバートは、恐れ驚いて父の前にひざまずいて、

ロバート「今度だけは、許してください。もう決して、うそは言いません」

と言って、泣き叫びお詫《わ》びもしましたが、父はこれを聞き入れず、その腕をつかまえて、

父「私は今、お前をムチで打つ。一度ムチ打たれた後に心を改めなさい」

と言って、厳しくムチで打ち、その泣く声は、近所にも聞こえるほどでした。打ち終わって、

父「ムチはこれで終わりだ、夕方の食事は抜きだ。夜になっても牛乳を飲むこともいけない」

と言い、また、フランクの方へ向いて、

父「フランクここへ来なさい。お前も母が言うように、夜食に牛乳はないが、これは大したことではない。お前は本当のことを話したので、ムチ打たれることもないし、世間の人も好意を持ってくれるだろう。うそを言わなかった褒美《ほうび》として、お前にこの犬をやろう。この犬こそ、お前のお蔭《かげ》で無実の罪を免れたのだから、お前はこの犬にとって、よい主人となるだろう。明朝、私は、金物屋へ行って新しい首輪を買って犬につけよう。その後は、この犬の名前を改めて『フランク』と名付けなさい」

と言い、また、母には、

「今後、もし近所の子どもたちが来て、今まで、『トラスティー』と、呼んでいた犬を、どうして『フランク』と改められたのかと尋ねる人がいたら、今日のことを詳しく話して、

うそを言う者と真実を言う者とは、このように違うものです。と言ってその恥と名誉を説明しなさい」
と言いました。

（ハ）アメリア・バーフォードのうそ

［うそや偽りや見栄《みえ》は人の迷惑となる］

イギリスのブリストルの商人、ジェームズ・バーフォードは、不幸なことに破産して、ウェールズの田舎に引っ越して、寂しく日を送りました。そして妻の少しばかりの蓄《たくわ》えを頼りにして、質素《しっそ》倹約《けんやく》を守り、ようやく家の暮らしもできるようになりました。あとは前にお金を借りた人たちとの話し合いさえ整えば、ロンドンの商人アンベリーと仲間を組んで再び商売に取りかかろうと考え、楽しみにしていました。

ところで、バーフォードには、一人の娘がいました。名前は、アメリアといいます。年は十六歳で幼少の時から祖母の手で育てられわがままに育ち、少しも教育を受けていないので、その家の貧乏なことを気にして、ひたすら隠そうとしました。

ある日バスで家に帰るとき、一緒に三人の商人が乗りました。アメリアは家が貧乏なことを隠そうとして、様々なうそを言って自分の家が立派なことや、召使の下女のこと、あるいは、持っている馬車のことなど、その家は、とても豊かに暮らしているように話しました。思いがけないことに、その三人のうちの二人は、前にバーフォードへ金を貸した者で、バーフォードは破産したとはいっても、隠した貯金でもあるのではないかと疑い、これまで借財の免除の申し出も承知していなかったので、今この娘の話を聞いて、やはりそうだったかと思い、なお念のために、

「あなたの父親の名は、バーフォードで、一度破産したけれども、今までやっぱり豊かに暮らしていたのか」

と尋ねると、娘はまだ本当のことを言わないで、前のように大きなことを言いました。

　二人の金を貸した人は、とうとう証拠を握った、と言ってバーフォードの不正直を怒り、その借財の免除を許さないだけでなく、ことのなりゆきを詳しく書いて、ロンドンのアンベリーへも知らせました。アンベリーも大変に怒り、すぐにバーフォードへ手紙を出して、

「君のような人物とともに仲間を結ぶより、別に心正しい人もいるだろうから、その人とともに仕事をすることにする」

との知らせを伝えました。

　このようなわけで、バーフォードは、娘の大袈裟《おおげさ》なうそのために、前から考えていたことが、ことごとく水の泡となって誠に残念でした。ちょうどその時、体調が悪かったので

すが、お詫《わ》びをするためにロンドンへ行こうと思い、無理をして出発しました。車に乗るお金もなく、徒歩で出かけましたが、旅行の疲れで病気が進み、やむをえず宿屋に泊まって養生していましたが、とうとう熱病になってしまいました。

　さて、ロンドンのアンベリーは、夫婦でウェールズへ行こうとする途中でしたが、ちょうどこの宿へ泊まり合わせ、旅人が病に苦しんでいるとの話を聞いて、前から慈悲《じひ》深い夫婦ですから、その容体《ようだい》を尋ねようと部屋へ入ってみると、それは思いがけなくもバーフォードでした。お互いに顔を見合わせてともに驚《おどろ》いてしまいました。

　バーフォードは、病気の苦痛に耐えて、「娘のバスでのうそから、このようなことになりました」と、その前後のなりゆきを話し、歯ぎしりをして怒りました。アンベリーは、その話を聞いてさらに驚き、それでは君に罪があるのではない。今まで罪のない君を軽べつしてきたのは、私の過ちだったと、多くの費用を出して、看病して故郷へ送り返しました。

　バーフォードは、アンベリーの慈悲でいったん病気は、全快しましたが、娘のために商売の機会を失い、一生涯仕事は、繁盛《はんじょう》しなかったといいます。このことから考えると、人はほんのわずかでも真実の路《みち》を外れると、悪事や災難は、身の八方から立ち起きるということがわかります。

（二）ヘレン・ウォーカーの真実

［ヘレンの真実と妹を思う人情のこと（ヘレン物語）］

ヘレン・ウォーカーは、スコットランドのダムフリーズのお百姓の娘です。農業をして、仕事の暇には、聖書を読み、深く宗旨を信じて身の品行を正しています。

父母が亡くなってから、一人の妹を養い、ともに信心の道を心の支えとして、朝夕これを教えましたが、妹の心は狭く、姉の教えには従いません。ついに大悪無《だいあくむ》道《どう》の罪を犯して捕らえられました。法律で裁きを受けましたが、今度の悪事は、もしほかの人とも相談したことならば、その罪も一等軽くなるはずですが、本人一人のしたことなので、死罪にもなるほどです。それで、ヘレンから裁判所へ訴えて、「今度の悪事は、姉と妹で相談したことです」と申したてれば、妹の罪も軽くなるのですが、少しも、偽らないヘレンの気質は、たとえ親しい妹の命にかかわることでも、嘘は言わないと決心し、裁判所へ呼び出された時も、

「最初から妹の悪事については、一切これを知りません」

と言ったので、かわいそうなのは妹です。法律のとおり死罪を申し渡されました。

このように、ヘレンは真実を守るために、妹の命を救わなかったと言っても、心の中は

薄情なのではありません。その死罪と決まったことを聞いて、妹の命を助けるためにロンドンの政府へ訴えようとして、三百余里の道を、裸足《はだし》で女王のもとへ行き、その事情をはっきり述べて、お願いをしました。女王はその心中をかわいそうに思い、死罪は許されることになりました。

　後の世になって、イギリスの文人ウォルター・スコットは、ヘレンの物語を聞いて、その真実を守る正しさと、その妹を思う情けに感心して、戯曲作品の文中に、ヘレンの名前を用いて、「女武者」として登場させたことがあります。そして、その墓所を探し求めて、大きな石碑を建てて、碑の銘を記し、その徳を表しました。ウォルター・スコットは、世界に名高い文人で巨匠《きょしょう》です。このような貴い人が、貧しいお百姓の娘に厚い礼を尽《つ》くすことは、気持ちのよいことです。

〈解説〉第二十六章　うそや偽りのいけないこと（原文「信實を守る事」）

うそや偽りがなぜいけないか、うそや偽りがどうして起きるのかについて書いてあります。『童蒙をしへ草』の原文に、「人間萬事信實を守りて僞を行はず虚言を言はざるは最も大切なることなり[1]」というのがあります。また、「ひゞのをしへ」にも「うそをつくべからず[2]」というのがあり、これもこの『童蒙をしへ草』と関係があると思います。
ところでうそや偽りがどうして起きるのかを考えると、子どもが悪さをして父母に叱られることを恐れて言ううそ、物を取るためのうそ、話が大げさなうそなどがあります。うそはなぜいけないのか。当然、それは、うそや偽りが世間に与える悪影響です。ですから、この反対に、『童蒙をしへ草』の原文に、「人間萬事、眞實より大切なるものはなし。我身の事に就き他人の事に關りて眞實を守るべきのみならず、天下古今の物事を察して眞僞を糺し、その僞を去て眞に従はざるべからず[3]」と真実を求めることの大切さが述べられているのです。

子どもたちには、そういう意味でよく考えること、つまり真実を発見すること、確かな人の本を読むこと、学問芸術で本物に出会い触れること、習いごとなどもよくその道に通じた人に出会うことが大切なのです。

(1)「童蒙をしへ草」巻四（『全集』三、二八四頁）
(2)「ひゞのをしへ」初編（『全集』二十、六七頁）
(3)「童蒙をしへ草」巻四（『全集』三、二八八頁）

童蒙おしえ草　巻の五

第二十七章　心の広い人

［心のあり方を学ぶ］

人の中には、ともすると心の狭い人がいます。些《さ》細《さい》なことにも他人の悪いところを見つけ出そうとして、わずかばかりの失敗を見てとがめようとします。

世間の人と同じ職業につけば、同職の人をうらやみ、その人が繁栄《はんえい》すると妬《ねた》み、憎んだり、人に辱《はずかし》められることがあっても、月日が過ぎれば忘れるはずなのに、深く心の奥に恨みを残して、機会があればその仕返しをしようと考えるなどは、本当に卑《いや》しいことで憎むべきことです。

心の広い人の振る舞いは、まったくこれとは異なり、他人が失礼なことをしてもこれを気にとめず、あるいは怒ることがあっても、たちまちこれを忘れて恨みを残さず、自分に不幸があっても、他人の繁栄を見て悦《よろこ》び、何事をするにも他人と争い競うことがないわけではありませんが、その争いは自然と卑しいものにはならず、よく人の心を考えて、いちいちその行動をとがめないのです。

また、軽はずみに罪を犯して、自分にひどい害を及ぼした人がいても、その罪を許して問題としないで、どのような理由があっても、権謀術数《けんぼうじゅつすう》（人をだましたりするための策略）のような卑しい計略で自分の意志を達成しようと思わず、身分は卑しくても、その心が正しければその人を辱めず、たとえ人を叱っても人を憎むことがありません。

これを一言で言えば、どんな時でも落ち着いていて、他人を苦しめたり、他人のものを奪うなどのことは、頼まれてもできないということなのです。これを大量の徳義と言います。

この世の中に稀《まれ》な徳義で、これを尊ばない人はいません。

（イ）マケドニアの君主フィリップ

［自分の悪評を反省できる人］

ある人が、マケドニアの君主フィリップへ申し上げたことに、

「近頃、国中の学者たちには様々なうわさを流して、あなたの評判を悪くする者が少なくありません」

と言いますと、心の広いフィリップは、不愉快な顔もしないで、

「その評判がうそか本当かは、私の行いの良し悪しによってわかることです。そのうわさをとがめるよりも、私が身を慎《つつし》むことです」

と言いました。また、ある時家来の一人に、

「あなたを悪く言ったので、この者を追放してください」

とすすめる者がいました。フィリップが言うのには、

「とにかく、急いではなりません。もしかしたら私に原因があって、彼にそのような悪口を言わせたのかも知れません」

と言って、いろいろ調べてみると、案の定この家来は、昔、君主のために働いたにもかかわらず、褒美《ほうび》をまだ与えていない者でしたから、君主は大いに後悔して、それは彼の罪ではなく、私の罪であると言って、その者にすぐに褒美を与えたといいます。

（ロ）ウィリアム三世とゴドルフィン

[心が通じ合うこと]

一六〇〇年の時代に、イギリスに内乱がありました。

その国王であるジェームズ二世を追い出して、ウィリアム三世が代わって国王の位につきました。国中に知らせを出して、

「前の王と音信を通じる者は、大逆《たいぎやく》の罪（ここでは、国王に対する反逆罪）である」

との趣旨を告げました。けれども国の貴族たちは、ジェームズ二世と密《ひそ》かに文通などをする者も多く、その中でもゴドルフィンという貴族は、心正しい人物でしたが、一途にジェームズ二世のほうへ味方し、たびたび手紙のやりとりもしている、と国王のウィリアム三世に伝えられました。

　ある日、ウィリアム三世は、ゴドルフィンと内談して、探し求めた秘密の手紙を出して見せ、

「国の法律を犯すことは、よくないことだけれども、前の王を慕う気持ちには心を打たれる。お前のような人物を私の友達にしたいものだ」

と言って、その手紙を目の前で焼き捨て、今度のことは、すっかり忘れてしまうという証拠を示しますと、さすがのゴドルフィンも王の心が広く寛大であることに心をうたれ、以前の王に仕えるのを改め、ウィリアム三世に従い、信頼される家来となったといいます。

（八）マダム・ヴィラサーフ

［医師と美女のこと］

マダム・ヴィラサーフは、フランスでも稀《まれ》な美人です。同じ頃、フェストウという名高い医師がいました。美しい彼女に心がひかれて、お互いに好きになりましたが、お互いの身分が不つりあいなために、結婚の約束もできず、医師も自ずからこの思いを断ち切ろうとして、婦人の家に数年は近づきませんでした。

ところが、ある時、その婦人が病気に罹《かか》りました。ひどい容体ではないのですが、注射をしなければならないので、医師である彼に依頼し、来てもらいました。フェストウは久しぶりに婦人と会い、天にも登る思いだったので、あわてたため脈の筋をとり違えて動脈を刺してしまいました。出血もひどく、命も危ないほどなのに、婦人はそれでも驚《おどろ》く様子はありません。

三日が過ぎいよいよ難しい容体となり、腕を切断しなければ治らない事態となっても、医師に対して不満そうな顔もしません。そして、なおもその治療を求めましたが、病状はますます進んで、もう一昼夜の間に命も終わろうかというほどの重体に陥《おちい》りました。医師の苦しい心中は、たとえることができません。胸がはりさけそうな思いをして心配すれば、病人も医師の顔色を見て、とても助かる方法はないとわかり、家の人へ遺言《ゆいごん》してから、近くの人に席をはずしてもらい医師を枕元へ呼んで言いました。

「もう、この世での時も少なくなり、私の心のうちを告げなければなりません。あなたがこのような誤りをしてしまったといっても、私は少しもこれを恨《うら》みに思いません。たとえ今この世を去っても、未来はさらによい世界に行くのですから、私にとってはかえって幸福なことです。ただ残念なことは、世間の人があなたを見る目と、私があなたを思うのとは違うことです。

もしかしたら、今度のことであなたが医師としての名を落とすこともありはしないかと、思い残すことはただこのことだけです。

それで、私はなるたけあなたの心配を少なくするために、遺言の中にも、そのわけを記しておきました。この世ともこれでお別れです。身体に気をつけて暮らしてください」

婦人の死後、その遺言の文章を確かめると、たいそうな遺産をこの医師へ与えるとのことが記してありました。もともとこの婦人が亡くなったのは、すべて医師のせいではありますが、本当に罪があるわけではありません。その罪のないことを知って、このように取りはからったのは、マダム・ヴィラサーフの心の広さと言えるでしょう。

（二）若い画家三人

［画家三人の心の広さと狭さのこと］

イタリアに絵画を学ぶ名高い学校があります。学生もたくさんいます。その学生のなかにギドットという学生がいて、ある時絵を描き、見事なできばえだったので、先生もみな驚《おどろ》きました。「この調子で努力して行けば、将来は必ず名人になるでしょう」と言って、これを褒《ほ》めない人はいません。

さて、またこの学校に二人の学生がいて、一人はブルネルロ、もう一人はロレンゾといい、二人ともギドットの友達です。けれども、今度の絵のことについて、二人の思うところは、まったく違いました。ブルネルロはギドットよりも少し先輩で、絵もかなりできる者ですが、あのギドットの絵を見て大いに力を落としました。

これまで自分の絵も評判を得てきたけれど、友達の中に一段とすぐれた者がいては、私の評判も衰えることになるだろうと、卑《いや》しい心を持ってひすたらギドットを憎み、何とかして彼の評判を悪くしようと思いました。しかし、彼の絵は実によくできていて、すでに諸先生も褒めているので、今さらこれは不出来だと悪く言うこともできません。

そこで悪い策略をめぐらして、なんとなくうわさをして、

「あのギドットの絵は自分一人で描いたものではなく、ある先生の助力によって一時の評判を取ったのだけれど、それは偶然のことです」

と言いふらしました。

　それに比べて、ロレンゾはまだ若い学生ですが、ギドットの絵が巧みなのを見分けて、心から感心してこれを限りなく褒めたたえます。また、方々で彼の絵の評判が高いので、これを聞き及んで、何とか彼のような画家になりたいと思い、精をだして怠《おこた》ることがありません。

　もとより、ギドットの上に出ようとは思いませんが、できれば同じくらいになりたいと、一筋に彼を目標にして自分の力を研《みが》きました。ロレンゾがギドットのことを口に出す時には、いつも褒めないことはありません。彼は、あのブルネルロがいろいろと言葉をこらしてギドットを悪く言うのを聞いて、我慢《がまん》ができませんでした。

　このように、ロレンゾは一心不乱に絵の稽古《けいこ》をし、毎日、稽古の場所に通うのにも、人より先に行き人より後に帰りました。家に帰っても、時間を無駄《むだ》にしないで、ただ稽古だけに専念しましたが、いまだに自分の技術に満足できません。何度も試みてはまた試み、あるいは自分で自分の絵を見て、「なんて及ばないことだろうか。この絵をギドットの筆に比べたなら、どのくらい及ばないことか」、などとため息をついていましたが、月日を重ねるうちに、だんだん上達して、自分でも少し満足し、世間の人もその絵を褒める人が増えてきました。

そしてまた、自《おの》ずから力をつけて、「私も人であれば、ギドットも同じ人です。どうして、必ずしも彼に及ばないということがあるでしょうか」と、考えるようになりました。

ギドットは、ますます上達して、今は学校の中でも、その右にでる者もなく、ブルネルロも一時は競ったけれども、とても及ばぬことと諦《あきら》め、ただ、ギドットの絵を見ればみだりにこれを悪く評して、自らその技術のつたなさを隠そうとばかりするのに、ロレンゾは少しもその議論の相手をせず、人の知らないところで独《ひと》りその芸を研いて、自分の描いた絵をギドットの絵のとなりに並べてくらべようとしたこともありません。

この学校の習慣に、一年に一度、学生の絵を部屋へ掛けて、諸先生方が鑑定《かんてい》をして、その甲乙を決め、最上の者へ褒美《ほうび》を与えるというものがあります。これを絵の展覧会といいます。

ギドットも今度の展覧会へ出品しようと、力を尽くして一枚の絵を描き、当日の前夜になってようやく完成して、その仕上げに色をよくするために脂《やに》を引き、そのまま、彼の部屋に掛けて明朝の展覧会に備えました。それなのにブルネルロは、ギドットが去った後、密《ひそ》かに部屋に入って、その絵に何か薬品を振りかけて、絵を傷つけてしまいました。ひどいことをしたものです。

ロレンゾも同じように力を尽くして絵を描き、その願いは、ただ、ギドットの絵よりあまり下に落ちないようにと思うだけです。

さて、その夜も明けて当日の朝になりました。

広く明るい大広間へ諸先生方もだんだんと集まり、掛け並べてある絵を次々に調べて、誰もがギドットの作品は特別に見事だろうと、初めから心待ちにしていましたが、とんでもないことに、絵の表面は煙をかぶったようで、むらがった雲のようになり、生々《いきいき》とした筆づかいには少しも見えません。

諸先生も思いがけないことに、これはギドットの作品ではないだろうと、ただ驚くばかりでした。ギドットもこのありさまを見て、歯を噛《か》み締《し》め、拳《こぶし》を握《にぎ》りしめて憤《いきどお》りましたが、どうすることもできません。

ただ、憎むべきは、あのブルネルロです。うまくやったと、一人部屋の隅《すみ》で他人が心配をするのを見て喜んでいるのです。

これとは違って、ロレンゾは本人よりも心を痛めて、大声で、

「これは、誰かの悪だくみです。諸先生方、よく見てください。この絵はギドットの作品とは思えません。私は彼の絵がまだ途中の時に見ましたが、その見事なことは、たとえようがありません。今この絵でも、その周りの筆づかいを見て、傷ついていないところの巧拙を判断するのがよいでしょう」

としきりにその説明をしました。

見物の人々もみな、ロレンゾの心が広いことに感心し、一方ではギドットの不幸を気の毒に思うのですが、当日の決まりで、とにかくこのように汚なくなった作品へ褒美を与えることもできません。なお、そのほかの絵を鑑定した結果、多くの人の評価により、ロレンゾの作を第一と決めて、当日の褒美を与えました。それなのにロレンゾは、一度この褒美の品物を受け取り、すぐにこれをギドットへ渡して、

「この褒美は、私が受け取るべきものではありません。もし、君の絵に卑しい振る舞いをする者がいなければ、この褒美は、初めから君が受けたことは間違いありません。たとえこのような結果になった時にも、君は一位で、私は君のすぐ次なのだから、私にとってはどんな名誉もこれに及びません。今後、私も努力して君と同等となりたいと願っているのですが、それにはただ公正に技術を競うだけです。少しでも卑劣な振る舞いをすることはありません。これが私の本当の気持ちです」

と言いました。

鑑定《かんてい》の諸先生も、ロレンゾの行いを見て褒めない人はいません。ついに一同相談のうえで、今度だけは同じ褒美を二通り出すことに決定して、一つはギドットの絵の巧みなことを賞し、もう一つはロレンゾの徳義《とくぎ》の美しさを賞して、当日の会を終わったといいます。

（ホ）やせ犬のわずらわしさ

［自信や勇気のあるなしによる動物反応］

フランシスという子どもが、その先生と一緒にある村を通りかかった時、二、三頭のやせ犬が、激しく吠《ほ》えかかり、時にはかみつこうとし、また、飛びつこうとして、そのわずらわしさには耐えられません。フランシスが杖《つえ》を振り回したり、石を拾って追えば、すぐに逃げ去りますが、振り返って二、三メートル歩いて行くと、また後からついてきて、これをどうすることもできません。

そうするうちに、ある百姓家の畑のところまで来ると、あのやせ犬も行ってしまいました。それなのにまたこの畑の側には、太った一頭の飼犬が、日向《ひなた》ぼっこをして眠っていました。フランシスは、再び大いに恐れて、先生のそばにすり寄って、そこを通り過ぎました。犬はゆうゆうとして、こちらを見向きもしません。

二人はさらに進んで、鳥や獣《けもの》を飼《か》う野原に来ました。すると、一群のがちょうが人の姿を見て鳴き騒ぎました。どれも長い首をあげて二人の方へ向かって来る姿は、おかしくもあり馬鹿らしくも見えるので、フランシスも笑いながら杖をもって、ちょっとその首を打ち、そのまま通り過ぎて少し先の方へ行くと、そこには数頭のめす牛が一頭のおす牛と一緒に群がっていました。フランシスは、少し恐れるようでしたが、牛は平気で草を食い、頭も上げません。

まずここも無事に通り過ぎて、フランシスは先生に、

「あの飼犬も、おす牛もおとなしく、がちょうややせ犬のようにならないのは本当によかったのですが、それでは、同じ畜類でもこのように違いがあるのは、なぜなのでしょう」

と尋ねると、先生は、こう言いました。

「全て、弱く卑《いや》しい畜類は、自分の身に頼む力もなく、勇気もないので、始終ほかのものから害を加えられることを恐れて、自分から先にほかのものを攻撃して、身の災難を逃れようと思い、どうかすると何物に向かっても騒がしく敵対しますが、その実は臆病《おくびょう》で、相手のものを恐れているのです。

これに比べて、自分の身を守るだけの力を備えている畜類は、自分の身を頼りにして、ほかのものを疑わないので、いつも平気で心の高さを失いません。これはただ畜類だけでなく、人もまた同じです。弱く卑しい人物はいつも他人を疑い、顔はいつも不平そうです。自分よりすぐれた者がいれば、これを恐れて

みだりにののしり、臆病過ぎて相手の人へ失礼なことをして、ただひたすら身構えをしようとするものです。

心の広い人は、そうではありません。その心は常に静かで、人を犯さず、人を害することもなく、人に害されることもなく、たとえわずかに害を受けることがあっても、これを気にしません。そのわけは、たとえ害を受けても、あわててあれこれと厳しくたださなくても、もともと自分に頼む力があるので、いつでもそうしようと思う時に、ことの筋道を厳しくただそうとする覚悟があるからなのです」

（へ）ハバナの市長（キューバの港）

［正しく公平に判断し実行すること］

二つの国が戦争になると、お互いに死力をつくして相手を攻撃し、被害を与え、軍勢を出して敵の国を荒らし、人を殺し、物をとり、あるいは軍艦《ぐんかん》で敵の船を打ち砕《くだ》くなど、至る所で乱暴狼藉《らんぼうろうぜき》が行われます。このように双方の気分は荒立ち、悪事を犯すその中で、敵に対して正しく接して物事を行い親切をしようとする人は、本当に心の広い人物ということです。

一七四六年に、イギリスとスペインとの間に戦争が起こりました。お互いに軍艦で双方の船を打ち砕こうとする時に、ロンドンの商船エリザベス号という船は、多くの荷物を積んで西インド諸島のジャマイカとキューバとの間を通る時、船の底を破損して浸水したので、乗組員は命を守ろうと、キューバの港ハバナへ乗り入れました。

ここはスペイン領なので、乗組員は捕《と》らわれの身となり、船も分捕《ぶんど》られると、もとより覚悟を決めて、船長を先頭に上陸して港の市長に面会して、

「船は引き渡しますが、乗組員はたとえ捕らわれの身になっても、その取り扱いを寛大にして欲しい」

と願いますと、思わぬことに市長は、この船を受け取らないで、

「君の船がもし、戦争をするためにこの港に入ったのであれば、分捕るのは当然だが、これは商船が難航《なんこう》したのだから、君たちは漂流人《ひょうりゅうじん》と同じ苦労な身の上です。私の心は決まっています。ただ君たちに害を与えないだけでなく、当然、助けて差しあげなければなりません。ですから、乗組員は安心してこの港にとまり、今日から船の修理に取りかかり、修理に必要な費用を払うためには、荷物を売ることも自由です。修理が済んだら、いつでも自由に出帆《しゅっぱん》できます。これは、我々スペインの船と何ら異なることはありません」

と言いました。

このようなわけで、船の修理もできて出帆しようとしました。その時、市長は心をこめ

た印鑑《いんかん》を作り、

「近海でスペインの軍艦に出会っても、この船に害を加えてはなりません」

という意味を記して、この印鑑を船長に渡して船を送り出しました。

　このようにエリザベス号は、思わぬ不幸の中にも幸せを手に入れて、難なくロンドンへ帰れたことは、まったくハバナの市長の心の広さによってできたことなのです。

〈解説〉第二十七章　心の広い人（原文「大量なる事」）

　心の広い人と心の狭い人について書かれています。

大量という言葉はあまり聞きなれない人もいると思いますが、心の広い人のことを言います。

『童蒙をしへ草』の原文に、「人、或は心の狭き者あり。些細の事にも人の不調法を見出さんとし、僅かばかりの失禮をもこれを見て咎めんとし、世間の人と同じ職業をすれば、同職の人を羨み其繁昌するを嫉み、一度人に辱しめらるゝことあるも永き月日を經れば忘るべき筈なるに、深くこれを心の底に含んで時あれば其意趣を返さんとするなど、如何にも賤しむべく又惡むべき擧動なり。心廣き人の擧動は全くこれに異なり、他人の失禮するを見てこれを心に留めず、或は怒ることあるも忽ちこれを忘れて痕なく、我身には不幸あるも他人の繁昌を見ればこれを悦び、事を爲すに當ては他人と爭ひ競はざるには非ざれども、其爭ふや自《おのづ》から賤しからず、……[1]」とあります。

福澤は『福翁自伝』の最後の「人間の欲に際限なし」のところで「私の生涯のうちにでかしてみたいと思うところは、全国男女の気品を次第次第に高尚に導いて真実文明の名に恥かしくないようにすること[2]」でした。

「ひゞのをしへ」にも、「ひとのものをうらやむべからず[3]」というのがありますが、『童蒙をしへ草』でいう心の狭い人にならないように、つまり、人のものを恨んだり、妬《ねた》んだり、ふかく根に持つというようなことをしてはいけないということです。

『福翁自伝』に「門閥の人をにくまずして、その風習をにくむ[4]」というのがありますが、『童蒙をしへ草』の原文に、「人の身分は賤しくもその心正しければこれを辱しむることなく、假令ひ人を叱るも人を惡むことなし。これを一口に云へば、其氣分常に安らかにして、他人の身を害し他人の物を奪ふなどの心は促しても起らざるものなり[5]」とあります。

福澤は中津で下士族の家に生まれました。そのころ中津では上流士族、下流士族を人々の知愚賢不肖によらず、「上士は下士を目下《めした》に見下《みくだ》すという風がもっぱら行われて、私は少年のときからソレについていかにも不平でたまらない。ところがその不平の極は、人から侮辱されるその侮辱の事がらを憎み、ついには人を忘れてただその事がらを見苦しきことと思い、門閥のゆえをもってみだりにいばるは男子の恥ずべきことである、見苦しきことであるという観念を生じ[6]」とあります。つまり福澤は、この章の『童蒙をしへ草』の人を叱っても人を悪《にく》まない人だったと思うのです。大量の人の徳をもっていたと思います。

(1)「童蒙をしへ草」巻五（『全集』三、二九七頁）
(2)『福翁自伝』慶應通信、二九九頁
(3)「ひゞのをしへ」初編（『全集』二十、六八頁）
(4)『福翁自伝』慶應通信、一六〇頁
(5)「童蒙をしへ草」巻五（『全集』三、二九七頁）
(6)『福翁自伝』慶應通信、一六〇頁

第二十八章　勇気のある人

[目的が良ければ勇気を奮《ふる》う]

危険を恐れないで、これに向き合う人を、勇気のある人と言います。その目的がよいことであると思えば勇気を奮って危険に向き合うことはよいことです。

たとえば、同じ人間の災難《さいなん》を救って命を助けたり、あるいは強盗を防いで自分の命と財産を守ったり、あるいは敵の軍勢を追い払って自分の国を守るなどは、どれもよい目的に合うものです。このためには、勇気を奮って危険を冒しても差し支えありません。

けれども、よくない目的のためには、たとえ勇気を奮ってもこれは、誉められることではありません。たとえば物を奪うために働く強盗は、勇気があると言えるでしょうか？いたずらに他国を害するために攻め入る軍勢も、強くて勇気があるといっても、ただ働きが荒々しいだけで、これは武勇とは言えません。

昔から、武勇のある大将といわれて名高い人がいますが、その実際は、本当の意味での武勇があるわけではない人が多いのです。たとえ戦には勝ったとしても、その戦の目的がよくなければ、真の武将とは言えません。

（イ）グレイス・ダーリング
「人々を助けようと勇気を持ってとりくんだこと」

グレイス・ダーリングは、イギリスのノースサンダーランドの港の近くの灯台に住んでいる娘です。一八三八年の九月に、フォーファー州の蒸気船が、イギリスのノーサンバーランド州の近海で台風に遭いました。船の造りも堅固《けんご》でなく、そのうえ、蒸気の器械も整っていないので、風波に耐えられず、ついにグレイト・ハーカーズという岩山に打ちつけられ、船は砕けて乗組員も海に溺《おぼ》れる者が多く、一人も助かる様子は見えません。

　この岩山に近いノースサンダーランドの港に灯台があります。その番人はダーリングという名前で、一家族が共に灯台の下に

住んでいました。この風雨の夜明けに、グレイト・ハーカーズのほうを眺めると、一隻《いっせき》の蒸気船が荒波にもまれて今にも砕けて沈みそうでした。番人は自分の小船でこれを助けようと、一度思い立ちましたが、あの恐ろしい波風を見て、とてもかなわないことだと思い留まり、どうしようかと考えていました。

するど、二十二歳の娘グレイスは、女性の身でありながら父をすすめて共に船に乗り、自分もカイを押して助けに行こうというので、父親も勇気が出て、親子ともに小船に乗り、山のような大波の間をくぐって、ついに本船のところまで漕《こ》ぎつけ、九人の人を助けて小船に乗せ、無事に灯台へ帰り、いろいろと手当てをして命を救うことができました。

この九人のほかには、助かった者は一人もありません。このようですから、もし、この娘の勇気がなければ、九人の者も海に沈んだに違いありません。ただ一筋の真心が、人が死んでしまうのを何もせずに見ていることができず、身の危険をおかして人を救おうとしたことによって、よい行いを成しとげたのです。

このあとから、娘の評判は世の中に知れわたって、人々は口々にこれを誉め称《たた》えました。画家や写真家は、わざわざ灯台の家に来て、娘の写真を撮ったり、似顔を描いたり、また、その難船を救ったときの様子を絵に写す人もいます。国中の偉い人の中には、手紙を書いてこの娘に贈り、その手柄を誉める人もいます。また、相談して、六百ポンド余りのお金を出し合わせて娘に贈った人たちもいました。

娘の評判はとても高くなりました。そもそも昔から、この娘がしたほどのことではなくても、一度世の中に手柄を立てた人は、数千年の今日までも、世の中にその名を忘れられることはありません。ですから、この娘の勇気もその誉れの高い名も数千年の後にも忘れられることはないでしょう。このように勇ましい娘ですが、自ら謙遜《けんそん》する徳義《とくぎ》もまた人に優れて具《そな》えていました。世間で自分の評判が高いことを知り、かえって驚いて、

「私はただ当然のことをしただけです。特別な働きをしたのではありません」

と言いました。

（ロ）瓦《かわら》職人の子トム

［勇気のある姿は日常の中にもある］

イギリスのマンチェスターの医師エイケンは、自分が実際に見聞きしたこととして、次のような話をしてくれました。

この里に一人の職人がいました。焼き瓦を積むことを家業にしていました。腕の立つ職人ですが、酒が好きで、毎日稼ぐお金は、みなこれを酒代として使い、少しも残しません。妻子は、ただそれぞれの働きで食べているだけで、主人は少しもこれを顧《かえり》みることはあ

りません。とても言葉で言い表せないひどい生活ですが、何しろこういうことは、職人などには珍しいことではないのです。

このようなわけで、この職人の妻子は、飢えや寒さで貧しい生活に陥《おちい》るところですが、長男のトムを頼りに一家族の貧困を免《まぬか》れました。

このトムは、幼少の時から父のそばで瓦職の手伝いをし、その仕事を早く覚えて、十三、四歳の時にはそれ相応のよい賃金を取るほどになりました。自分で働いたお金は、なるたけ父に渡さないようにして、自分が得た少しのお金でも、すべて母に渡して、家族の生活費にしました。

それから、あのどうにもならない父が、酒に酔って家に帰り、勝手なことを好きほうだいに言って、人を罵《ののし》ります。母も子も父に打たれることを恐れて、そのそばに寄りつかない時も、トムだけは父の近くに寄り添い、穏やかな言葉で顔色もやわらげていろいろと慰《なぐさ》め、そして、床につかせて穏やかに休息させるなど心配するので、母もこれを喜びます。陰にも日《ひ》向《なた》にもトムは、この家の柱です、みな彼を愛するのは当然です。

ある日、トムは仕事に行き塗料《とりょう》を頭にのせて、高い梯子《はしご》を上がる時、足を踏みはずして、下に積み立ててある古い瓦の上に落ちて、腰を強く打って、全身血まみれとなり気絶してしまいました。その場に居合わせた人々も驚《おどろ》いて駆けつけ、まず、顔に水を吹きかけたりなどして介抱《かいほう》すると、ようやく呼吸を吹き返して周囲を見回して、哀れな声で泣きながら言いました。

「頼り少ない母は、どうなるだろう」

と怪我人《けがにん》を家に連れ帰って、医師を呼んで治療している時も、母はトムに抱きつくようにして泣き叫び、狂ったようになりました。トムは苦痛の顔も見せず、母に、

「そんなに泣かないで、必ず全快してまた働くようになります」

と言って治療を終わるまでの間、痛いとも苦しいともただの一言も言わなかったといいます。

　トムは卑《いや》しい職人の子で、もとから読むことも書くことも知らない子ですが、私の考えで彼を評価すれば、勇気のある人といわないわけにはまいりません。

〈解説〉第二十八章　勇気のある人（原文「武勇の事」）

　勇気について書かれています。

『童蒙をしへ草』の原文に、「危きを恐れずしてこれに向ふ者を武勇の人と云ふ。事の趣意宜しきに叶へば勇氣を振ふて危きに向ふを良とす」[1]と、あります。この文には、人の災難を救う、強盗から命や物を守る、敵の軍を追い払い自国を守るなどの行為があてはまるのではないでし

ようか。

この章の二編のお話は、戦いで大きな成功をした人のお話ではありません。ダーリングや瓦職人の子トムのように、日常にも勇気を出して行動する場面はあるのです。

さて、子どもたちに勇気を教えるとは、どのようなことがあるでしょうか。福澤は、「ひゞのをしへ」の中で、「人には勇氣《ゆうき》なかるべからず。勇氣とはつよきことにて、物事《ものごと》をおそれざるきしやうなり。何事《なにごと》にても、じぶんの思込《おもひこみ》しことは、いつまでもこれにこりかたまり、くるしみをいとはずして、成《な》し遂《と》ぐべし[2]」と、チャレンジの精神を大切にしています。本など読んで一度で覚えなくとも諦《あきら》めず、何度も読んで覚えるまで勇気をふるい、なお強い心でつとめることです。ことの良し悪しを考えて勇気をふるって行うことが大切です。

(1)「童蒙をしへ草」巻五（『全集』三、三〇五頁）

(2)「ひゞのをしへ」初編（『全集』二十、六九頁）

第二十九章 わが国を大切にし、外国と仲よくすること

［国際平和を願う基本の考え］

自分が生まれて成長した国を大切にするのは、当然のことです。たとえその国の民は未開であっても、たとえその国柄は卑《いや》しくても、他国の人の目で見ればつまらないように思われても、その国に生まれた人で、自国を大切にしない者はいません。これを国を思う心といいます。

国を思う心も、ほどよく道理にかなっている時には、大変役に立つものです。国を思う心があれば、人はみなその国の土地を大切にして、たとえ地主のない土地でもこれをいい加減に扱いません。この心があれば、外国の敵を防ぐのに勇気が生まれ、国中の人々がお互いに親しみ情けが通い合うのです。

たとえばオランダの人は、他の国よりもオランダの国を大切にし、他国の人よりもオランダ人と親しみ、オランダの国を防ぎ守るためには、命をも投げうち、ただ一心にオランダの繁栄を願い、オランダ人の幸福を願うのです。その政府に対して、親切の心を抱くのも、オランダ国の政府だからなのです。その国の法律を相談し、宗教の教えを広めたり、世の中の全てのことを取り扱い、政治や風俗をよくするのも、オランダの政治、風俗だからなのです。

　このようなわけで、オランダの人が平和で幸福なのも、人々が政府に逆らうこともなく、お互いに力を合わせて心を一つにして一国の繁栄を成しとげたからなのです。かりに、他国の政府がオランダを支配することがあって、たとえその政治、風俗が悪くなく、国によく合っていても、オランダ人は決してこれに支配されないでしょう。

　自国を大切にする心が、道理にかなっている時は、大変よいけれども、もし、過度になって道理を顧《かえり》みないことになる時は、このために害となることもとても多いのです。たとえ自国を大切にしても、前後を顧みないで国の欠点となるような行動はしてはなりません。国民のために害となるような罪を犯してはなりません。これらは、報国の心があっても、正しく物事を見抜く眼力のない者と言えます。自国を大切に思うといって、みだりに他の国を軽んじてはいけません。みだりに他国の人を嫌ってもいけません。

　これを一人の身の上にたとえると、自分だけが偉いと思いあがって、他人は自分と同じ徳義がなく、自分と同じ名誉を得る資格のない者と思っているのと同じです。

初めから、正しくない理由で自国を犯す者がいれば、これを守ることは、いうまでもないことですが、特別の意味もないのに、自国より先に他国を攻めようなどと考えず、みだりに戦争を起こさないように考えることです。

世の中に戦争ほど悪いことはありません。どうしようもない時でなければ、これを企ててはいけません。また、自国の産物の道を開き貿易を盛んにして利益を上げることは、当然のことです。しかし、産物や貿易のことで他国を妨げて、自国の利益だけを考えてはなりません。

他国の繁栄は、自国の利益です。そのわけは、どこの国でも繁栄すれば、その国の国民は豊かになり、自国の人が売る品物も買うので、結局は、自国も他国も、その繁栄の幸福を共にすることになるからです。

このことを一言で言えば、一人の身の上についての決まりが、一国のことにも当てはまるのです。だいたい、人の正しい道に背かなければ、自分を愛し、自分の利益を求めることは、差し支えないけれども、自分一人のためだけでなく、仲間を愛し、自分にできることなら他人のためにも力になることです。

国についても同じことです。だいたい一国においては、正しい道にさえ背かなければ、自国を愛し自国の利益を求めることは、差し支えないけれども、自国のためだけでなく、一緒に他国と親しみ、力を尽くして他国のためにも力になり、決して他国の不幸など願ってはなりません。

このように、お互いによいことを願うのは、双方のための利益なのです。世間の人々がみな幸福になって、幸せに暮らせる時は、自分もまた幸せな人に交わって、共に幸福を味わえるのです。ほかの国々がみな繁栄して太平無事《たいへいぶじ》を楽しむ時は、われわれもまた繁栄してともに、太平無事を楽しむことができるのです。

（イ）ギリシャの将軍テミストクレス

［歴史家ロランが「勇気ある国民」と称したこと］

大昔、ギリシャのアテネ国（アゼン）の将軍テミストクレスは、武将ではありましたが、正しい人物ではありませんでした。みだりに自国のためだけを思って過ごすあまりに、理非を顧《かえり》みず、その隣国のラケダイモン（スパルタ）を滅ぼそうとして、しきりに策略をめぐらして、ある日、国民が集まった席で、

「今、国の勢いを盛んにして、ラケダイモンを倒す一つの策略があるが、その策略は極秘なので、この席で口外はできない。できれば、列席の方々の中から一人の人物を選んで、

私の相談相手に任命してほしい。この人がもし、私の策略を良しと思えば、すぐにそのとおりにとりはからうが、後日になっても諸君は異論を言わないでほしい」

と言うので、列席の人は、それではと、かねてからみなの信頼しているアリスティデスという者を選んで、相談相手の役に命じました。テミストクレスは、アリスティデスを近くに招いて、秘密を告げて言うには、

「今、近所の港に停泊しているラケダイモンの軍艦《ぐんかん》ならびにギリシア諸国の船を、不意に襲《おそ》って残らず焼き払えば、この国の勢いはたちまち盛んになって、ギリシアの諸国を取ること間違いないだろう」

ということでした。アリスティデスは、良し悪しの返事もしないで、みなのいる席に帰り、国民に告げて、

「この国の利益を思えば、将軍の策略に及ぶものはないと思うが、また、この策略ほど、正しくないものはないだろう」

と、言うので、列席の人々もそのことの内容を聞かないで、簡単に相談して決め、将軍の説を拒んだといいます。

　歴史家のロランは、これを批評して、

「歴史の中にこれほど驚《おどろ》き、また誉《ほ》め称《たた》えられることはないでしょう。このギリシアの会議でアリスティデスの言葉を聞いて、道理を先にして利益を後にすべきだと決めた者は、

学者ではなくて普通の国民です。文字を知っている学者なら義理を弁《わきま》えることは当然ですが、無学文盲《むがくもんもう》の国民が、自国を大切にし、ただ自国のためだけと思っていた者たちが、ただ一言の言葉を聞いて、義理に背くからと、自国の利益を捨てたのは、実に感心なこと」

と言いました。

（ロ）フランスのカレーの義士《ぎし》

［イギリス王妃の心を動かした義士］

一三〇〇年の時代に、イギリス王エドワード三世は、フランスに攻め入り、カレーの町を包囲しましたが、一年余り経っても勝つことができません。このため、イギリス兵を失うことも夥《おびただ》しく、イギリス王の怒りも一とおりではありません。そうこうしているうちに、城中の食料がなくなり、フランスはしかたがなく降参を申し出ました。

けれどもイギリス王は、簡単には聞き入れないで、

「私の指図のままに従うなら降参も許すが、もし、そうでなければ、城中の人をことごとく殺し、その財産をすべて分捕《ぶんど》る」

と言いました。連なる大将の人もこれを聞いて、

「それは、あまりにも慈悲《じひ》のないやり方です」

と言って、いろいろとなだめたので、考えなおして、

「それでは、少し手加減してやるので次のように伝えよ」

と命令がありました。

その箇条は、次のとおりです。

「城内の主だった者六人を、足は素足で、頭には冠をつけず、肌着一枚で首に縄をつけ、城門の鍵《かぎ》を持って王様の前に出頭させよ。そうしたら、王の心次第でこの六人の者を取り扱い、彼らを生かすも殺すも王様の心一つにある。とにかくこの命令のようにすれば、本来なら許すことは難しいが、城内に残る者へは、降参を受け入れさせて命を助けてやる」

この申し渡しの書面が城内に入り、みなの寄り合いの席でこれを読みますと、誰もが驚き、このような情けない役目を務める人がいるだろうか、イギリス王の無理非道《むりひどう》に、どうすることもできないと、ただ嘆き悲しむばかりでしたが、その中にユースステス・ドゥ・サン・ピエールという者がいました。一人進み出て、

「たとえ今、自分の血を流して命を失っても、この城下の苦難を救って敵の乱暴を防いだ人は、天に対して務めを果たした人といえます。国に対しても忠義を尽《つく》した人といえます。私は、私の首をイギリス王に渡してカレーの城の償いとします」

と言いました。

人々はこの言葉を聞いて、誰が心を動かさずにいられるでしょう、涙を流し声をつまらせて、その忠義心に感じない人はいません。ほかに五人の義士がいて、ピエールの振る舞いを見て志を立て、共に身を棄ててその困難を受けようと、イギリス王の指図に任せて、汚い支度を整えて、城外へ出て行きました。

そもそもこの時の支度は、人の目にこそ汚く見えますが、その実を考えれば、貴族の衣装を着るよりも、身の誉れといえます。

さて、六人の義士は、肌着一枚に、素足、冠をかぶらず、首に縄をつけて、イギリス王の前に引き出されました。命を差し出して、城内の者の許しを願いますと、王はこれを見るとすぐ、眼を怒らせ声を荒立てて、

「お前たちが強情に籠城《ろうじょう》したために、わが軍勢の損亡は、ひととおりではない。重ね重ねの罪は、許すことができない」

と言って左右の者を呼び、

「この場で彼らの首をはねろ」

と言いつけると、政府の人々ウォルター・マニをはじめとして、貴族の人々や皇太子までも、みな、あの義士を憐《あわ》れみ、

「どうか命ばかりは許してあげてください」

と言いましたが、さらに聞き入れる様子もありません。

この時、イギリス王妃は、陣中《じんちゅう》の見舞いに本国からやって来て、王様のそばにいました。この王妃は、国王の出陣の留守中に国の内乱を治め、スコットランドの君主（デービッド二世）をも生《い》け捕《ど》りにしたほどの武功もあります。その上、この時、若君をも産んでいたので、王の最も親しみ愛する人ですが、さっきから王の怒っている様子を見て、自分でなければとても彼らの助命はできないと思い、王の前に伏して寄りすがり涙を流して、

「今度、はるばる海を越えて危険を冒してもこの陣中に来たのは、ただ、君を思って君に仕えようとするためです。ですから、今、一つの恵みを願うのも、また、無理なことではないでしょう。なにとぞ、天を敬いわれわれを愛して、あの六人の者を許してあげてください」

と言いましたので、王もしばらく考えていましたが、黙っていられず、王妃に向かって、

「私は、実は今日君がここにいなければよかったのにと思っている。けれども、君の願いは聞かないわけにはいかない。この囚人は君に任せるので、勝手に取りはからいなさい」

と言いました。

王妃は助命の願いが叶《かな》い、大変に喜びました。取りあえず、新しい衣服を揃《そろ》えて六人の者の支度を改めさせ、イギリスの陣地から送り出して城内へ返したといいます。

〈解説〉第二十九章　わが国を大切にし、外国と仲よくすること

（原文「我本國を重んずる事」）

自国を大切にすることの意味が書かれています。

『童蒙をしへ草』の原文に、「我國を大切に思へばとて、妄に他の國を賤しむべからず、妄に他國の人を嫌ふべからず。これを一人の身の上に譬へて云はんに、恰も我一人を高く構へて、他人は我に等しき徳義なくして、我に等しき面目を得べからざるものと思ふが如し[1]」とあります。

この章のテーマは、今の世の中でも常に考えて行かなければならないことです。ここにある基本の考え方が世界の人々に行き渡っていけば異文化を越えて交流が進み、国と国との協調がさらに進展すると思います。『童蒙をしへ草』の原文に「自國の利を謀るは勿論のことなれども、産物商賣の事に就き他國を害して我國を利すべきものと思ふべからず。他國の繁昌は我國の利益なり。其次第は、何れの國にても繁昌すれば、其國の人は富を致して、我國の人の賣る物を買ふべきが故に、詰る所は我國も彼國と其繁昌の幸福を共にするの理なればなり[2]」とあります。そしてさらに『童蒙をしへ草』の原文に、「凡そ世の中に戰爭ほどあしきものはあらず。

萬々止むを得ざるにあらざれば必ずこれを企つべからず」[3]ともあるのです。

世界は、地球環境の問題が山積しています。一方また国と国との紛争も絶えることなく続いています。自然の脅威も非常に多く各地各国で頻発しています。こういったことから人々の平和を世界規模で守る必要に迫られています。このようなことから私は、『童蒙をしへ草』の精神が今の時代にも必要だと思うのです。

(1)　「童蒙をしへ草」巻五（『全集』三、三一〇頁）
(2)　同右
(3)　同右

ひびのおしえ　一編

これは、明治四年に、福澤諭吉が息子の一太郎と捨次郎兄弟のために、半紙四つ折の帳面二冊を用意して、毎日一つずつ書いて与えたものです。

この「ひびのおしえ」は福澤諭吉の家庭教育の実践なのですが、明治四年に二人の兄弟に教えた後、実は三十五年もの間発見されませんでした。

福澤諭吉が明治三十四年に亡くなってから、五年後の明治三十九年、福澤が書いたものをいろいろと整理して纏《まと》めている頃に発見され、「少年」という雑誌に長男の一太郎さんが発表したのです。ですから、こういった福澤の家庭教育の教えがあることは、それまで世間では全く知られていなかったのです。

慶應義塾では当時の幼稚舎長の森常樹が小学校の教材として初めて使用しました。

明治四年　辛未十月　福澤一太郎

おさだめ（七つの大切なこと）

一、うそをつかない。
二、ものを拾わない。
三、父母に聞かないで物をもらわない。
四、ごうじょう（強情）をはらない。
五、兄弟げんかをしない。
六、人のうわさをしない。
七、人のものをうらやまない。

〈解説〉

福澤家のこの「おさだめ」（七つの大切なこと）の意味を良く考えると、福澤家の教えの品格の高さが感じられます。幼い子はこういう教えがあることに自分では気がつきません。

福澤の『福翁百話』四十（明治三十年）に「子どもの品格を高くす可し」という論説があります。原文に、「近處の子供等は見苦しき言語擧動をするも、是れは他人の事なり、我家の子は我家風に對して强壮活潑清淨潔白ならざるを得ず、他人は他人たり、我れは我れたり、他人の懦弱《だじゃく》卑劣なるは怪しむに足らず、咎むるに足らず、我家の子に限りて其卑劣を共にせざるのみとて、……其精神を上品に導くときは、幼稚軟弱の胸中にも早く既に獨立の氣象を生じ」（『福澤諭吉全集』第六巻）とあります。幼な心にも品格のある独立心を育てようとしたのだと思います。

十月十四日　本を読む

本を読んで、はじめの方を忘れてしまうことは、底《そこ》のない桶《おけ》に、水をくみ入れるようなものです。くむばかりで、少しも水が桶にたまりません。ですから、一太郎さんも捨次郎さんも、読んだ本のおさらいもしないで、はじめの方を忘れてしまった時には、読んだという苦労があるばかりで、学問が自分のためになるということはありませんから、気をつけなければいけません。

〈解説〉

『福翁自伝』の中に福澤の少年時代の本とのかかわりの記述があります。

「私一人本が嫌ひと云ふこともなからう、天下の小供みな嫌ひだらう。私は甚だ嫌ひであったから休でばかり居て何もしない。……十四か十五になって見ると、近処に知て居る者は皆な本を読んで居るのに、自分獨り讀まぬと云ふのは外聞が悪いとか恥かしいとか思たのでせう。夫れから自分で本當に讀む氣になって、田舎の塾へ行始《ゆきはじ》めました」

　習った本には詩経・書経・元明史略とかいろいろあります。中国の書物ですが、福澤が得意だった本は、「私は左傳（『春秋左氏伝』）が得意で大概の書生は左傳十五巻の内、三、四巻で仕舞ふのを、私は全部通讀、凡そ十一度讀返して、面白い處は暗記して居た」（『福澤諭吉全集』第七巻）とあります。

この項には、「読んだ本のおさらい」の事が書いてありますが、福澤自身の勉強について『福翁自伝』には、適塾でのオランダ語の習得のことや、オランダ語から英学に転向した時のことが書いてあります。そういった福澤自身の経験からも「読んだ本のおさらい」の大切さを教えていると思います。

十月十五日　ひどいことをしない

人は、虫を殺したり、獣《けもの》を苦しめたりなど、このようなひどいことを、してはいけません。このようなことをすると、いつかは、同じ人間に対しても、やさしさの心を失って、ひどいことをするようになるものです。慎《つつし》まなければいけません。

〈解説〉

本書の「童蒙おしえ草」第一章「生き物を大切に」でも虫や動物にも命があることを教えています。抄訳すると、小さな動物を苦しめたりすると、だんだんとこれに慣れてしまって、やがて同じ人間に対しても心の優しさを失ってしまう事があると教えています。

家庭で幼い頃に教えられたことは、「三つ子の魂百まで」といって今でもその重要性がいわれています。福澤の言葉に「徳教は目より入りて耳より入らず」（明治二十二年／『福澤諭吉全集』第十二巻、時事新報論集五）というのがあります。幼いうちに大切なことを教えること、良いお手本を行動で見せて学ばせると効果が上がるのです。

十月十六日　子どもの独立

子どもといっても、いつまでも子どものままでいてはいけません。やがて成長して、一人前の大人になるのですから、小さい時から、なるたけ人の世話にならないように、自分で歯を磨《みが》き、顔を洗い、衣服も一人で着ること、くつ下も一人ではくように、そのほかすべて、自分でできることは、自分でするようにするのがよいのです。これを西洋の言葉で、インディペンデンス*といいます。インディペンデンスとは、独立ということです。独立とは、独《ひと》り立ちして、他人の世話にならないということです。

〈解説〉

福澤は「子どもの独立自尊法」と「大人の独立自尊法」とを分けて教えていました。子どもの独立自尊については、次のお諭しがあります。「今日子どもたる身の独立自尊法は唯父母の教訓に従て進退する可きのみ」（明治三十三年）。これは慶應義塾の幼稚舎生に諭した教えです。幼いころは、父母のいうことをよく聞いて成長することの大切さを教えたのです。

特に家庭での教育が大切であるとしたのは、子どもは、父母の姿や言行を見聞して育つからです。福澤の論説「子供を育るに側の大切なることを論ず」（明治八〜九年／『福澤諭吉全集』第二十一巻　演説筆記五編）の中に「一家は少年の学校とも云うべきものにして之を育るものゝ賢不肖に由て善くも悪くもものなり」とあります。

＊インデペンデンス→independence／独立、自立、自活

十月十七日　人の心の違《ちが》い

人の心が違うことは、人の顔がそれぞれ違うのと同じです。人の心は、誰も同じではありません。人には、丸い顔もあれば、長い顔もあります。その心もまた、それぞれの生まれつきで同じではありません。気の短い人もいますし、気の長い人もいます。静かな人もいます。騒《さわ》がしい人もいます。ですから、人の行うことを見て、必ずしも自分の気に入らないからといって、短気をおこしたり、怒ったりしてはいけません。できるだけ我慢をして、お互いに仲良くすることがよいのです。

〈解説〉

〈参照〉→本書「童蒙おしえ草」第九章「礼儀のこと」

十月十八日　心の障害《しょうがい》

目が見えない人や、耳の聞こえない人は、障害のある人です。一太郎さんも捨次郎さんも、生まれつき障害がなくて、幸せなことなのです。しかし、障害というのは、目や耳ばかりではありません。人の心にも障害はあるのです。たとえば、正しい道理を聞いてわからない人のことです。そんな人は、耳の聞こえない人にもおとる人なのです。また、本を見てその文が読めない人は、目の見えない人よりも、とるに足りない人なのです。ですから、目が見えなかったり、耳が聞こえなかったりすることの障害は、恥ずかしいことではないのです。このような心の障害をもつ人こそ、本当に、恥ずかしいことなのです。

〈解説〉

普通の人でも、目には見えないけれど「心に障害がある人」がいる事を教えています。原文中に「正《ただ》しき道理を聞《きい》てわからぬは」とあります。福澤は、明治五年の『学問のすゝめ』の冒頭で「天は人の上に人を造らず人の下に人を造らずと云へり」といって人間の生きる権利は自由平等であるべきだと教えています。その中でも重要なことは、人の自由と権利の、特に自由の考え方です。「自由と我儘との界は他人の妨げを爲すと爲さゞるとの間にあり」（『福澤諭吉全集』第三巻）という考え方です。

（参照）→本書「童蒙おしえ草」第十九章「自由と権利」

十月十九日　体と衣類を清潔に

木綿の着物でも、唐桟《とうざん》の羽織でも、どのような粗末《そまつ》な衣類でも、恥ずかしいことはありませんが、しかし、着ている衣類が汚れていることや、顔や手足が汚れて、不《ふ》衛生《えいせい》なことは、恥ずかしいことです。ですから、子どもは、清潔には常に心がけて、手足を洗い、汚れた衣類を着ないように、気をつけることが大切です。

〈解説〉

『福翁自伝』の「妻を娶て九子を生む」の頁に、子どもの「養育法は着物よりも食物の方に心を用ひ、粗服はさせても滋養物は屹と與へるやうにして、九人とも幼少の時から體養に不足はない。又その躾方《しつけかた》は温和と活潑とを旨として、大抵の處までは子供の自由に任せる」（『福澤諭吉全集』第七巻）とありますが、しかし、「ひゞのをしへ」の頃の明治四年には、実際に家庭ではこのように「体と衣服を清潔に」させていたのです。福澤は子どもの健康を最重視していました。体育を重視し、食べ物に注意すると同時に健康を守る衣服の清潔にも注意していたことが分かります。

十月二十一日　勇気とは

人には勇気というものがなければなりません。勇気とは、強いことで、物事を恐れない気持ちです。何事でも、自分の決心したことは、いつまでもこれをあきらめないで、苦しくとも乗り越えて、目標を成し遂げることです。たとえば、本を一度読んで覚えられないといって、これをすててはいけません。一度も二度も十回も二十回も、覚えるまでは勇気をふるい、なお強い心で取り組むことです。

〈解説〉

ここでの福澤の「勇気」というのは、「じぶんの思込《おもひこみ》しことは、いつまでもこれにこりかたまり、くるしみをいとはずして、成《な》し遂《と》ぐべし」ということです。本を読むことの例がありますが、何回も繰り返して覚える。『福翁自伝』の中にも、信念を曲げないで生きなさい、というようなことが書かれています。これは福澤の体験の事だと思います。福澤はオランダ語を覚えるのに大坂の緒方洪庵の適塾で大変努力をしました。また、英語に転向した時にも辞書はないし、先生もいませんでした。それこそ殆《ほとん》ど独学で英語も覚えるまでは勇気を奮って続けたのです。その事を我が子に「勇気」として伝えたかったのだと思います。

十月二十七日　ゴッド（神、造物主《ぞうぶつしゅ》）の心

世の中に父母ほどよいものはありません。父母より親切な人もいません。父母が長生きで、健康なことは、子どもの思い願うことです。しかし、今日は生きていても明日は死んでしまうかもしれません。父母の生死については、「ゴッド（神）*」の心にあるのです。「ゴッド（神）」は、父母をつくり、「ゴッド（神）」は父母を長生きさせ、場合によっては死なせてしまうこともあるのです。天地万物、何もかも、「ゴッド（神）」のつくらないものはありません。ですから、子どものときから、「ゴッド（神）」のありがたさを考え、「ゴッド（神）」の心に従うことです。

〈解説〉

『福翁百話』の、百話の第一のお話に「宇宙」というのがあります。その中に「吾々が幼少の時より人の力に叶はぬ事に逢へば、天なり天道なりと言流し聞流したる習慣こそあれば」（『福

澤諭吉全集』第六巻）とあります。

ここでの造物主（「宇宙間の万物を造った者。造化の神」〈広辞苑〉）、そういった力が作用している自然界の不思議を教えることは、天地万物、何もかもをつくられた神（造物主）のありがたさを考えさせ、その心に従う事は、与えられた命を大切にしてどう生きることが良いのかを考えさせることを教えたと思います。

＊ゴッド→God／神、造物主

動物と人間の違い

毎日、三度の食事をし、夜は寝て朝は起きる。毎日毎日、同じことを繰り返し、日を送る時、つまり人の命というのはわずかに五十年（昔は人生五十年といわれた）です。いつの間にか年をとり、昨日に変わって今日となり、気がつけば老人になっていて、人生も終わってしまいます。

そもそも、物を食べて寝て起きるということは、馬や豚などの動物でもできることです。人間として、このような動物たちと同じでよいのでしょうか。それはとても情けないことです。ですから、人としてこの世の中に生まれたからには、鳥や獣《けもの》にはできないむずかしいことをして、動物とは違うことを示さなければなりません。

その違いとは、人は道理をわきまえて、みだりに目の前の欲に迷わず、字を書き字を読み、勉強して、広く世界中の様子を知って、昔の世の中と、今の世の中の変わり方を調べて、人々と仲よくつき合って、社会の一員として、心に恥ずかしいことのないようにすることが大切です。このようにあってこそ、人は、動物と違って、万物の霊*ともいえるのです。

〈解説〉

福澤の子供の教育法について『福翁自伝』には次のようにあります。

「私は専ら身體の方を大事にして、幼少の時から強いて讀書などさせない。先づ獣身を成してのちに人心を養ふと云ふのが私の主義であるから」（『福澤諭吉全集』第七巻）と。小さい頃は動物の子どもを育てるのと同じ様に獣身を育てる、と考えていました。そして、成長していく過程で人心を養うとしています。これが人間と動物の違いです。

*万物の霊→万物の中で最も優れて霊妙なもの、即ち人類のこと

桃太郎と鬼が島

桃太郎が、鬼が島に行ったのは、鬼の宝を取りに行くためだったということです。けし

からぬことではないですか。宝は、鬼の大事なもので、大切にしまってあるものなのですから、宝の持ち主は鬼です。鬼の物である宝を、意味もなく取りに行くとは、桃太郎は、盗人ともいえる悪者です。

もし、また、その鬼が悪者で、世の中に悪いことをしたことがあるのなら、桃太郎の勇気で、これをこらしめるのは、よいことであるけれども、鬼の宝を取って家に帰り、おじいさんとおばあさんに、その宝をあげたというのは、ただ欲のためにしたことで、卑劣千《ひれっせん》万《ばん》なことです。

〈解説〉

『福澤先生百話』（桑原三郎著、福澤諭吉協会叢書）六八話によれば、福澤は「桃太郎の鬼征伐が、欲のための仕事で、卑劣千万だと、これまで誰も思ってもみなかったことを言って、お子さんに教えられました。……桃太郎盗人論は、自分の独立と共に、他人の独立をも尊重するという近代の道徳であって、これまでの日本に無かった道徳です。『学問のすゝめ』（初編）の中に、『天の道理に基き人の情に従い、他人の妨げを為さずして我が一身の自由を達すること』が大事だ、とあったのに通ずる教えです。だから『ひびのおしえ』は、東洋と西洋の道徳の中から、福澤先生が選び出した子どものための新しい教えです」とあります。

心の怪我《けが》

手足に怪我をしても、紙で押さえ、または、薬などつけて、大事にしておけば、すぐになおり、少しの怪我であれば、傷にもならないものです。

さて、話は違いますが、人は、うそをつかないはずです。盗みもしないはずです。一度でもうそをついたり、盗みをした時は、これを、心の怪我といいます。心の怪我は、手足の怪我よりも、恐ろしいものです。薬や湿布《しっぷ》ではなかなかなおりにくいもので、一生の怪我となります。ですから、手足の怪我よりも、心の怪我をしないようにしなければなりません。

〈解説〉

この文章を小学四年生に読ませた感想文があります。

「心の怪我は、絆創膏や湿布では全然治らない。この世で一番恐ろしいものも心の怪我です。物を盗むとき、人を殺してしまう、うそを言う等のことです。うそをついたら心の怪我になるとは思わなかった」

福澤は、大事な心に傷をつけないようにすることを教えたのです。福澤の「心の怪我」の教えは、短い言葉ですが、その内容は大事なことを、子どもの心に強く響かせていると思います。

数を知ること

子どもは、ものの数も知らなければなりません。たとえば人には、手の指が五本ずつ、足の指が五本ずつ、手足の指は全部で二十本あります。今、兄弟五人の、手足の指をみな合わせて、何本あるだろうかとたずねられたならば、何とこたえますか。

〈解説〉

ここで出されている数の問題は、今では本当に簡単なものです。しかし江戸時代の儒教主義の教育では、福澤家でも数を教える教育について次のようなことがありました。「私は勿論幼少だから手習どころの話でないが、最《も》う十歳ばかりになる兄と七、八歳になる姉などが手習をするには、倉屋敷の中に手習の師匠があって、其家《ソコ》には町家の小供も来る。其處でイロハニホヘトを教へるのは宜しいが、大阪の事だから九々の聲を教へる。二二が四、二三が六。これは當然《アタリマヘ》の話であるが、其事を父が聞て、怪《け》しからぬ事を教へる。幼少の小供に勘定の事を知らせると云ふのは以ての外だ。斯う云ふ處に小供は遣つて置かれぬ。何を教へるか知れぬ。早速取返せと云て取返した事がある」（『福翁自伝』／『福澤諭吉全集』第七巻）。こういう考え方の残る時代に、少ないですが数を知ることが大切であることを教えているのです。

一日の時（昔の時）

今朝の日の出から、明日の朝の日の出までの間を、十二に分けて、一時《ひととき》（今の二時間）といいます。朝日の出る頃を、六《む》つ時といい、六つ、五《いつ》つ、四《よ》つ、九《ここの》つと数え、九つは昼のまん中で、昼のご飯を食べる時です。九つより、八《や》つ、七《なな》つ、六つと数え、六つは日の暮れる時です。朝の六つより、暮れの六つまでの昼のあいだは、六時《むとき》あります。夜の時を数えるのも、昼と同じことで、暮れ六つより明け六つまで、六時で夜明けにいたるのです。

〈解説〉

〈参照〉↓本書「ひびのおしえ」二編「日本の時と西洋の時」

おだやかにすること

子どもは、おだやかで、人にかわいがられるようでありたいものです。世間の人に交わるには、おとなしくすることはもちろんのこと、自分の家で、人にものを言いつけるのも、いばった言葉を使ってはいけません。たとえば、水を飲みたい時でも、家の人に「水を持ってこい」と言うより、「水を持ってきてください」と言えば、その人は、こころよくすぐに水を持ってきてくれるものなのです。何事によらず、すべてこのような心がまえで、できるだけいばらないように、気をつけることです。

〈解説〉

『童蒙おしえ草』の第十六章に「穏やかなこと」というのがありますが、原文では「柔和なる事」です。つまり「性質・態度がやさしくおとなしいこと」（『広辞苑』）です。抄訳すると、そこでは、自分の行いを穏やかにすること、つまり、横柄に構えて人を威圧するような態度や言葉遣いではなく、人にものを言いつけるのにやさしく接する態度や言葉遣いが大切なことが説かれています。そうすれば相手の感情を悪くすることもなく、事が運ぶとあります。

難《むずか》しい仕事をする人、易《やさ》しい仕事をする人

昔の世の中では、難しい仕事をする人が尊敬され、簡単な仕事をする人は見下されていました。

本を読んで物事を考えて、世の中に役立つことをするのは、難しい仕事です。これにく

らべて、家の壁を塗る土をこねたり、人力車を引いたりすることは、注意しなければならないこともあまりなく、たやすくできる仕事と考えられていたのです。ですから、人が尊敬されるということと、見下されるということの区別は、ただその仕事の難しさと、たやすさによるものでした。

　また、その時代には大名《だいみょう》、公家《くげ》、侍《さむらい》などという身分で、馬に乗ったり、刀の大小を差したり、身なりは立派に見えても、その知識は、空き樽《だる》のようにがら空きで、本も読めず、難しい理屈もわからず、ぼんやりと日を送る者がとても多くいました。こんな人を見て、尊い人だの、身分の重い人だのと、言えるはずはありません。ただこの人たちは、先祖《せんぞ》代々《だいだい》から、受け継いだお米やお金があるので、そのように立派にしていることができたのです。しかし、そのほんとの姿は、学問のない人で、見下されるべき人ということなのです。

〈解説〉

　封建的な身分制度のもとでは、士農工商の職業は変えられませんでした。しかし、明治時代になって近代的な自由平等の社会では、個人の努力によって自由に職業を選べることになりました。学問による新しい生き方を福澤は啓蒙《けいもう》しているのです。

『学問のすゝめ』の冒頭には、「天は人の上に人を造らず人の下に人を造らずと云へり」とあり、「萬人は萬人皆同じ位にして生まれながらに貴賤上下の差別なく」であるのに「廣く此人間世界を見渡すに、かしこき人あり、おろかなる人あり、貧しきもあり、富めるもあり、貴人もあり、下人もありて、其有様雲と坭《どろ》との相違あるに似たるは何ぞや。……されば賢人と愚人との別は學ぶと學ばざるとに由て出來るものなり。」（『福澤諭吉全集』第三巻）と述べています。

日本が文明国になるには、福澤は、学問は実学を学ぶこと、精神は自主自由の精神を学ぶことを求めていたと思います。

人のふり見て我がふり直せ

「人のふり見て我がふり直せ」。お前たちは、今日まで、食べ物や着るものに、何も不自由なことはありませんでした。しかし、もしその心が未熟で、邪《よこしま》な心を持って、本も読まず無学文盲《むがくもんもう》になることがあれば、どんな立派な着物を着ていても、どんなに大きな家に住んでいても、よその人に見下され、人に指を指されて、家のない人よりも、恥ずかしい思いをすることになるのです。

〈解説〉

福澤家では大事に家庭教育を行っていました。「ひゞのをしへ」の事や、『福翁自伝』の中の「子どもの養育法」「体育を先にする」「子女の間に軽重なし」等を読みますと、明治の初期これほどまでに、家庭の教育や子どもの将来の教育を考えた人は少ないと思います。原文では何不自由なく育った子ども達に、「いやしきこんじやうをもち、ほんをもよまずして、むがくもんもうになることあらば、どんなりっぱなきものをきても、どんなおほきないへにゐても、ひとにいやしめられ、ひとにゆびさゝれて、こじきにもおとるはじをかくべし」と釘をさしているのです。父親の厳しい愛を感じると思います。

小学四年生の短い感想文に、「『人のふり見て我がふり直せ』は、どんどん自分がいい人になっていくということがわかった」というのがあります。世の中には素晴らしい人が沢山います。その反対もあります。学問は本ばかりではありません。人の行動や態度が直接の教えとなります。福澤諭吉は、大坂の適塾で恩師である緒方洪庵に学びました。慶應義塾を開いたのも緒方洪庵の影響が多くあるように思います。

ひびのおしえ　二編

明治四年　辛未十一月　福澤一太郎

東西《とうざい》、東西《とうざい》、ひびのおしえ二編のはじまり。お定めのおきては六つ、耳をこちらに向けてよく聞き、お腹におさめて忘れないようにしなさい。

おさだめ（六つの大切なこと）

だい一

天道《てんとう》さまを恐れ、これを敬い、その心にしたがいなさい。ただしここでいう天道さまとは、太陽のことではありません。西洋のことばでは「ゴッド」といい、日本のことばにほんやくすれば、創造主《そうぞうしゅ》（神）というものです。

だい二

父母を敬い、親しみ、その心にしたがいなさい。

だい三

人を殺してはいけません。獣をむごくあつかったり、虫などをよく考えもしないで殺したりしてはいけません。

だい四
盗みをしてはいけません。人の落としたものを拾って、自分のものとしてはいけません。
だい五
本当でないことを言ってはいけません。人をだましたりして人のじゃまをしてはいけません。
だい六
貪欲であってはなりません。やたらに欲張って人のものを欲しがってはいけません。

〈解説〉

初編は短い箇条書きで（七つの大切なこと）でしたが、二編は、六つあります。それぞれの文章が長くなり具体的で、意味が分かりやすくなっています。

福澤は『福翁自伝』の最後に「私の生涯の中に出來《でか》して見たいと思ふ所は、全國男女の氣品を次第々々に高尚に導いて眞實文明の名に愧かしくないやうにする事と、佛法にても耶蘇教にても孰れにても宜しい、之を引き立てゝ多數の民心を和らげるやうにする事と、大に金を投じて有形無形、高尚なる學理を研究させるやうにする事と、凡そ此三ヶ條です」（『福澤諭吉全集』第七巻）と記しています。

全国男女の気品を高尚に導く時に、最も基本となる教えがここにあると思います。

天道《てんとう》さまのおきて

天道さまのおきて*には、昔、昔、その昔より、今日の今にいたるまで、少しも間違いはありません。麦をまけば麦が生え、豆をまけば豆が生え、木の船は浮き土の船は沈む。きまりきっていることなので、人はこれを不思議とは思いません。ですから、今、良いことをすれば良い結果となり、悪いことをすれば悪い結果となる、これも、また天道さまのおきてです。昔の世から、今まで違ったということはありません。それなのに、天道知らずのばか者で、目の前の欲に迷って、天のおきてを恐れず、悪事をはたらいて、幸福をもとめようとする者がいます。これは、土の船に乗って、海を渡ろうとすることと同じです。こんなことで、天道さまがだまされるとでも思うのだろうか。悪事をはたらけば悪事が戻ってくるぞ。壁に耳あり、ふすまに目あり、悪事をして罪をのがれようとしてはいけません。

〈解説〉

原文には「よきことをすれば、よきことがむくひ、わろきことをすれば、わろきことがむくふも、……てんのおきてをおそれず、あくじをはたらいて、さいわいをもとめんとするものあり。……あくじをなして、つみをのがれんとするなかれ」とあり、社会生活で守らなければいけない道徳があることを教えています。善い悪いの判断を見極めしっかり出来るようにすることを小さい頃から教えています。判断基準を父母から学び、さらに大きな存在として天道さまのおきてとして教えています。

福澤諭吉の父百助は、「誠意誠心屋漏《おくろう》に愧《は》じず」（『福翁自伝』）という事を心掛けたと云います。「人の見ていないところにいても自分の身を戒めつつしんで恥じるところがないように心がけよ」という意味です。福澤は「その遺風は自ずから私の家には存していなければならぬ」（同前）と考えていました。

＊天道さまのおきて（掟↓その社会で必ず守らなければならない取り決め〈『明鏡国語辞典』〉）

学問をすべし

今朝の日の出より、明日の朝日の出るまでを、一日として、約三十日を一月《ひとつき》と数えます。大の月は、三十一日、小の月は三十日、（二月は、二十八日、うるう年は二十九日）一年は、十二ヵ月で、日数にすれば、三百六十五日になります。十年たてば、三千六百五十日、五十年たてば、一万八千二百五十日です。お前たちも、一年過ぎると一つ歳をとり、新しい年には、お正月がきて楽しいこともあります。けれど、だんだんと多く寝ることを重ねて、約一万八千日ほど寝ると、五十六、七歳のおじいさんとなって、楽しいこともなくなってしまいます。ですから、一日も油断をしないで、学問をすることが大切です。

〈解説〉

福澤の『学問のすゝめ』は、当時のベストセラーです。この本には、学問をすることの意味が書いてあります。古い時代の「読み書きそろばん」のことだけをいっているのでありません。日用に近い実学（科学的考え方）を中心に、江戸時代の封建的な考え方から明治時代の新しい人々の生き方を教えているのです。

その目的は、人心の改革です。西洋文明を取り入れた新しい考え方の啓蒙《けいもう》書なのです。明治の初期まだ近代的な学校が少ない時に、ここでは小さい頃から日々学問をすることの大切さが書かれています。

日本の時と西洋の時

日本の昔の時は、夜と昼を十二に分けて、十二時と定めましたけれども、西洋では、二十四に分け、夜と昼をあわせて二十四時と定めました。ですから、西洋の一時は、日本の半時なのです。その割合は次のとおりです。

日本の時	西洋の時
六時（むつ）	六時
六半（むつはん）	七時
五時（いつつ）	八時
五半（いつつはん）	九時
四時（よつ）	十時
四半（よつはん）	十一時
九時（ここのつ）	十二時
九半（ここのつはん）	一時
八時（やつ）	二時
八半（やつはん）	三時
七時（ななつ）	四時
七半（ななつはん）	五時

このように数えて、またもとの六時にかえり、順々に数えるのです。

〈解説〉

明治政府の「明治五年十一月九日に改暦の発令」を受けて世の中は今迄《まで》の太陰暦を太陽暦に改めました。その年は明治五年十二月三日を明治六年一月一日としたのです。一年は三百六十五日（四年ごとに閏《うるう》年を置いて、三百六十六日）になりました。しかし、世の中は太陰暦に慣れており、混乱を招きました。政府は太陽暦にするという発令をしましたが、日常の親切な暦の説明はありませんでした。そこで、福澤は「新政府の盛事を助けんものをと思付き『改暦辨』を著した」といいます（『改暦辨』〈『福澤諭吉全集』第一巻。福澤全集緒言〉）。

その内容を見ますと、太陰暦と太陽暦の違いを丁寧に分かり易く説明しています。太陽暦では一週間は七日であり、日曜日から土曜日までとし「日曜日は休日にて、商売も勤めも何事も休息すること、むかしの我国の元日の如し」とあります。その他、時計の見方は文字盤を描いて説明してあります。当時の人の中には長針と短針の意味が分からず、「『貴殿の時計は何時出で御座る』と聞くと『最早一時過ぎで御座る』と答ふるに、『貴殿の長針は何時の處に居ます』との問に『長針は、大抵三時で御座る』」と答えたといいます。

これは「一時過ぎの十五分前後のことなり」。

因《ちな》みに福澤諭吉の誕生日は、天保五年十二月十二日です。西暦では、一八三四年です。しかし明治五年十二月三日を明治六年一月一日と改暦したので明治五年十二月十二日は、西暦では一八七三年（明治六年）一月十日に当たるのです。福澤は明治三十四年（一九〇一）二月三日に亡くなっていますから、これを陽暦の満年齢で計算すると六十六年一カ月となります。

時刻

一時間を六十に分けて、一分といいます。西洋の言葉では、ミニット[*1]といいます。一分をまた六十に分けて、一秒といいます。一秒（セコンド）[*2]は、人の脈が一つ動くくらいの間です。一日は、西洋でいう二十四時間で、分にすれば千四百四十分、秒にすれば八万六千四百秒ということです。

〈解説〉

前に紹介した「改暦辨」には「時計の見様」というのがあります。時計の文字盤には、一から十二までの今の時計と同じ図があります。改暦したことで今迄《まで》の時間の数え方も変わったのです。福澤の説明に「西洋では一晝夜を二十四時に分かつゆゑ、彼の一時は日本の舊半時なり、その半時を六十にわかってこれを一分時（ミニウト）といふ。亦この一分時を六十に分て、一『セカンド』と云ふ」とあり、今と同じ時計の読み方を教えています。小学生に時計の見方は教えますが、明治の初期、大人が時計の見方を知らなかったので、時計の図を入れて理解できるようにしたのです。「一秒は、人の脈の一つ動く位の間です」という教えはとても分かり易いと思います。

＊1 ミニット（ミニウト）→ minute ／一分のこと
＊2 セコンド（セカンド）→ second ／一秒のこと

矩尺《かねじゃく》とくじら尺

畳《たたみ》の長さは六尺《しゃく》、鴨居《かもい》の高さは、五尺七寸《すん》です。一尺を十に分けたその一つを一寸といいます。一寸を十に分けてその一つを一分《ぶ》といい、一分を十に分けてその一つを一厘《りん》といいます。ですから一尺は、千厘《せんりん》であり、百分であり、十寸です。六尺を一間《けん》といいます。六十間を一町《ちょう》といい、三十六町を一里《り》といいます。ですから一町は三百六十尺です。一里は一万二千九百六十尺です。間にすれば、二千百六十間です。人の歩く一歩《ぽ》を二尺とすれば、一里は六千四百八十歩です。ですから、一日に十里の路《みち》を歩く人は、六万四千八百歩、歩くのです。

右は矩尺という尺で、家をたてたり、箱をつくるなど、すべて物の長さをはかる寸法です。反物《たんもの》の長さをはかるのには、くじら尺《じゃく》というものさしがあります。呉服屋《ごふくや》、仕立屋《したてや》で用《もち》います。くじら尺は、矩尺よりも長く、くじら尺の八寸と矩尺の一尺とは同じ長さです。

〈解説〉

「改暦辨」（明治六年一月一日）の時には、今は普通に使われているメートル法は日本では同一単位として認められていませんでした。ですから福澤もそのことには触れずに日本のこれまでの古い単位を正確に示したものと思います。それが「矩尺とくじら尺」です。この「くじら尺」は、平成の今でも「布幅をはかる時に限りこれを用いることを得」（『単位のいま・むかし』日本規格協会）とあります。

一国の「単位」はとても重要なことです。その単位が今までの日本の単位から他の外国の単位に変わることは、その国の文化を受け入れるということになります。明治のころからメートル法を教育現場まで受け入れるまでには時間がかかりました。一九二一年「我が国の単位制度の統一が必要であるとのことになり、メートル法で統一するため度量衡制度を改正した」（同前）とあります。

今では、一寸↓約３・０３㎝、一尺↓３０・３㎝、一間↓約１８１・８㎝といった方がよほど分かり易いのです。

一歩《いちぶ》、一畝《ひとせ》、一反《いったん》、一町《いっちょう》

一坪《ひとつぼ》は、縦と横一間《いっけん》ずつの広さです。ちょうど畳《たたみ》二枚の広さのことです。田畑の広さを数えるには、農家の言葉で、この一坪のことを一歩といいます。三十歩《さんじゅうぶ》を一畝といい、十《と》畝《せ》を一反といい、十反《じったん》を一町といいます。ですから、一町は、三千坪です。一反は三百坪です。一畝は、三十坪です。一歩は一坪と同じことです。例えばこの畑は、四《し》反《たん》七《なゝ》畝《せ》十五《じゅうご》歩《ぶ》ありといえば、その畑の広さは、千四百二十五坪あるということです。千畳《せんじょう》じきの座敷《ざしき》は五百坪になるので、畑の広さにすれば、一反六畝《いったんむっせ》二十歩《にじゅうぶ》です。

〈解説〉
面積のことですが、これは、日本の明治の頃の尺度です。一歩《いちぶ》→一坪（畳二枚分）、一畝《ひとせ》→三十坪、一反《いったん》→三百坪等、これをメートル法に変えるのは端数が出てとても分かりにくいと思います。

雪は白く、墨は黒い

雪は白く、墨は黒い。目で見れば誰にでもわかることです。正しい事は善い、邪《よこしま》なことは悪い。心ある人であれば誰にでもわかることです。世の中に目の悪い人はいますが、心のない人はいません。人に心さえあれば、物事の正しいことと、邪なことは、すぐにわかるはずです。それなのに、今、悪いことをして、人にかくそうとして、うそを言って人を欺《あざむ》こうとすることは、目の見える人に、雪を見せて黒いといい、墨を見せて白いということと同じです。誰もだまされる人はいないでしょう。

〈解説〉

「うそや偽りのいけないこと」（原文は「信實を守る事」）は本書「童蒙おしえ草」二十六章にもあります。

ここでは、雪と墨にたとえて教えているところが面白いのです。「雪は白く、墨は黒い」。悪いことをしてうそをつくのは、目の見える人に「雪を見せて黒いといい、墨を見せて白い」と言うのと同じで、そんなことは「人に心さえあれば、物事の正しいことと、邪なことは、すぐにわかるはずです」というわけです。素晴らしい譬《たと》えだと思います。

社会のために役立つこと

人であるからには、世のために役立つことをすることです。農家では、お米をつくり、大工は家をたて、商人は物を売り、医者は病気を治し、学者は道理を教えて人の知識を増やして世の中の風俗をよくし、役人は政治を行って、世の中の人の便利を考え、世の中の生活をよくすることなど、それぞれの役割があります。

どの仕事も世の中になくてはならないものです。このように、世の中に役立つことをすれば、その人にも自《おの》ずから、その報《むく》いがあって、それなりによい暮らしができるものです。それなのに、心得違いの者は、ただお金さえ手に入れればよいことだと思い、世の中のために良いことか悪いことかを考えずに、自分ひとりの欲ばかりを満たそうとして、あるいは、賭《か》け事でお金を取ろうとして、また、役にも立たない物を人に売りつけようとしたり、さらには、女の人や子どもをだましてお金を儲《もう》けようとするなど、恥ずかしい行動をしていながら、恥ずかしいとも思わないことが多いのです。

これは、他人のじゃまをして、自分の利益ばかりに欲深くなるということで、世の中に役立たず、かえって世の中の人の災いとなり、ついには、国の不況を招いて、自分もその害を被《こうむ》ることになるのです。諺《ことわざ》に言う「猿の知恵」とは、このことなのです。

〈解説〉

福澤は、明治九年に「家庭習慣の教へを論ず」（家庭叢談第九号）を発表しましたが、その中に家庭教育で大切な五つの事を書いています。抄訳すると、人が社会に出て勤める仕事に、

一、体を大切にし健康を保つこと。

二、社会で生活できる方法を求めて働き、衣食住に不自由なく生涯を安全に送ること。

三、子どもを養育して、一人前の男女に育て、二代目のその子の父母として差し支えのない

ように教えること。

四、世の中の人々と社会をつくりその一員として働き、社会の安全と幸福を求めること。

五、娯楽を楽しむこと。

等です。しかし福澤は最後に「私がいつも勤める教育とは、この目標に近づく事が出来る力を強くすることに他ならない」といっています。広い意味の教育は本人の為にも社会の為にも役立つことが必要であると思います。どんな仕事であれ働くことです。

（参照）→本書「童蒙おしえ草」第四章「働くこと」

色の白と黒

　色の白いと黒い、をいつわれば、目の見えない人をだますことができます。太鼓《たいこ》の音と、鐘《かね》の音をいつわれば耳の悪い人をだますことができます。人をだましてはいけませんし、いつわってはいけないことは、物事の善悪で考えれば当然の道理《どうり》です。物事の道理は、目の見えない人でもわかるのです。耳の聞こえない人でもわかるのです。どんなときでもいつわってはいけません。世界中の人の心はみな同じなのです。善を善とし、悪を悪としない人はいません。

　このような世界の中の一人として、人がよくないことをして、人の目をごまかすことを、誰がこれを許すでしょうか。人ににくまれ天に見放されて、ついには自分の居場所もなく、家のない人となることは愚《おろ》かなことです。また、悪いことはとがめられて、捕《と》らえられて刑務《けいむ》所《しょ》に入れられ、刑によって殺されることもあるのです。

〈解説〉

偽ることや、人を騙《だま》すことについて本文には、「世界中の人の心はみな同じなのです。善を善とし、悪を悪としない人はいません」ということから福澤諭吉が『福翁自伝』に「乗船切符を偽らず」と書いてある一寸した事件を思い出します。

それは、抄訳すると、明治九年に福澤が一太郎十二歳と二三カ月、捨次郎は十歳あまりを連れて上方見学に船で行きその帰りに問屋の番頭に乗船切符を買ってもらいました。すると大人一人子ども二人の切符になっていました。番頭は「規則には十二歳以上は大人と書いてありますが、十三、四歳までくらいは大人の料金を払う人はいません」と、しかし、福澤は「規則は規則だといって」兄の一太郎は年齢が十二歳以上なので大人の切符に取り替えたということがありました。うそはつけなかったのです。

（参照）↓本書「童蒙おしえ草」第二十六章「うそや偽りのいけないこと」

あとがき

小学校の教師を始めて、早や三十七年間となります。『福澤諭吉全集』第三巻を片手に、『童蒙をしへ草』の現代語訳をはじめたのは、昭和五十八年夏のことです。

慶應義塾幼稚舎に就任してから、十年目に当たる年で、当時私は、人間教育の原点になるような本がないか探していました。なかでも、小学生にも読むことができる福澤諭吉の本があればと探していたのです。とりわけ『童蒙をしへ草』を初めて読んだ時の印象を、忘れることができません。小学生の自立をうながす本として素晴らしい本であることに気がついたのです。その夏休みに、すぐに現代語訳をはじめました。クラスの子どもたちと一緒に読むことを考えて、出来上がったのがこの本です。

一八七三年に刊行された『童蒙をしへ草』の原書である『モラル・クラス・ブック』(“The Moral Class-book”)というイギリスのチェンバーズ社版の英書を参考にして、現代語訳と照らし合わせるという根気のいる仕事は、元慶應義塾幼稚舎教諭の桑原三郎先生(国文学博士)にお願いいたしました。現代語訳は、地名から、人名に至るまで、福澤諭吉が訳した頃とでは、大きな表記上の違いがあります。そのことを確認するために「さくいん」を付け、福澤の生きた明治時代と、今の時代の翻訳の違いを比較できるようにもしたのです。その段階では、慶應義塾高等学校の英語科教諭の小高健吾先生にカタカナ表記を指導していただきました。明治の初めに書かれた福澤諭吉の本は、その頃の書物に比べて読みやすい文体とはいえ、今の小学生には難解なため、できるだけ優しくしたつもりです。

現代語訳した『童蒙おしえ草』の初めての刊行は、幼稚舎の学内出版物で、平成八年のことです。部数が限定であったために、在庫もすぐに尽きてしまいました。そしてこのたび、慶應義塾大学名誉教授の西川俊作先生、同大学看護医療学部教授の山内慶太先生のご協力を得て、慶應義塾大学出版会から刊行の運びとなったことは、私にとって大きな喜びです。

同大学出版会の前島康樹氏、山本有子さん、小室佐絵さんの応援や協力を得て、初版にくらべてレイアウトが大きく変わりました。ご姉妹でいらっしゃる花岡わかなさん、宮川なつみさんのイラストと装丁も、さらにこの本をひきたたせてくれています。私の「この本を読んでくれた多くの子どもたちとその保護者の方たちが、基本的生活習慣や家庭教育の原点について学び、日々の生活にも、また将来社会に出るときにも役立ててもらいたい」という考え方に共感してくださり、読者の方が手にとりやすいような工夫をしてくださいました。かたい「徳育」の書としては、読みやすく感じられるのは、皆さんのご協力によるものです。改めて感謝をいたしております。

道徳教育、心の豊かさを育《はぐく》む教育の必要性が叫ばれる今日、福澤諭吉にこのような著作があったことを世間に知っていただき、家庭教育や学校教育の一助となればと強く願うばかりです。本書の現代語訳によって、福澤諭吉の『童蒙をしへ草』「ひゞのをしへ」の内容を、どれほど正確に読者の方々に伝えることができたかは心配ですが、福澤諭吉の意図するところを汲《く》み取っていただければ幸いです。

また、最後に本書を刊行するにあたって、甚大なご配慮をくださった慶應義塾大学出版会の坂上弘社長に、感謝申し上げます。

平成十七年十二月吉日

岩崎　弘

文庫版あとがき

本書は、慶應義塾大学出版会より平成十八年一月二十日に刊行した『童蒙おしえ草　ひびのおしえ』（福澤諭吉著、岩崎弘訳・解説）を原本としております。

角川ソフィア文庫様とのご縁は、今年（平成二十八年）の二月二十三日、文芸・ノンフィクション局の大林哲也様からのお手紙によるものです。

大林氏は、私の所属する慶應義塾福澤研究センターに問い合わせ、「文庫化により広く読者が手にとれる機会となるよう、角川ソフィア文庫での企画化」を勧めてくださったのです。私にとって大変に嬉しいお話でした。それは、本書の内容が、今の学校教育や家庭の教育に役立つ一助になればという思いがあったからです。

今、教育界は学校での道徳教育を巡って議論の中に有ります。また学校教育以前に、家庭教育が何であるかすら、失《う》せてしまいそうな世情にあります。そんな現代に福澤の遺した「ひびのおしえ」からは、福澤自身が家庭内でどんなことを子どもたちに教えていたのかが分かり、『童蒙おしえ草』からは、幼年期の子ども・小学生・中学生を育てる側にとって、福澤が教育上大切な視点を何処《どこ》に置いていたのかが分かると思います。

私が慶應義塾幼稚舎の教諭時代、「ひびのおしえ」を小学校低学年の生徒たちと一緒に読み、『童蒙おしえ草』は、小学校の中・高学年の生徒たちと一緒に読み、感想を聞いたり説明したりしたことを思い出します。

大林氏のお手紙の中で私が文庫化への思いを強くしたのは、「福澤が何を考え、何を未来の子どもたちに伝え教えたかったのか――その現代的意義をふくめ、子どもだけではなく、大人にとっても非常に示唆に富む一冊と推察します」という、お考えによるものです。本書の理解もこれに勝るものはないと、私も意を強くいたしました。

文庫化に当たり、内容的には、慶應義塾大学出版会の原本の「保護者の方へ」はページ数の関係でカットしました。一方で、『童蒙おしえ草』の解説とのバランスを考え、「ひびのおしえ」は解説文を多くしました。本文中のイラストは、慶應義塾大学出版会の本と同様に引き続き、花岡わかな様のご協力を得ました、ここに感謝申し上げます。

また、慶應義塾大学出版会の前島康樹様には、文庫化に当たり、ご理解を頂きまして今回の運びとなりました。改めて感謝申し上げます。

最後に大林哲也様には、出版に至るまでの企画、編集・刊行・レイアウトから装丁の過程で、大変お世話になったことを記して謝意を表したいと思います。

平成二十八年十月十七日

慶應義塾福澤研究センター顧問　岩﨑　弘

立させガリア、スペインを統治する。

ロ一マ　53,54,163,184,256
① Rome
② 羅馬
③ 古代ヨーロッパの国名。ローマ帝国。または、イタリアの首都。イタリアの中央部にあり、チベル川に沿う政治・交通・文化の中心都市。

ロシア　179
① Russian
② 魯西亞
③ ロシア連邦、通称ロシアは、ヨーロッパとアジアにまたがる世界最大の領土を持つ連邦制の共和国。首都はモスクワ。

ロバート　21,22,307-312
① Robert
② ロベルト
③ 人名。本書では、少年の名。

ロバート・アイネス　82-84
① Robert Innes
② ロベルト
③ 人名。本書では、スコットランドの北の地方オートンにある名家、貴族の名。

ロラン　349
① Rollin
② ロルリン
③ 1661-1741年。フランスの歴史家、教育家。古代史の研究に従事、パリ大学、ボヴェ大学の各大学総長を歴任したが、ヤンセン派的傾向のため退けられた。

ロレンゾ　326-330
① Lorenzo
② ロレンゾ
③ 人名。本書では、男子学生の名。

ロンドン　66,145,197,231,249,289,313-315,317,334,335
① London
② ロンドン
③ ロンドンは、英国とイングランドの首都。中心部をテムズ川が流れ、古くからある都市で、歴史的な建造物が数多く存在する。古称はロンディニウム。

ワ行

ワイン　130
① Wine
② 葡萄酒
③ ぶどう酒

料をしゅう集した。『ポルトガル人の東方航海記』などがある。

ルイ十一世　164
① Louis XI of France
② 第十一世ロイス
③ 1423-83 年。フランス・ヴァロア朝の王（在位：1461-83 年）。シャルル七世の子。スコットランド王ジェームズ一世の娘マーガレットと結婚。ブルゴーニュ公に勝利し、その領地の大半を得る。さらに、アンジュー、メーヌ、プロヴァンスの領地を併せてフランス国王の絶対的基礎を定めた。

ルイ十四世　124,125
① Louisthe Fourteenth
② 第十四世ロイス
③ 1638-1715 年。フランスのブルボン朝における第 3 代フランス王（在位：1643-1715 年）。ルイ十三世の長子として 5 歳で即位。ブルボン朝最盛期の王で「朕（ちん）は国家なり」と宣言し、「太陽王」と呼ばれた。ブルボン家絶対主義の完全期をなし、ヨーロッパにおける国際的地位は上昇。パリにヴェルサイユ宮廷を建設し、詩人たちを優遇するなど文化の興隆も見たが、戦費調達のための新税や放漫経営が国家財政を苦しめた。

ルーイス・コーナロ　133
① Louis Cornaro
② ロイス・コロナロ
③ 人名。本書では、ベニスの貴族の名。

ルドルフ　163
① Rodolph, Emperor of Germany
② 帝ロドルフ
③ 1218-91 年。ハプスブルク家における最初の神聖ローマ帝国君主（在位：1273-91 年）。西南ドイツのハプスブルク伯として同地方最強の領主となり、その後ドイツ王に選ばれ、大空位時代を終わらせた。国内の治安維持に努め、ベーメン（ボヘミヤ）、オーストリア、シュタイエルマルク、ケルンテン、クラインなどを治めて諸氏に分かち与えた。

レナード　226-228
① Leonard
② レヲナルド
③ 人名。本書では、少年の名。

レピダス（レピドゥス）　54
① Lepidus
② レピドス
③ 前 90 頃 - 前 13 年頃。ローマ共和政末期の政治家、将軍。アントニウス、オクタヴィアヌスとともに第 2 回三頭政治を成

ヤ行

ユーステス・ドゥ・サン・ピエール　351,352
① Eustace de Saint Pierre
② ヨヲステイス・デ・サント・ピイル
③ 人名。カレー城の義士。

ヨーロッパ（州）　35,55,68,177,231,250,280
① Europe
② 歐羅巴洲
③ ユーラシア大陸のウラル山脈より西側（ヨーロッパ大陸）およびその周辺の島々・海域を含む地域の総称。六大州の一つ。

ラ行

ラケダイモン（スパルタ）　348
① Lacedæmon
② ラセデモン
③ ラケダイモン（スパルタ）は、古代ギリシャのドーリア人による軍事都市国家（ポリス）。ペロポネソス半島の南、ラコニア地方エウロタス河畔に位置する。ギリシャ神話では、トロイア戦争の原因となったヘレネの夫メネラオスがスパルタ王となっている。

ラ・テュード　25-29
① La Tude
② 羅忠太
③ 人名。本書では、バスティーユ監獄の男性の名。

リジ・プライス　240
① Lizzy Price
② リジ・プライス
③ 人名。本書では、町の女性の名。

リスボン　33,39,175
① Lisbon
② リスボン
③ ポルトガルの首都であり、ポルトガル最大の都市で、政治、経済、文化、教育の中心地。リスボン港はポルトガル最大の海港。

リチャード　65,70-73
① Richard
② リチャルド（里茶土）
③ フランクリンの筆名（ペンネーム）。→ベンジャミン・フランクリンの項も参照。

リンスホーテン　43
① Linschoten
② リスコウテン
③ オランダの旅行家（1563-1611年）。最初の東洋事情紹介者、インドのゴアでポルトガル人大司教のもとで書記として数年間勤務するかたわら、同地方の地理、物産、民族を研究し、ポルトガル人の東方航路貿易資

県の県都およびロンバルディア州の州都である。イタリア語ではミラーノ、英語ではミランと記されることもある。ミラノは北部イタリアでは最も大きな都市。

ムーア（人） 287
① Moors
② モウア
③ 7世紀にアフリカ北西部に住んでいたベルベル人をアラブ人が侵略し、イスラム教に改宗させた後、混血が進んでいったもの。その一部が8世紀にイベリア半島へ侵入し、ムーア人と呼ばれるようになった。

メアリ 52,53
① Mary
② マリ
③ 人名。本書では、お手伝いの女性の名。

モーゼス・ロートシルト 229-231
① Moses Rothschild
② モセス・ロスチャイルド
③ ロスチャイルドは、イギリス、フランスで金融業を中心に活動するユダヤ系の財閥。ドイツ語で「ロートシルト」（「赤い盾」の意味）と呼ぶこともある。初代のマイヤー・アムシェル（1743-1812年）がフランクフルトで開いた古銭商・両替商をきっかけに、経営の基礎を築き、ヨーロッパに支店網をはりめぐらせた。彼の5人の息子がフランクフルト、ロンドン、パリ、ウィーン、ナポリの各支店を担当、おたがいに助け合いながら現在のロスチャイルドに至る。

モーニントン 267
① Mornington
② モルニントン
③ 初代モーニントン伯爵のこと。

モザンビーク 43
① Mozambique
② モザンビク
③ モザンビーク共和国、通称モザンビークは、アフリカ大陸南東部にある国。首都はマプート。旧ポルトガル植民地。

モスクワ（モスコー） 179
① Moscow
② モスコフ
③ ロシア連邦の首都。

モロッコ 287
① Marocco
② モロッコ
③ モロッコ王国、通称モロッコは、アフリカの国。首都はラバト。

リシャ、マケドニア地方の一部とマケドニア共和国南部のビトアにまたがる地域に誕生した歴史上の国家である。

マジョルカ　198,199,201
① Majorca
② マジョルカ
③ マヨルカ島は西地中海に浮かぶスペイン王国バレアレス諸島自治州の中心となる島で、州都パルマ・デ・マヨルカの所在する島のこと。なお島名には、英語読みで「マジョルカ」という表記も見られる。

「貧しきリチャードの暦」（雑誌）　67
① Poor Richard's Almanac
②「プウア・リチャルド・アルマック」
③ 1728年当時22歳のベンジャミン・フランクリンが印刷所を開業して、発行した雑誌。「リチャード」はフランクリンの筆名（ペンネーム）。

マホメット（イスラム）教　204
① Mohammedans
② マホメットの宗旨（宗教）
③ マホメット（ムハンマド、570年頃-632年）は、イスラム教の創始者。イスラム教（回教）は、7世紀初め、マホメットがアラビアに起こしたアッラーの神を信仰する宗教。聖典はコーラン。

マリア・ホール　240
① Maria Hall
② マリヤ・ホヲル
③ 人名。本書では、町の女性の名。

マルタ（モルタ）　178
① Malta
② マルタ島
③ マルタ共和国、通称マルタは、地中海に浮かぶ島国。首都はバレッタ。

マンチェスター　341
① Manchester
② マンチェストル
③ イングランドの北西部に位置する工業都市。

ミズーリ川　280
① Missouri river
② ミザヲリ川
③ 北アメリカを流れる川でミシシッピ川の支流。全長4,130kmとアメリカ最長で、流域面積は北アメリカ大陸の約6分の1。

ミラノ　224,225
① Milan
② ミラン
③ イタリアの都市で、ミラノ

ポーツマス 134
① Portsmouth
② ポフルトマウス
③ イギリス最南部の沖合に浮かぶワイト島をはさんでイギリス海峡に面し、古くから軍港として栄えてきた都市。

ポーランド 182,183
① Poland
② ポウランド
③ ポーランド共和国、通称ポーランドは、東ヨーロッパの国。首都はワルシャワ。

ボストン 65,70
① Boston
② ボストン
③ アメリカ北東部にある都市。マサチューセッツ州の州都、サフォーク郡の郡都で、メガロポリスの北端に当たる。近辺の経済、金融の中心だけでなく、アメリカ発祥の地として有名で、英国を思わせるような古い町並みが残る。

ポドッキー伯爵 55
① Countess Podotsky
② ポドスキ（貴族の名）
③ 人名。本書では、貴族の名。

ポルトガル 33,39,175
① Portuguese
② 葡萄牙
③ ポルトガル共和国、俗称ポルトガルは、ヨーロッパの西南部、イベリア半島南西部に位置する国。古称ルシタニア。首都はリスボン。

ポンソンビ 52
① Miss Ponsonby
② ポンソンビ
③ 人名。本書では、貴人の娘の名。

ポンド 85,166,229,231,251,261,267,268,340
① Pound
② ポンド
③ 英国などの通貨（イギリス、アイルランドその他の国の通貨）。英貨1ポンドは、20シリング＝240ペンス。1971年より1ポンドは、100ニュー・ペンス。

マ行

マイル 145,177
① mile
② 里（まいる）
③ ヤード・ポンド法における長さの単位。1マイルは約1,609m。

マケドニア 36
① Macedonia
② マセドニヤ
③ 紀元前7世紀に、現在のギ

シャ帝国と呼ばれる諸王朝のこと。かつてイランに対する外国からの呼び名として「ペルシャ」が用いられたが、1935年に「イラン」に改められた。

ヘレン・ウォーカー　316,317
① Helen Walker
② ヘレン・ウヲクル
③ 人名。本書では、百姓の娘の名。

ヘレン・プライム　239,240
① Helen Prime
② ヘレン・プライム
③ 人名。本書では、町人の女性の名。

ベンジャミン・フランクリン　65-70
① Benjamin Franklin
② ベンジャアミン・フランクリン
③ 1706-1790年。アメリカ合衆国の政治家、外交官、著述家、物理学者、気象学者。印刷業で成功を収めた後、政界に進出しアメリカ独立に多大な貢献をした。また、凧を用いた実験で、雷が電気であることを明らかにしたことでも知られている。筆名（ペンネーム）はリチャード・サンダース。

ベンソン　227,228
① Mr. Benson
② ベンソン
③ 人名。本書では、町人の名。

ヘンリー　299,300
① Henry
② ヘンリー
③ 人名。本書では、少年の名。

ヘンリー・ダンダス　152,153
① Henry Dundas
② ヘヌリ・ドンダス
③ 1742-1811年。イギリス、ジョージ三世の代の政治家、スコットランドの検事総長。

ヘンリー四世　259
① Henry IV King of England
② 英吉利王第四世ヘヌリ
③ 1367-1413年。イングランド国王（在位：1399-1413年）。エドワード三世の第三子ジョン・オブ・ゴーントと初代ランカスター公の次女ブランシェの長男。父の死後、従兄弟のリチャード二世にランカスター公領を没収され、パリに追放されて相続権を奪われた。1399年にイングランド上陸、8月、リチャード二世をウェールズとの境界で破り逮捕した。9月、議会はリチャード二世の廃位とヘンリーの王位継承を議決、ランカスター朝を開いた。

③ 新教、新教徒。16世紀の宗教改革で、ローマカトリック教会（または西方教会）に抗議（プロテスト）して分離した福音主義を理念とするキリスト教諸派の総称。

ヘス・カッセル　229-231
① Hesse Cassel
② ヘス・カスル
③ ヘス・カッセル選帝侯。ウィリアム9世のこと。

ベット　154-156
① Bett
② バット
③ 人名。本書では、婦人の名前。

ペテルブルグ　179
① Petersburg
② ペイトルスボルフ
③ 正称サンクトペテルブルク。ロシアの都市、レニングラード州の州都。かつてのロシア帝国の首都として栄え、ソ連時代はレニングラードと言われた。

ペニー（六ペニーのパン）　166
① Six Penny-loaf
② 6文（もん）のパン
③ 6ペニーが6文とある。ペニーは、英国の貨幣単位。1シリングは12ペンス、20分の1ポンド。1971年2月より1ペニーは100分の1ポンド＝ニュー・ペニー。値段が1つ6ペニーのパンのこと。

ベニス（の）またはベネチア（の）　197,204
① Venice（または Venetian）
② ヘナイスまたはヘネシア
③ ベネチアは、イタリア北東部ヴェネト州の州都でベネチア県の県庁所在地。英語ではベニス。かつてはベネチア共和国の首都でもあった。

ヘラクレス　79,80
① Hercules
② ヘルクレス
③ ギリシャ神話の最大の英雄。ゼウスとアルクメネの子。半神半人。ヘラクレスとは、ヘラの栄光という意味。ヘラクレスにまつわる物語はとても多く、時には冒険と偉業の中心人物、喜劇では貪食漢として登場する。ストア派およびキュニク学派では、廉直と剛気の模範者として崇められた。

ペルシア（イラン）　122,137
① Persian
② ペルシャ
③ ペルシャまたはペルシアは、古代イランのパールサ地方、現代イランのファールス地方（あるいはパールサ）。また、ペル

③ フランス共和国、通称フランスは、西ヨーロッパに位置する国。ベルギー、ルクセンブルク、ドイツ、スイス、イタリア、モナコ、アンドラ、スペインと国境を接する。首都はパリ。古称はガリア、ゴール。

ブランデー　130
① Brandy
② ブランヂ
③ ぶどう酒などを蒸留して造った強い洋酒。

ブリストル　266,313
① Bristol
② ブリストル
③ イギリス、イングランド南西部、グロスターシャー南部、ブリストル湾に臨む。

プリニ　63
① Pliny
② プリニ
③ プリニウスのこと（23-79年）。古代ローマの博物学者、政治家、軍人。養子で甥の小プリニウスと区別するために、大プリニウスと呼ばれる。ローマ帝国の海外領土総督を歴任する傍ら『博物誌』を著した。

ブルネルロ　326-329
① Brunello
② ブロネロ
③ 人名。本書では、男子学生の名。

ブレスト　175
① Dongeonat Brest
② ブレストの牢屋
③ フランス西部、ブルターニュ半島西端に位置する港湾都市。フランス最大の軍港。

フレデリック大王　37,38
① Frederick the Great
② フレデリッキ
③ フリードリヒ二世のこと（1712-86年）。プロイセン王（在位：1740-86年）。学問・芸術を愛好し、自ら詩や文を書き、ヴォルテールなどの啓蒙家と交わり、「偉大なフリードリヒ」と呼ばれた。

プロシア　37
① Prussia
② 普魯士
③ プロシアまたはプロイセンはバルト海に面して北ヨーロッパに広がる地域である。ブランデンブルク選帝侯フリードリヒ三世が、1701年プロイセンにおける王号を得てプロイセン王国を創始した。

プロテスタント　197
① Prtestant
② プロテスタント

③ 人名。本書では、医師の名。

フォース湾 107
① Firth of forth
② ホルス
③ イギリス、スコットランド南東部に位置する。南岸にリース港や政治と文化の中心都市エディンバラがある。

フォーファー 339
① Forfar
② ホアハルスハヤ
③ イギリス、スコットランドに位置する州。

フォーブス 84
① Forbes
② ホルブス
③ 人名。本書では、イギリスの貴族。

ブラック・プリンス 289
① Black Prince
② ブラック・プリンス
③ 1330-76年。イギリス王エドワード三世の長子。黒色の甲冑を着用したことから黒太子と呼ばれたといわれる。1333年にチェスター伯、1337年にコーンウォール公、1343年にプリンス=オブ=ウェールズ。1345年父王に従ってフランス遠征（百年戦争）に加わり、翌年クレシーの戦いでフランス騎士軍を撃破して勇名をはせ、1356年ポアティエの戦いでは大勝してフランス王ジャン二世を捕虜にした。

フランク 307-312
① Frank
② フランク
③ 人名。本書では、少年の名。

プランクス 54
① Plancus
② プランコス
③ 生没年未詳。カエサルの副官。カエサルの死後、ガリアの総督になった。

フランクフルト 229,230
① Frankfort
② フランクホルト
③ ドイツ西部の都市であり、ライン川の支流の一つ、マイン川の下流域に位置する。

フランシス 331,332
① Francis
② フランシス
③ 人名。本書では、少年の名。

フランス（の）
25,60,68,74,100,105,107,108,124,175,178,229,245,246,280-283,288,289,324,350
① Frence（または French）
② 佛蘭西（の）

哲学者。故郷プロヴァンスのエクスで学び、同地で神学および哲学を教え（1613-23年）、のちパリのコレージュ・ロアイヤルの数学教授となる。

ビール 130
① ale
② エイル
③ 上面発酵のビールをエールと呼ぶ。おもなエールには、ペールエール、スタウト、アルトビール、ケルシュなどがある。

百ペンス（100ペンス） 163
① Hundred Pence
② 百文
③ ペニー（複数形はペンス、ただし硬貨の場合はペニーズ）は、英国の下位通貨単位（補助単位）。100ペンスで1ポンド。1971年以前の通貨単位では12ペンスで1シリング、240ペンス（20シリング）で1ポンド。

ファイフ州 104
① Fife shire
② ハイフスハヤ
③ イギリス、スコットランドの東部に位置し、北海に面する。州都はクーパ。

ファエンザ 196
① Faenzain Italy
② 伊太里のフェンザ
③ イタリア中部、アベニン山脈の東麓にある街。規模は小さいが、古くから高級陶器の産地として栄えている。

フィラデルフィア 66-68
① Philadelphia
② ヒラデルヒア
③ アメリカ合衆国ペンシルバニア州南東部にある都市。

フィリップ 321,322
① Philip
② ヒリップ
③ 人名。本書では、マケドニアの君主の名。

フィリップ・シドニ 179,180
① Philip Sidney
② ヒリップ・シドニー
③ 1554-86年。イギリスの詩人、軍人、政治家。名門の出でエリザベス一世の恵みをうけ、外交的使命をおびて神聖ローマ皇帝ルドルフ二世の宮廷に赴いたのち、オランダを援助してスペイン軍とズートフェン（オランダ）で戦い戦傷死した。また有名な牧歌ロマンス『アーケイディア』をはじめ数多くの作品を世に残した。

フェストウ 324
① Festeau
② ヘストウ

③ エジプトを除く北アフリカ地方の古い呼び名。その海岸の意味。

バスティーユ　25,74
① Bastile
② バスチイル
③ バスティーユ要塞は1370-82年に築造された。ルイ十三世時代のフランス革命以後は牢獄となり、多数の政治犯が収容された。

バター　166
① Butter Milk
② バタ
③ 乳を原料とした食用油脂で乳製品の一つ。牛乳を原料とするのが一般的。

ハバナ　333,334
① Havannah
② ハワナ
③ 中南米キューバ共和国の首都で、カリブ海域における最大の都市。

バレンタイン　165
① Valentine
② ワレンタイン
③ 人名。本書では、学生の名。

パリ　25,65,231
① Paris
② パリス
③ フランスの首都。市内をセーヌ川が流れ、中心部から順に20区に分かれている。地名はシテ島を本拠地とした古代パリシー人に由来。

パルメザン　153
① Parmesan
② パルメザン
③ イタリアを代表するチーズの一種。パルミジャーノチーズのこと。パルメザンチーズはパルミジャーノの英訳であるが、アメリカ経由で粉チーズの形態として日本に入ってきたため、日本では粉チーズの総称として呼ばれることもある。

ビーチ岬　105
① Beachy head
② ビイチヘッド
③ イギリス、イングランド南東部、イースト・サセックス州南東部の都市イーストバーンの南西約5km 位置するイギリス海峡に突出する岬。先端部は14.5m におよぶ白亜質の断崖で有名。

ピーター・ガッサンディ　100,101
① Peter Gassendi (Gassend)
② ペイトル・ガセンヂ
③ 1592-1655年。フランスの自然科学者、物理学者、数学者、

① Naples
② ネイプレス
③ イタリア南部最大の港湾都市であり、カンパニア州の首府。

西インド諸島　248,303,334
① West Indies
② 西印度
③ 南北アメリカ大陸に挟まれた海域にある列島である。別名、カリブ海諸島、カリブ諸島。名は、1492年にコロンブスが上陸したバハマ諸島グァナハニ島の住民の肌の色を見て、インドに到達したと勘違いしたことに由来する。

ニュー・サウス・ウェールズ　215
① New South Walesin Britain
② ニウサウスヲフルス
③ オーストラリア連邦の東南部に位置する州で、同国最初の英国人入植地。州都はシドニー。

ニューヨーク　33,278,279
① New York
② ニウヨルク
③ ニューヨーク州は、アメリカ合衆国北東部に位置する州。土地は南北にのびており、南端に最大の都市であるニューヨーク市をもつ。州都はアルバニー市。なお、ニューヨーク市は、アメリカ合衆国東海岸における最大の都市であり、商業の中心地。世界的な金融、商業、経済、文化の一大中心都市である。別称「ビッグ・アップル」。

ノーサンバーランド州　107,339
① Northumberland
② ノフスヲンベルランド
③ イギリス、イングランド最北の地域で、州都ニューカッスル・アポン・タインの北端から北へ伸びている英国北東部海岸地域の総称。スコットランドと国境を接していたため、バトルの歴史もたくさんあり、国境の要塞が多く見られる。

ノースサンダーランド　339
① North Sunderland
② ノフスサンダランド
③ イギリス中東部、ダラムシャーの北海に臨む港市。

ノッティンハム州（ノッティンガム州）　272
① Nottingham shire
② ノチンハムスハヤ
③ イギリス、イングランド中部の県、県都ノッティンガムシャー。

ハ行

バーバリー　200
① Barbary
② バルバリイ

ドイツ（の）　60,163,229,264
① Germans
② 日耳曼の
③ ドイツ連邦共和国、通称ドイツは、ヨーロッパ中部にある連邦制の共和国。首都はベルリン。

トービー　208
① Toby
② ツビ
③ 人名。本書では、「トービーおじさん」。

トーマス・クラークソン　248-250
① Thomas Clarkson
② トヲマス・クラルクソン
③ 1760-1846年。イギリスの奴隷廃止論者。ケンブリッジ大学に学び、奴隷廃止運動に投じ全国をまわって証言を集め奴隷貿易廃止法に成功し、フランス政府、ロシア皇帝にも取り引きの廃止を勧告した。反奴隷協会副会長となり、英領西インドの奴隷廃止に貢献した。

トーマス・ラーティング　197-202
① Thomas Lurting
② トフマス・ロルチン
③ 人名。本書では、商売船の助役である男性の名。

トム　341-343
① Tom
② タム
③ 人名。本書では、少年の名。

トラスティー　307,311,312
① Trusty
② ツルスチ
③ 本書では、犬の名。

トリノ（トリーノ）　123
① Turin
② チュウリン
③ イタリア共和国ピエモンテ州トリノ県のコムーネ（自治体）の一つ。トリノ県の県庁所在地でピエモンテ州の州都。

トルコ（の、人、語）　178,197,199,202
① Turkey（または Turkish, Turks）
② 土耳古
③ トルコ共和国、通称トルコ（土耳古）は、西アジアのアナトリア半島（小アジア）と東ヨーロッパの東トラキア地方とを領有するアジアとヨーロッパの二つの州にまたがる国。首都はアナトリア中央部のアンカラ。

ナ行

ナポリ　49,203,216,218,219

③ 1600-49 年。イングランド、スコットランド、アイルランド王（在位：1625年-49 年）。ジェームズ一世の次男として、スコットランドのダンファームリンに生まれる。イングランドに連れて来られて兄の死後に王太子となり、プリンス・オブ・ウェールズに叙せられた。専制的支配、不法な課税、清教徒（ピューリタン）弾圧、スコットランドへの国教の強制などを行い、最後は暴君、反逆者、国民の敵として、1649 年ロンドンで処刑された。

チャールズ二世　197
① Charles II an English
② 第二世チャアレス
③ 1630年-85 年。王政復古期のステュアート朝イングランド王（在位：1660年-85 年）。父王刑死のあと、スコットランド王として戴冠、フランスに亡命した。1660 年に帰国して王政復古を実現。旧教的専制政治を行い、議会との対立が深まり名誉革命を招来した。

チュニス　204
① Tunis
② トニスの国
③ チュニジア共和国の首都、また同国のチュニス州の州都。

ティトゥス　184
① Titus
② 帝チトス
③ ローマ帝国の皇帝（在位：79-81 年）。ヴェスパシアヌス帝の長子、父に従ってパレスティナに赴きユダヤ戦争に功をたてた。父の死後、噴火によるポンペイ市などの復興、ローマ市の疫病と大火などの被災者の救援に努め、仁政を施し、「人類の寵児」と讃えられた。短期の治世にもかかわらず、理想的幸福の時代として人々に長く記憶された。また「ティトゥス凱旋門」、コロセウム、浴場を建設した。

テミストクレス　348,349
① Themistocles
② テミストクルス
③ 前 528 頃 - 前 462 年頃。アテナイの政治家・軍人。アテナイの執政官を務め、アテナイをギリシア随一の海軍国に成長させ、ペルシャ戦争の勝利を導いた。軍略、外交においてすぐれていたが、金銭に関しては、アリステイデス、ペリクレスに比して遥かに劣った。

デナム　266
① Denham
② デンハム
③ 人名。本書では、町人の名。

完成。大ドームと正面に2つの塔を持つ。大聖堂前にはアン女王の銅像が建てられている。地下聖堂にはネルソン提督、ウェリントン公爵、画家のターナーなど、歴史的人物の記念碑や墓碑が安置されている。

セント・マーガレッツ・ホープ 108
① St. Margaret's Hope
② マルガレツ・ホフプ
③ イギリス、スコットランドに位置する地名。

ソクラテス 191-193,236-239
① Socrates
② ソクラテス
③ 前470-前399年。古代ギリシャの哲学者。後半生「ソクラテスよりも賢き者なし」といわれた。彼自身は著作を行わなかったため、その思想は、プラトンやクセノポンなどの著作のなかで鮮やかに描かれている。妻はクサンティッペ。

タ行

ダイヤモン 115,116
① Diamond
② ダイヤモン
③ ニュートンの飼い犬の名。

ダムフリーズ 316
① Dumfries
② ドムフリイルス
③ イギリス、スコットランドに位置する地名。

チーズ 153
① cheese
② チイズ
③ 牛、ヒツジ、ヤギなどからとれる乳を、凝固や発酵などの形で加工をしてつくられる食品。

地中海 177,178,198
① Mediterranean Sea
② 地中海
③ 北と東をユーラシア大陸、南をアフリカ大陸に囲まれた海。波が穏やかで、また沿岸は複雑な海岸線に富んでいるためよい港に恵まれている。こうしたことから、地中海では古代から海上貿易が盛んで、古代ギリシャ文明、ローマ帝国などを育んできた。夏に乾燥、冬に湿潤となり、地中海性気候と呼ばれる。オリーブ等の栽培がさかん。

チャーソン 179
① Cherson
② チェルソン
③ ロシア、黒海の近くに位置する地名。

チャールズ一世 122
① Charles I
② 第一世チャアレス

機関の本部が置かれている。首都はベルン。主要都市はチューリッヒ、バーゼル、ジュネーヴなど。

スコットランド　82,260,316
① Scotland
② 蘇格蘭
③ イギリス、グレートブリテン島の北部の地方、中心都市はエディンバラ。

スコットランドの君主　353
① David II of Scotland
② 蘇格蘭の君
③ 1324-71年。スコットランド王デービッド二世のこと（在位：1329-71年）。

スピノラ　74,75
① Marquis Spinola
② スピノラ
③ イタリア出身のスペインの将軍。1601年に9千の兵を率いてオランダに進行、1604年オステンドを侵略し、スペインのイタリア軍の指揮権を得た。

スペイン（イスパニア）（の、人）　74,163,179,198,199,217,287,288
① Spain（または Spanish）
② イスパニア（いすぱにや）または西班牙（の、人）
③ ヨーロッパ南西部、イベリア半島の大部分を占める国。スペイン語ではエスパーニャ。首都はマドリード。

スランゴスレン　53
① Llangollen
② ランゴルレン
③ イギリス、ウェールズ北西部の歴史ある町。

聖パウロ　189
① St. Paul
② シント・ポフル
③ 初期キリスト教の最も重要な理論家であり、新約聖書の著者の一人。古代ローマの属州キリキアの州都タルソス（今のトルコ中南部メルスィン県のタルスス）生まれのユダヤ人。

ゼルテゥナー　183
① Zeltner
② セルトネル
③ 人名。本書では、少年の名。

セント・ポール寺院（セント・ポール大聖堂）　105
① St. Paul's Cathedral
② シント・ポフル
③ ロンドンの金融街シティにある、聖パウロに捧げられている国教会の大聖堂。1666年のロンドン大火の後、建築家クリストファー・レンにより再建されたバロック建築で、1710年

257,258

① George Washington
② ジョウジ・ワシントン
③ 1732-99年。アメリカの初代大統領。総指令官として独立革命軍を勝利に導いた。のちに憲法制定会議の議長を務めて、1789年に大統領に就任した。対外的には孤立外交の方針をとり、国内財政の立て直しに尽くした。大統領3選を辞退し政界を去る。

ジョーゼフ・ホルト 215,216
① Joseph Holt
② ジョウセフ・ホルト
③ 人名。本書では、罪人収容所の取締人。

ジョン 299
① John
② ジョン
③ 人名。本書では、少年の名。

ジョン・ハワード 175-179
① John Howard
② ジョン・ホワルド
③ 1726-90年。イギリスの監獄改革の先駆者。父の遺産を相続し、州長官に選ばれるや監獄改革の必要を痛感、囚人からの謝礼を廃止し、獄吏への俸給の支払いや監獄の衛生改善を主張した。イギリスおよび大陸諸国の監獄を広く視察して、世論の喚起に努めた。晩年には疾病防止に献身する。ロシア陸軍病院視察中に病没。

シリング 164,165
① shilling
② シリング
③ イギリスの旧貨幣制度（1971年2月より廃止）の通貨の単位。1ポンドの20分の1（1シリングは新5ペンスとして通用）。

シンクレア 152,153
① John Sinclair
② ジョン・シンクレイル
③ イギリス、ジョージ三世時代の宰相ヘンリ・ダンダスを訪ねた人。

ジン 130
① gin
② ジン
③ 洋酒の一種。とうもろこし、大麦、ライ麦を原料として、「ねず」の実などで香味をつけた強い蒸留酒。

スイス 60,265
① Swiss
② 瑞西
③ スイス連邦、通称スイスは、永世中立国、直接民主主義国家として有名なヨーロッパの連邦制国家。国内には、多くの国際

ジョージ三世　53,152

① George

② 第三世ジョフジ

③ 1738-1820年。イギリス・ハノーヴァー家3代目の国王。ハノーファー公、後ハノーファー王。天文学者のウィリアム・ハーシェルなどを支持する。自分の課した重税問題に苦悩し、晩年は精神的に弱り、皇太子の四世が補佐する。アメリカ植民地に課税し、アメリカ独立戦争を招き、北米の領土を失った。首相の小ピットを抑えてトーリー党を再建する。1811年に発狂し、以後ウィンザーで生活、政治は息子の皇太子が摂政として担当した。在位60年は、エリザベス女王（2世）、ヴィクトリア女王に次ぐ歴代第3位である。

ジョージ・デイド　272,273

① George Dade

② ジョウジ・デイド

③ 人名。男性の名。

ジョージ・デュアー　93,95

① George Dewar

② デワル

③ 人名。男性の名。

ジョージ・ドラモンド　180

① George Drummond

② ジョフジ・ドロモンド

③ イギリス、スコットランドの宗教思想家、エディンバラの市長。

ジョージ二世　93

① George II

② 第二世ジョフジ

③ 1683-1760年、在位：1727年-1760年。イギリス・ハノーヴァー家2代目の国王。ハノーファー公。先王ジョージ一世の息子。その治世の前半は、先王より続いていた大蔵卿（事実上の初代首相）ロバート・ウォルポールの長期政権の時期に相当。ウォルポール退陣後まもなく、ジョージ二世はオーストリア継承戦争に際して自ら軍を率いて大陸へと渡り、1743年にデティンゲンの地でフランス軍を撃破した。これはイギリス国王が自ら指揮をとって戦った最後の対外戦争となった。ヘンデルの「ハレルヤコーラス」が初めて公演された時、感動して起立をしたという逸話も残されている。

ジョージ・ルーイス　264,265

① George Lewis

② ジョウジ・レヰキス

③ ドイツの旧国名バレイスの君主。

ジョージ・ワシントン

① Jacquerie
② ジャケリ
③ 14 世紀中頃、北フランスにおこった農民一揆。「ジャックリー」とは、フランス語で「農民」のこと。

ジャマイカ 303,334
① Jamaica
② ジャマイカ
③ ジャマイカ島を領土とするカリブ海北部の国。

シャルル五世 163
① Charles V
② 第五世チャレス
③ 1338年-80 年。フランスヴァロア朝第三代の王（在位：1364-80 年）。賢明王と呼ばれる。百年戦争中、父王がイギリスに捕らわれたため摂政となり、パリのマルセルの乱や農民一揆ジャックリーの乱を平定した。父の死後に即位し、イギリスの占領地の大部分を奪還した。多くの貴重本をルーヴル宮にしゅう集するなど学芸を保護し、また、バスティーユを造営した。

ジャン二世 288,289
① John, King of Farance
② 仏蘭西王ジョン
③ 1319-1364 年。フランス・ヴァロア朝の第 2 代国王。初代国王フィリップ六世の子。善良王と呼ばれた（在位：1350-1364 年）。1350 年、父フィリップ六世の死により後を継いで即位。当時のフランスはイギリスとの百年戦争の最中にあり、ジャン二世は父の遺志を継いでイギリスに対抗する。1355 年、エドワード黒太子率いるイギリス軍が侵攻してくると、王太子のシャルル（のちのシャルル五世）と共に出陣、翌年イギリス軍と激突したが、ジャン二世は戦上手で知られた黒太子の敵ではなく、軍は大敗、自身は捕虜となった。その後、フランスは王太子であるジャン二世の長子シャルルが摂政として統治、ジャン二世はエドワード黒太子から手厚い処遇を受けたまま、ロンドンにて虜囚のままで没した。

シャンパン（シャンペン） 153
① Champagne
② シャンパン
③ フランスのシャンパーニュ地方特産の発泡ワイン。

ジュネーヴ 193,265
① Geneva
② ゼネワ
③ 国連などの国際機関が多くあるスイスの主要都市。フランス語圏に属する。三日月形のレマン湖の南西岸に位置した古都。ジュネーヴ州の州都。

ジェームズ・ソーンヒル　105,106
① James Thornhill
② ゼイムス・トルニル
③ 1675-1734年。イギリスのバロック画家。セント・ポール寺院の大聖堂やブレナム宮殿の絵画を制作した。

ジェームズ二世　323
① James II
② 第二世ゼイムズ
③ イングランド王（在位：1685-88)、チャールズ一世の子、兄チャールズ二世の死により即位、旧教を復興し専制政治を行おうとしたが国民は挙げて反対し、王の前妻の子で新教徒であるメアリ二世に望みを託したが、結局、メアリとその夫のオレンジ公、ウィリアム三世を迎えた。イングランド西部に上陸したウィリアム軍を前にして王はフランスに逃亡、ここに名誉革命が行われた。

ジェームズ・バーフォード　313-315
① James Burford
② ゼイムス・ボルホルド
③ 人名。本書では、イギリスの商人の名。

ジェノア　202-207
① Genoa
② ゼノワ
③ ジェノヴァは、リグーリア州ジェノヴァ県に属するイタリア共和国の都市。ジェノヴァ県の県庁所在地であるとともにリグーリア州の州都であり、イタリア有数の大都市。英語では、ジェノア。

シシリー（シチリア）　34,49,216,218,219
① Sicily
② シヽリ
③ シチリア島は、地中海最大の島。周辺の島も合わせてイタリア共和国のシチリア特別自治州の大部分となっている。

シチリア→シシリーを参照のこと。

ジャク・ボノム　246
① Jacques Bonhomme
② ジャク・ボノム
③ 人名。「ボノム」はフランス語で、人がいい男。

ジャック・スィムキン　134-136
① Jack Simpkin
② ジャク・シムキン
③ 人名。本書では、造船所の職人の名。

ジャックリー　245,246

コシューシコ 182,183
① General Kosciusko
② コシウスコ
③ 1746-1817年。ポーランドの愛国的軍人。リトアニア貴族の出身で、ヴェルサイユ陸軍大学校に学び、アメリカの独立戦争に参加、ワシントンの副官となり、ニューヨーク、ヨークタウンに功をたてた。

黒海 179
① Black Sea
② 黒海
③ ヨーロッパとアジアとの間にある海。内海だが、エーゲ海、地中海につながっている。

コックス 215
① Cox
② コクス
③ 人名。本書では、地主の名。

ゴドルフィン 322,323
① the Earl of Godolphin
② ゴドルヒン
③ 人名。本書では、イギリスの貴族の名。

サ行

ザトー 55,56
① Zator
② ザトフル
③ ヨーロッパ地域東部のカルパティア山脈東北にある地名。

サミュエル・ジョンソン 301
① Samuel Johnson
② サモウル・ジョンソン
③ 1709-84年。イギリス（イングランド）の文学者。「英語辞典」（1755年）の編集、シェークスピアの研究で知られる。弟子のスコットランド人、ジェイムズ・ボズウェルの著した『サミュエル・ジョンソン伝』は数々の警句で知られるジョンソンを生き生きと描いており、人物伝の名著とされている。

サリー州 85
① Surrey
② ソリ
③ イギリス、イングランド南東部の州。

ジェームズ 21,22,299,300
① James
② ゼイムス
③ 人名。本書では、少年の名。

ジェームズ・アンベリー 313-315
① James Amberry
② アムベリ
③ 人名。本書では、ロンドンの商人の名。

③ イギリスの旧貨幣制度（1971年2月より廃止）の通貨の単位。1クラウンは5シリングに相当する。四分の一ポンド。ハーフ・ア・クラウンは、2シリング6ペンス。

クラウン（二百クラウン） 225
① two hundred crowns
② 金子二百金
③ 200クラウンは、50ポンドに相当。

クラクフ 55
① Cracow
② カラコウ
③ ポーランド南部にある都市で、マウォポルスカ県の県都。ポーランドでもっとも歴史ある都市の一つであり、17世紀初頭にワルシャワに遷都するまではポーランド王国の首都。ポーランドの工業、文化の主要な中心地でもある。

グリニッジ 201
① Greenwich
② グリインイッチ
③ イギリス、イングランド南東部、ロンドン南東部の地区。テムズ川右岸を占める。

グレイス・ダーリング 339,340
① Grace Darling
② グレイス・ダルリング
③ 人名。本書では、灯台の番人である娘の名。

グレイト・ハーカーズ 339,340
① the Great Harkars
② グレイト・ハルカス
③ 岩山の名。

ケレシン 63
① Cresin
② ケレシン
③ 人名。本書では、お百姓の名。

ケンブリッジ 248,249
① Magdalen College Cambridge
② ケンブリジ
③ ケンブリッジ大学は、イギリスで二番目に古い大学で中世から続いている。1209年にオックスフォード大学から分かれた。ふたつ合わせて、オックスブリッジといういい方もある。ケンブリッジ大学は、単一の大学ではなく、31のカレッジの集合体である。

ゴア 39,43
① Goa
② ゴフ
③ インド西海岸の都市であり、16世紀から20世紀半ばまでポルトガルのアジアにおける拠点であった。

多大なる影響を与えた。

キリスト教徒 204
① Christians
② 耶蘇宗
③ キリスト教（基督教）は、イエスを救世主キリスト（メシア）と信じ、旧約聖書と新約聖書に記されたイエスや使徒たちの言行を信じ従う宗教で、それを信仰する者のこと。

銀行 135
① Savings-bank
② セイヴィイング・バンク
③ 銀行の中でも貯蓄を扱う。貯蓄銀行。

クィーンズ・カウンティー 64
① Queen's County
② クキンスカヲンチ
③ 現アイルランド島レーンスター州の都市。

クェーカー派 197,201
① Quakers
② コヲカル派
③ ジョージ・フォックスが創始したフレンド会会員のこと。フレンド会は、17世紀に英国で設立された教団。クェーカーというのは俗称。会員自身はその言葉を使わずに「友達（フレンド）」と称している。クェーカーという名称は、宗教的感動により「ふるえる」ことに由来。

クサンティッペ 192
① Xantippe
② エキザンチペ
③ ソクラテスの晩年の妻。彼女の怒りっぽい気質や、夫を口汚くののしる言動は有名であるが、それは後世の人々の誇張も大分加わっているらしい。

クセノポン 237
① Xenophon
② エキセノホン
③ 前430頃 - 前354年頃。アテネ出身の歴史家・哲学者。前半生は軍人として活躍、後半生は著述に専念した。彼は古代の最も多作な著述家の一人であり、しかも膨大な作品群のほとんどが現存している。おもな作品に『ソクラテスの思い出』『キュロスの教育』など。

クラーク 64,65
① Clerk
② クレクル
③ 人名。本書では、大工職人の名。

クラウン（ハーフ・ア・クラウン） 165-168
① half-a-Crown
② コロヲン（半両金）

レー海峡）の海底をユーロトンネルが通りイギリスのドーバーと結んでいる。

カンパニア　50
① Campania
② カンパニヤ
③ カンパニア州はイタリア共和国の州の一つ。イタリア半島南西部に位置し、ティレニア海に面している。州都はナポリ。

キーマー　66
① Keimer
② ケイメル
③ サミュエル・キーマーのこと。1688 頃 -1742 年。1722 年、フィラデルフィアで印刷屋を開業した。

ギドット　326-330
① Guidotto
② ガイドット
③ 人名。本書では、男子学生の名。

喜望峰　39
① Cape of Good Hope
② 喜望峯
③ 南アフリカ共和国にある岬。1488 年、ポルトガル人バルトロメウ・ディアスが発見し、「嵐の岬」と命名したが、後にポルトガル王が「希望の岬」と改めた。

キャロン　107
① Carron
② カルロン
③ イギリスの小舟の名前。

キューバ　333,334
① Cuba
② キュバ
③ キューバ共和国は、中央アメリカ、西インド諸島にある島国。1959 年のキューバ革命以後、社会主義国となる。「チャチャ」など、音楽やダンスでも有名。首都はハバナ。

きりぎりす　161,162
① Grasshopper
② いなご
③ 英語の「グラスホッパー」は、きりぎりす、ばった、いなごなどの意味。

ギリシア（人、の）
191,237,238,348,349
① Greece（または Greek）
② ギリイキの国
③ ギリシャ共和国、通称ギリシャは、ヨーロッパの南東、バルカン半島最南端部に位置する国。半島先端部と、大小さまざまな島々で構成される。首都はアテネ。かつてギリシャは西洋文明の発祥地として、ヨーロッパ、アフリカ、アジアの各地に

② ヲリンピアス
③ マケドニア国のアレキサンダー大王の母。

オンス　133,141
① Ounces
② オンス
③ ヤード・ポンド法の質量の単位。ポンドの16分の1。約28.35グラム。また、ヤード・ポンド法の容積の単位。ガロンの160分の1。約28.41立方センチメートル。

カ行

カーディントン　176
① Cardington
② カルヂントン
③ イギリス、イングランド南東部に位置する地名。

ガエータ　218
① Gaetas
② ガエタ
③ イタリア中南部ラティーナ県南東部の港町で、ガエータ湾北岸に位置する。古称はカイエータ。町の北部にある古代都市カイエータの遺跡は、ローマ帝国没落後も文化、商業の中心をなし、「ティレニア海の小ベネチア」といわれた。大聖堂、劇場、円形演技場がのこっている。

カトー　163
① Cato
② カトウ
③ マルクス・ポルキウス・カトー（通称大カトー、前234年-前149年）は古代ローマ共和政の政治家。第二次ポエニ戦争（ハンニバル戦争）で頭角を現し辣腕を振るった。後に頭角を現した一門のマルクス・ポルキウス・カトー・ウティケンシス（小カトー）と区別するために「大カトー」と呼ぶが親子ではない。

カルパティア山脈　55
① Carpathian Mountains
② カスパシャン
③ アルプス・ヒマラヤ造山帯の一環をなし、スロバキアからポーランド南東部まで東進し、ウクライナ南西部まで南東に進み、ルーマニア東部で真西に折れ、ルーマニア中央部を経て、セルビア南東部のニシャバ・ティモーク渓谷まで続く山脈。ルーマニア東部からセルビアに至る部分は山脈としては連続しているが、トランシルヴァニア山脈という別名がついている。

カレー　350,351
① Calais
② カレイ
③ フランス北部、パ=ド=カレー県の都市。ドーバー海峡（カ

長子。王はフィリップ四世の孫であることを理由に、フランスの王位継承権を主張したため、百年戦争が勃発。王子エドワード黒太子（ブラック・プリンス）の活躍もあり、クレシーの戦いなどに勝利を収めた。ブレティニーの和約でフランス王位継承権を放棄する代わりに広大な領土を手にした。その後ペストの流行による国内の疲弊もあって、フランス内に獲得した領土の大部分を失って撤兵した。エドワード三世は、アーサー王伝説に登場する「円卓の騎士」にあこがれガーター騎士団を創設。また、イングランド王の紋章にフランス王の象徴である百合の花を加えた。

エミリー・バトラー　52
① Emily Butler
② エミリ
③ 女性の名。本書では、貴人の娘の名。

エリザベス（号）　334,335
① Elizabeth
② エリザベス
③ ロンドンの商船の名。

オーストラリア（州）　60,215
① Australia
② アフスタラリア洲
③ オーストラリアまたはオーストラリア連邦は、オーストラリア大陸およびタスマニア島などからなるオセアニアの国でイギリス連邦の一国。地名は、「南の大陸」に由来。首府はキャンベラ。

オーストリア　55,178
① Austria
② 墺地利
③ オーストリア共和国、通称オーストリアは、ヨーロッパの連邦制共和国。首都はウィーン。

オクタヴィウス　54
① Octavius
② オクタキキス
③ →アウグストゥスの項を参照のこと。

オランダ（の）（ネーデルランド［の］）　60,179,346
① Netherlands（またはDutch）
② 和蘭
③ オランダ王国、通称オランダは、西ヨーロッパの立憲君主制の国。ベルギー、ルクセンブルクと合わせてベネルクス三国と呼ばれる。憲法上の首都はアムステルダムだが、政治の中心は王宮や国会の所在地であるハーグ。

オリュンピアス　36
① Olympias

ス）を構成する地域のひとつ。

ウェリントン 267
① Wellington
② エルリントン
③ 初代ウェリントン公爵。1769-1852年。イギリスの軍人、政治家。

ウェルズリー 267,268
① Wellesley
② エルレスリ
③ 初代ウェルズリー侯爵。1760-1842年。イギリスの政治家、インドの行政官。

ウォルター・スコット 245,317
① Walter Scott
② ワルトル・スコット
③ 1771-1832年。スコットランドの詩人、作家。エディンバラに生まれる。エディンバラ大学で法学を学び、父の跡を継いで弁護士となる。25歳より文筆活動を始め、当初は詩人として、後に歴史小説作家として名声を博す。代表作として『ロブ・ロイ』『アイヴァンホー』『湖上の美人』など。

ウォルター・マニ 352
① Walter Manny
② ワルトル・マニ
③ 生没年未詳。エドワード三世に従う騎士。

ウベルト 202-205,207
① Uberto
② ウベルト
③ 人名。本書では、ジェノアの役人の名。

エイケン 341
① Aiken
② エイケン
③ 人名。本書では、医師の名。

エジンバラ（エディンバラ） 93,181
① Edinburgh
② エヂンバラ
③ イギリス、スコットランドの首都。スコットランドの東岸に位置する都市。

エトナ 35
① Etna
② エトナ
③ エトナ火山はイタリア南部シチリア島の東部にある活火山で、標高3,350m、ヨーロッパ有数の火山。

エドワード三世 289,350
① Edward III
② 第三世エドワルト
③ 1312-77年。イギリス、プランタジネット朝の国王（在位：1327-77年）。エドワード二世の

② ウエラ
③ 人名。

ウィスキー　130
① Whisky
② ウキシキ
③ 大麦・とうもろこしなどから造った蒸留酒。アルコール分が多い。英国スコットランド産のものが有名。

ヴィラサーフ　324,325
① Madame Villacerfe
② マダム・ウキラセルヘ
③ 人名。女性の名。

ウィリアム・ギャスコイン　258,259
① William Gascoigne
② ガスコイン
③ 人名。本書では、裁判所の役人の名。

ウィリアム三世　322,323
① William III
② 大三世ウキルレム
③ 1650-1702年。名誉革命によりイングランド・スコットランド・アイルランド国王となる（在位：1689-1702年）。オレンジ公ウィリアム二世とイングランド王チャールズ一世の娘メアリの息子として生まれ、ヨーク公のちのジェームズ二世の娘メアリと結婚。1688年、ジェームズ二世の反動政治打倒のため、トーリー党・ホイッグ党両党の代表の招請状を受けて出馬を表明、イングランドに上陸した。形勢の不利を悟ったジェームズ二世はフランスに亡命、かわってウィリアムがロンドンに入る。翌年、ウィリアムとメアリの共同王に決定し、権利の宣言に署名して王位についた。外国人としてイギリス国民に好かれず、ジェームズ派は度々彼の暗殺を企てた。しかし、やがて議会政治と政党内閣の基礎ができ、イギリスを対仏同盟に引き入れ、盟主ルイ十四世に対抗した。落馬がもとでロンドンにて没。

ウィーン（ヴィーン）　55,178,231
① Vienna
② ウキンナ
③ オーストリアの都市名および州名であり、同国の首都。クラシック音楽が盛んで「音楽の都」「楽都」とも呼ばれる。日本語ではウィーンと表記・発音するが、ドイツ語ではヴィーンとも表記する。

ウェールズ　52,259,313,315
① Wales
② ウヲフルス
③ グレートブリテンおよび北アイルランド連合王国（イギリ

215,246,248-250,257,259,
266-268,283,289,317,322,334
① England（または British）
② 英吉利（の）
③ グレートブリテンおよび北アイルランド連合王国、通称イギリスまたは英国は、西ヨーロッパの北海に位置する国。単に連合王国（UK）ともいう。大ブリテン島とアイルランド島北部からなる立憲君主国。首都はロンドン。

イスタンブール 178
① Constantinople
② コンスタンチノポル
③ トルコ共和国西部に位置し、ボスポラス海峡をはさんでアジアとヨーロッパの2大陸にまたがる都市。首都アンカラを上回る同国最大の都市で、イスタンブール県の県都でもある。古代のビュザンティオン、コンスタンティノポリスと同じ町であり、歴史的な文脈では「コンスタンティノープル」の名を用いられることもある。

イズミール（スミルナ） 178
① Smyrna
② スミルナ
③ エーゲ海に面するトルコの都市。古くはスミルナとも呼ばれた。イスタンブールに次いでトルコ第二の規模の港湾施設を持ち、人口ではトルコ第三の都市。その美しさは「エーゲ海の真珠」と称えられる。

イタリア（の） 34,35,63,
123,124,178,196,202,
204,217,219,225,326
① Italy（または Italia）
② 伊太里（の）
③ イタリア共和国、通称イタリアは、ヨーロッパ南部の国。イタリア半島およびその付け根に当たる部分と、地中海に浮かぶ二つの大きな島（サルデーニャ島、シチリア島）などからなる。首都はローマ。

インド（諸国） 152
① India（または Indies）
② 印度
③ 南アジアに位置し、インド亜大陸の大部分を占める連邦共和国。英国自治領から1950年に独立。首都はニューデリー。

インド洋 40
① The Indian Ocean
② 印度の大海
③ 太平洋、大西洋と並ぶ三大洋の一つ。オーストラリア、南極、アフリカ、ユーラシアの四大陸に囲まれた海。

ヴァレ 74
① Horace Vere

アレキサンダー大王 36,150,163
① Alexander the Great
② 歴山王、または大王アレキサンドル
③ 前356-前323年。古代マケドニアの英雄王（在位：前336-前323年）。ギリシャ、ペルシャ、インドにおよぶ大帝国の創健者で、マケドニア国、ギリシャ北東部、エーゲ海に面する地方の大王、アレクサンドロス三世のこと。後世にはアレクサンドロス大王と呼ばれている。

アレクサンドル 179
① Emperor Alexander
② アレキサンドル
③ アレクサンドル一世のこと。1777-1825年。ロシア、ロマノフ朝の第10代皇帝（在位：1801-1825年）、ポーランド立憲王国初代国王。治政当初、自由主義的情熱に燃えて立憲政治を夢想し、農奴制下の農民の苦痛を軽減しようとしたが、ナポレオンのモスクワ敗退後、ポーランドの大部分を自領とした。自国内はもとより全ヨーロッパにわたって自由主義、民主主義を抑圧した。

アンソン 51
① Anson
② アンソン
③ 人名。本書では、町人の名。

アンティパトロス 37
① Antipater
② アンチペイトル
③ 前397-前319年。マケドニア国の将軍。アレキサンダー大王の後継者の一人。前330年、王の東征中マケドニアを託されスパルタ王アギス三世の乱を平定した。

アントニウス（アンティオス） 54
① Antonius
② アントニス
③ マルクス・アントニウス（前82頃 - 前30年）は、古代ローマの政治家、軍人。共和政ローマ末期に、オクタヴィアヌス、レピドゥスとともに第2回三頭政治の一頭として権力を握ったが、その後初代ローマ皇帝アウグストゥスと争い敗北、エジプトで没した。

アンフィノムス 34,35
① Amphinomus
② アムヒノムス
③ 人名。本書では、青年の名。

イギリス（の、人） 53,60,66,68,85,93,104,105,107,108,113,122,123,134,142,144,145,152,153,165,175-177,179,180,197,

る連邦共和国。1776年にイギリスから独立。首都はワシントン。

アラゴン　217
① Aragon
② アラゴン
③ 中世後期のイベリア半島北東部に存在したキリスト教王国であり、シチリア島を領有するなど地中海国家としても発展した。アラゴン・カタルーニャ連合王国ともアラゴン地中海帝国とも呼ばれる。中心都市はサラゴーサ。ローマ時代はヒスパニア・タラコネンシスの一部、5世紀には西ゴート、8世紀にはムーア人が支配。1035年ナバラ王国より分離し、アラゴン王国として独立した。

アリステイデス　349
① Aristides
② アリスタイドス
③ 前520-前458年頃。アテナイ出身の政治家、軍人。前483年、テミストクレスと対立して陶片追放されるが、2年後、大赦により帰国が許された。ペルシア戦争中、プラタイアイの戦いではアテナイ軍司令官。デロス同盟の結成に尽力した。富裕の家の出身で、テミストクレスと対比され、保守、廉直の士とうたわれた。

アルコール　130
① alcohol
② アルコホル
③ 酒類のこと。

アルタクセルクセス　122,137
① Artaxerxes
② アルタキセルキス
③ 生没年未詳。アルタクセルクセス二世のことか。アケメネス朝ペルシアの王。ダレイオス二世の子（在位：前404-前358年）。彼に代わって父の後を継ごうとした弟キュロスの野望を退けて王位を継承。即記憶力に優れ、「ムネモン」（「記憶がよい」という意味）とあだ名された。

アルフォンソ　49-51,216-219
① Alphonso
② アルホンソ
③ アルフォンソ五世（1396頃-1458年）のこと。文化的な君主で古典を愛し、図書館を建て、芸術家や学者を保護した。

アルマニャック　124
① Armagnac
② アルマグナク
③ フランス国王ルイ十四世に仕えた大臣。

ーマの属州アジアとその一帯を指す。現在ではユーラシア大陸のヨーロッパ以外の地域とその周辺の島々・海域を含む地域の総称で、六大州の一つ。人口は世界最多で、世界人口の約6割がアジアに住んでいる。「アジア」という言葉は、アッカド語の「陽が昇る土地」という意味が語源といわれている。

アテネ国（アゼン）　348
① Athenian
② アゼン国
③ アテネは、ギリシャ共和国の首都。古名はアテナイ。古代ギリシャでは強力な都市国家の中心として栄えたことで広く知られる。

アドーノ　203,204,206,207
① Adorno
② アドルノ
③ 人名。本書では、ジェノアの貴族、裁判所の役人の名。

アナピアス　34,35
① Anapias
② アナピアス
③ 人名。本書では、青年の名。

アフリカ（の）
39,43,49,60,198-200,204,248,249,287
① Africa
② 亜非利加洲
③ アフリカは、広くはアフリカ大陸とその周辺のマダガスカル島などの島々・海域を含む地域。六大州の一つ。地中海を挟んでヨーロッパの南に位置する。

アボーレット　193
① Abauret
② アボフルト
③ アボージット（Abauzit Firmin）のことか。1679-1767年。スイス南部の都市ジュネーヴの学者。新約聖書のフランス語訳をつくった。百科全書の執筆者の一人。

アメリア・バーフォード　313
① Amelia Burford
② アメリヤ・バーフォード
③ 人名。本書では、商人の娘の名。

アメリカ合衆国（の、人）（またはアメリカ［の、人］）
33,60,65,68,103,257,266,278,280
① United States of America または American
② 亜米利加合衆国（または亜米利加の）
③ 通称アメリカ、米国は、北アメリカ大陸の南半分にある48州とアラスカ州、ハワイ州、およびコロンビア特別区からな

『童蒙おしえ草』さくいん

①Moral Class-book での書き方
②福澤諭吉全集「童蒙をしへ草」での書き方
③訳者による解説

ア行

アイザック・ニュートン　113-116

① Isaac Newton
② アイザアク・ニウトン
③ 1643-1727年。物理学者、天文学者、数学者。イギリス、イングランドのウールズソープの農家に生まれる。グランサムのキングス・スクールを経て、ケンブリッジ大学のトリニティ・カレッジに学びルカス数学講座初代教授職バローに師事し、のちケンブリッジ大学教授となる。

アイルランド（の）　52,283,284

① Ireland（または Irish）
② アイルランド（または阿爾蘭）
③ アイルランド、またはアイルランド共和国は、北大西洋のアイルランド島に置かれた立憲共和制の国家。憲法では島の全土領有権を主張しているが、北東部は「北アイルランド」と呼ばれており、イギリスの統治下にある。首都は、アイルランド島中東部の都市ダブリン。

アウグストゥス　163

① Augustus
② ヲフグスツス
③ 前63-後14年。ローマ帝国の初代皇帝。ガイウス・オクタヴィウス・トゥリヌスとして誕生。父は騎士階級に属し、母はユリウス・カエサルの姪アティア。父の死後、前45年、カエサルの養子となり、ガイウス・ユリウス・カエサル・オクタヴィアヌスと称した。前44年、カエサルが暗殺されたのち、遺言書により後継者に指名される。その後、レピドゥス、アントニウスらと第2回三頭政治を行う。前27年、元老院より「アウグストゥス（尊厳者）」の称号を受ける。

アジア（州）　36

① Asia
② 亞細亞洲
③ 古代においては、現在のトルコ西部の地域にあたる古代ロ

本書は、二〇〇六年一月に慶應義塾大学出版会より刊行された『童蒙おしえ草　ひびのおしえ』を文庫化したものです。

童《どう》蒙《もう》おしえ草《ぐさ》　ひびのおしえ

現《げん》代《だい》語《ご》訳《やく》

福《ふく》澤《ざわ》諭《ゆ》吉《きち》　岩《いわ》崎《さき》 弘《ひろし》＝訳・解説

平成28年 11月25日　初版発行
令和６年 ６月15日　５版発行

発行者●山下直久

発行●株式会社KADOKAWA
〒102-8177　東京都千代田区富士見2-13-3
電話　0570-002-301（ナビダイヤル）

角川文庫 20074

印刷所●株式会社KADOKAWA
製本所●株式会社KADOKAWA

表紙画●和田三造

ISBN978-4-04-400163-6　C0195

角川文庫発刊に際して

角川源義

第二次世界大戦の敗北は、軍事力の敗北であった以上に、私たちの若い文化力の敗退であった。私たちの文化が戦争に対して如何に無力であり、単なるあだ花に過ぎなかったかを、私たちは身を以て体験し痛感した。西洋近代文化の摂取にとって、明治以後八十年の歳月は決して短かすぎたとは言えない。にもかかわらず、近代文化の伝統を確立し、自由な批判と柔軟な良識に富む文化層として自らを形成することに私たちは失敗して来た。そしてこれは、各層への文化の普及滲透を任務とする出版人の責任でもあった。

一九四五年以来、私たちは再び振出しに戻り、第一歩から踏み出すことを余儀なくされた。これは大きな不幸ではあるが、反面、これまでの混沌・未熟・歪曲の中にあった我が国の文化に秩序と確たる基礎を齎らすためには絶好の機会でもある。角川書店は、このような祖国の文化的危機にあたり、微力をも顧みず再建の礎石たるべき抱負と決意とをもって出発したが、ここに創立以来の念願を果すべく角川文庫を発刊する。これまで刊行されたあらゆる全集叢書文庫類の長所と短所とを検討し、古今東西の不朽の典籍を、良心的編集のもとに、廉価に、そして書架にふさわしい美本として、多くのひとびとに提供しようとする。しかし私たちは徒らに百科全書的な知識のジレッタントを作ることを目的とせず、あくまで祖国の文化に秩序と再建への道を示し、この文庫を角川書店の栄ある事業として、今後永久に継続発展せしめ、学芸と教養との殿堂として大成せんことを期したい。多くの読書子の愛情ある忠言と支持とによって、この希望と抱負とを完遂せしめられんことを願う。

一九四九年五月三日

角川ソフィア文庫ベストセラー

改訂新版 共同幻想論
吉本隆明

国家とは何か? 国家と自分とはどう関わっているか? 風俗・宗教・法、そして我々の「慣性の精神」——。生活空間と遠く隔たる異空間を包含するこの厄介な代物に論理的照射を当て、裸の国家像を露呈させる。

定本 言語にとって美とはなにか（I、II）
吉本隆明

記紀・万葉集をはじめ、鷗外・漱石・折口信夫・サルトルなどの小説作品、詩歌、戯曲、俗謡など膨大な作品を引用して詳細に解説。表現された言語を「指示表出」と「自己表出」の関連でとらえる独創的な言語論。

改訂新版 心的現象論序説
吉本隆明

心がひきおこすさまざまな現象に、適切な理解線をみつけだし、なんとかして統一的に、心の動きをつかまえたい——。言語から共同幻想、そして心的世界へ。著者の根本的思想性と力量とを具体的に示す代表作。

仏教の思想 1
知恵と慈悲〈ブッダ〉
増谷文雄
梅原猛

インドに生まれ、中国を経て日本に渡ってきた仏教。多様な思想を蔵する仏教の核心を、源流ブッダに立ち返って解明。知恵と慈悲の思想が持つ現代的意義を、ギリシア哲学とキリスト教思想との対比を通じて探る。

仏教の思想 2
存在の分析〈アビダルマ〉
櫻部建
上山春平

ブッダ出現以来、千年の間にインドで展開された仏教思想。読解の鍵となる思想体系「アビダルマ」とは? ヴァスバンドゥ（世親）の『アビダルマ・コーシャ』を取り上げ、仏教思想の哲学的側面を捉えなおす。